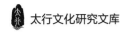

太行文化研究文库

潞语探源

上党地区方言历史词汇研究

张文霞 著

商务印书馆
The Commercial Press
创于1897

2020 年山西省哲学社会科学规划课题"山西襄垣出土碑刻别字整理与研究"（项目编号：2020YJ196）成果

国家哲学社会科学基金项目"山西晋语区地方普通话和新派方言的调查与研究"（项目编号：17BYY198）成果

总　序

传承太行精神　做好文化生态研究大文章

曹景川

　　太行从来天下脊，古已称之。《述征记》云："太行首始河内，北至幽州，凡百岭，连亘十三州之界，有八陉。"① 太行山南起河南的豫北地区，蜿蜒向北，跨州连郡，经山西、河北，直抵北京。西南与砥柱、析城、王屋相接，向西是姑射、中条、雷首等名山，东延则为燕山，直至碣石。山西省内名山，诸如恒山、霍山、五台、句注、芦芽，皆其支脉，峻岩深阻，奇峰峙立，诚为华北名山。

　　上党郡缘山而建，据高设险，为两河要地，自战国以来就是攻守重地，兵家必争。唐代杜佑认为："上党之地，据天下之肩脊，当河、朔之咽喉。"杜牧进而指出："泽、潞肘京、洛而履河

---

① ［清］顾祖禹撰，贺次君、施和金点校：《读史方舆纪要》卷46《河南一》，中华书局，2005年，第2094页。

津，倚太原而跨河、朔。"[①]中国传统政治中心在长安、洛阳一线，自上党而西，经泽州、沁水，过乌马岭，可控制平阳，进而突破黄河防线，进逼长安。自上党而南，可抵孟州、怀庆府，直逼洛阳。东出壶关，则进入河北平原，北向以争京师。其形势之紧要，地位之独特，自古已然。

沧海桑田，处处无非人间之事，钟灵毓秀，时时可见造化之功。六亿年前，太行山温暖潮湿，森林茂密，后来经过剧烈的地壳活动，森林被埋在数千米深的地壳之中，形成了太行山区丰富的煤炭资源，成为太行山区域经济发展、民众生活的重要物质基础。直到如今，太行山区域仍保存着丰富的森林生态资源，国家保护的各类珍稀动物、植物，随处可见，公认的抗癌植物红豆杉更是太行山区的珍贵植物品种，长期受到学术界的关注[②]。萃集南太行的众多知名风景区，如云台山、王莽岭、天河山、蟒河、太行大峡谷，无不以其风姿各异闻名天下，山川映照，飞瀑流光，大自然的鬼斧神工尽现眼前，美不胜收，让人游览至此，惊叹留恋。

丰富的自然资源，为人类的活动提供了充分的物质保障。自旧石器时代以来，留下许多文化遗存，如沁水下川遗址、盂县黑砚水遗址、昔阳河上洞穴遗址、黎城猫崖洞遗址、武安磁山

---

① ［清］顾祖禹撰，贺次君、施和金点校：《读史方舆纪要》卷42《山西四》，中华书局，2005年，第1957页。

② 我校教师在森林生态和红豆杉研究方面成果很多，参见茹文明：山西省高等学校哲学社会科学研究项目"太行山南段森林生态系统服务功能与生态安全评价"；铁军等：《濒危植物南方红豆杉叶片形态结构及气孔参数》，《东北林业大学学报》2008年第9期。

遗址等。几万年来，在峡谷，在平川，依山傍水之处，深壑高岩之间，村落渐渐成形，文明得以流传。直至今日，绵亘晋、冀、豫、京四省市的太行山区，还保留了难以计数的金元古建、石窟造像、民居舞楼，在在处处，无不展示了这片文明沃土的丰富内涵。那些耳熟能详的神话传说，如矢志不渝要移动太行、王屋二山的愚公，蜚声上党地区的女娲信仰、炎帝信仰，以及在民间影响深远的三嵕、二仙、汤王祷雨，传说与历史交融，神话与现实共存，民生维艰固然让人叹惋，但对美好生活的强烈追求却始终未曾改变。大山的品格，于此可见一斑。

秦汉大一统国家形成之后，民族交融成为历史主流。自长城而南，沿着太行山东麓，曲折南下，西入三晋，东临齐鲁，广阔的太行山地区成为民族交融的重要区域，游牧文化与农耕文化在此融会，中华民族的丰富与多元借此成形。近代以来，外患频仍，拥有四塞之固、东带三关的上党地区，更成为民族凝聚的战略高地。抗战伊始，华北沦陷，民族存亡，系于一线。危急关头，中国共产党东渡黄河，挺进太行山，建立根据地，八路军三大主力师依托太行天险，分进合击，不断壮大，最终取得抗战的伟大胜利，太行精神因此名垂青史，彪炳后世。1949 年以后，太行儿女，英雄辈出，时代精神，记忆深铭。申纪兰、李顺达、陈永贵、郭凤莲，秉承太行精神，焕发时代光芒，穷变通久，生生不息，不断拓展太行精神的内涵，从刀光剑影的民族革命，到日新月异的现代化建设，太行精神与时俱进，时代精神迎风招展。

太行之巅，高踞雄关，含英咀华，后先承传。作为上党地区的最高学府，长治学院已经走过六十多个春秋。六十一甲子，春华而秋实。2018 年，我校隆重校庆，立足当下，认真总结。2019年，我校进一步明确发展目标，建设"有区域代表性的教学型本科院校"，确定十五年发展规划，开始实施"三步走"战略，稳扎稳打，有序推进。2020 年，山西省委省政府统一布局，在全省设立五大研究院，"太行文化生态研究院"应运而生。校领导班子高度重视，申报、论证、座谈、启动，凝神聚气，建设团队，明确方向，制订计划，并给予政策、经费的大力支持。

太行文化生态研究院的发展目标，是在未来十年，将研究院建设成为国内一流、国际有影响力的高水平研究平台、学术高地、资料中心和研究中心。打造太行山研究的学术名片，用太行文化生态研究带动长治学院、晋东南区域乃至山西省文旅融合、转型发展的落实落地，打造山西在太行山研究领域的话语权，构建太行山多学科交叉研究的理论体系、话语体系和知识体系，产出一批标志性的重大项目、重大成果和重大奖项，培养一支富有创新精神和服务地方社会能力的学术队伍，实现政、产、学、研、用的有机结合和成功转化。

太行文化生态研究院将以开放多元的精神构建地方科研和服务高地。在基础研究方面，重点围绕"太行山水生态系统""太行山区域历史文化""太行山区域社会变迁""太行山革命根据地"四大板块开展综合性研究，着力解决时间、空间、人文和正统性四大问题，产出一批优秀成果。在应用研究方面，积极与各级地方政府和企业建立战略合作关系，促进学术成果转化，为政府和企业提供雄厚的智力支持。面向地方经济，以文旅融合为机制，实现由传统资源型经济向新型资源型经济的转型发展。面向人民大众，以服务人民大众为导向，增加民众的文化获得感，增强民众的文化自信，使传统文化在当代凸显魅力，让太行精神、红色文化为经济社会发展提供思想动力与精神鼓舞。

本文库是研究院的一项重点工作，自始至终得到商务印书馆的大力支持，在此向商务印书馆的编辑们致以诚挚的谢意！并向所有为太行文化生态研究做出贡献的同仁，致以由衷的感谢！为山千仞，功始一篑。任重道远，久久为功。这是千里之行的开端，也必将有硕果累累的美好未来。

（作者系长治学院校长、太行文化生态研究院院长）

自　序

　　方言历史词汇，学界也有人称之为"方言古语词"，是指一个地区的方言词汇中留存的古代词语。它属于方言学和古汉语词汇学的交叉研究，无论对于方言研究还是词汇学研究均有重要的价值。但是这一研究起步较晚，就山西方言历史词汇来说，一直到20世纪80年代才有学者关注。迄今为止，有一些相关的期刊论文及硕博论文问世，但尚未有专著出版，这不能不说是山西方言研究未来需要努力的方向。

　　上党地区是由群山包围起来的一块高地，东部依太行山与华北平原为界，西部依太岳山和中条山与河东地区接壤，地势险要，自古以来就是兵家必争之地，其战略地位的重要性从古代一直延续到今天。该地气候宜人，很早就有人类繁衍生息。独特的地理位置以及悠久的历史文化决定了其独特的语言风格，在山西方言中独树一帜。关于上党地区方言的研究，在语音方面成果斐然，语法方面亦有一些成果问世，但是词汇研究方面一直进展不大，更遑论方言历史词汇的研究了。但是众所周知，在方言词汇中也有很多需要挖掘的共时和历时的特点和规律，这样对于整个方言研究来说才是全面系统的研究。基于此，我们以上党地区方言历史词汇为研究对象，试图对该地方言词汇中留存的古代汉语词汇进行整理与论析，以为该地方言的形成与发展方面的研究提供有价值的材料，并借以展示上党地区悠久的历史与文化。

全书分为四章。第一章是绪论，详细介绍了上党地区的自然景观以及人文历史，同时涉及本书的研究现状、研究意义、研究内容和方法等。第二章和第三章是全书的主体部分，分上篇和下篇论述。这部分主要以语义为标准，对甄别出的 156 条上党地区方言中留存的古代词语进行分类整理，逐条分析其意义来源与历代沿用情况，考论历史脉络。每个词条先列出它们在上党地区方言中的词义、读音以及用法，然后充分利用现有的文献资料，结合现代语言学理论与我国传统的训诂学理论，上溯先秦、下至明清，借以展示上党地区方言词汇的历时演变特点。第四章是对第二、三章内容的概括分析与补充延伸，在前文内容的基础上从历史层次、语言特征、文化内涵等角度概括分析其呈现出的具有特征性的部分。

本书有如下几个特点：一是材料相对丰富、充实。首先是所分析的词条数量较为丰富，可以为方言词汇及汉语词汇史的研究提供翔实的语言材料。语言研究的客观性要求材料的选用是真正来源于语言实践中的，这些词条无论是在现代口语还是古代书面语中都留下了使用的痕迹，因此对于目前及今后的研究有着积极的意义。其次是引用的文献材料较为充实。在考论这些词语的历史脉络时，为了说明在各个时代的使用情况，列举了较为丰富的例句进行说明。这些鲜活的语言用例对于词汇的研究无疑是重要和必要的。二是注重对本地区方言历史词汇体现出的特征的总结和揭示。本书有别于山西方言同类研究的一个显著特点就是更加注重分析这些词语所具有的能体现本地区的语言或文化的特征。这样就避免了简单的现状描述，有利于方言独特性的彰显和地域文化的挖掘。三是兼顾共时的比较和历时的研究。本书主要侧重词汇的历时变化与沿用，但是在研究中因山西方言明显的地域特征，故兼及本地区内部的共时比较。一方面通过历时研究剖析方言词汇的历史来源和形成原因，另一方面通过共时比较凸显本地各方言点的词汇差异，由此也就可以保证研究内容的系统性和全面性。

方言研究博大精深，方言词汇的研究任重道远。这本书于我而言仅是在这一研究领域中的一次尝试。我深知要深入探讨和考释本地区的方言历史词汇是相当困难的。本书在研究中也存在不少问题，比如方言本字的考释难度大，文中列出的某些方言本字可能存在偏差；比如对外方言的调查不够全面，未能深入了解方言融合情况；再比如因本地区各方言点方音不同，同一词语的语音不尽相同，行文中未能找到更完善的方法解决这一问题，故予以回避，未能描述出每一词语的语音状况，以上这些有待今后进一步完善和提高，还请业内专家批评指正。对于上党地区方言研究而言，尽管本书为首次涉足，但绝不敢妄称可以填补空白，唯望借此可为方言研究提供一些有价值的资料，进一步充实该领域的研究；同时也希望能抛砖引玉，让更多的学者关注此项研究，于愿足矣。

目 录

第一章 绪 论

第一节 上党的历史来源

上党是晋东南地区的古称，它是由群山包围起来的一块高地，东部依太行山与华北平原为界，西部依太岳山和中条山与晋南（也称河东）接壤。上党地区不像相邻的几个盆地有大片的平原，其地约93%的区域都是山地、丘陵区，海拔高度明显高于相邻的运城盆地、临汾盆地、太原盆地，在地理上称为"上党台地"。

上党作为地名，始于春秋晚期。上党之名的由来，源于这一带地势高亢。《释名·释州国》曰："上党：党，所也。在山上，其所最高，故曰上党也。"① 按《释名》所释，"上党"就是山上最高的地方。狄子奇《国策地名考》笺曰："地极高，与天为党，故曰上党。"其意与《释名》所释同，二者都是形容其地势

①［东汉］刘熙撰，［清］毕沅疏证，［清］王先谦补：《释名疏证补》，中华书局，2008年，第55页。

高拔。《荀子》中称"上党"为"上地"，"上地"指高处的、上面的地方。因此"上党"，意即高处的、上面的地方，即方志所言"居太行山之巅，地形最高，与天为党也"。因其地势险要，自古以来为兵家必争之地，素有"得上党可望得中原"的说法。上党形势险要，古代文学家的笔下多有记载。如曹操《苦寒行》："北上太行山，艰哉何巍巍！羊肠坂诘屈，车轮为之摧。"苏轼《浣溪沙·送梅庭老赴上党学官》："上党从来天下脊，先生元是古之儒。"朱熹《朱子语录》卷二："上党即今潞州，春秋赤狄潞氏即其地也，以其地极高，与天为党，故曰上党。"

关于战国时期韩、赵、魏三国上党郡设置的时间，古籍未有明确记载。有学者认为，战国上党郡应当设置于三家分晋之初。郡的缘起具有很强的军事性质，早期的郡都设置在边境地区，其目的就是巩固边防。由于郡担负了防卫边境的责任，所以郡的长官叫"守"，也尊称"太守"。根据《韩非子·外储说左下》的记载，晋平公时（公元前557～公元前532），"解狐举邢伯柳为上党守，柳往谢之曰：'子释罪，敢不再拜。'曰：'举子，公也；怨子，私也。子往矣，怨子如初也'"①。解狐推荐邢伯柳为上党守，上党此时为郡当无疑问，故最迟在春秋末年，晋国在上党地区已经设置有上党郡。晋国在上党设郡，说明这一地区具有极其重要的战略地位。韩、赵、魏三分上党后，这一地区随即成为三国对峙的前沿，而三国又都想向东南地区发展，上党则是通向东南地区的重要交通要道，所以上党被三家瓜分之后，其战略地位非但

---

① ［战国］韩非子著，高华平等译注：《韩非子》，中华书局，2016年，第238页。

没有削弱，反而得到了加强。在这种形势下，设郡置守，以利边防应是情理之中的事。所以，三家分晋之后，并无理由要撤消上党郡，相反应该是加强郡的职能。由此推测，三国上党郡设置的时间虽可能不尽相同，但都应当是在战国初期韩、赵、魏三家分晋，三分上党之后不久。

秦始皇统一六国后，划分中国为三十六郡，置上党郡，治所位于今长治市长子县。初期上党郡范围广大，包括晋中市的榆社、左权，长治，晋城东部（西部的阳城、沁水属河东郡）一带。

汉代以后，其范围逐步缩小，先后分出乐平郡（今晋中东南）、建兴郡（今晋城）、义宁郡三郡。其中，乐平郡在北魏时改为仪州，又称辽州，即今之晋中市榆社、左权一带。建兴郡在北魏时改为建州，隋代又改泽州，清代雍正六年（1728）升为泽州府，即今晋城市；而原属河东郡的阳城（古称获泽）、沁水（古称端氏）也于东晋时改隶建兴郡，其后二地隶属情况历代略有变化，至元代归属泽州（即晋城），遂沿袭至今。义宁郡，在隋代时改为沁州，即今沁县、沁源、武乡三县。

上党郡的其余部分在北周时改为潞州，以境内潞水（今浊漳河）命名。隋代复改上党郡。从唐武德元年（公元前618）再置潞州，至明洪武九年（1376）升直隶州的七百多年间，这一带还一度改称昭德军、隆德军、隆德府等。明嘉靖二年（1523），潞城县小吏陈卿亡命于家乡青羊山中，并凭借太行山间险要地形，聚众起事，接连攻陷辽州、沁州，明朝政府为之震恐。直到嘉靖七年（1528）十月，官军凭借十万兵力合击青羊山，才将这支农民军剿平。事后，为了加强对地限民悍的潞州的有效管理，防止此类事件发生，朝廷特于嘉靖八年（1529）二月诏升潞州为府，府城设县。嘉靖皇帝赐府名为"潞安府"，赐县名为"长治县"，以祈望这里长治久安，"长治"由此得名。

至此上党郡演变出不同的郡州府，宋代以后作为地名的上党郡便不复存在了。但是作为历史见证的"上党"依然在民间保留了下来，至今人们仍习惯把晋东南地区的长治、晋城二地称为上党地区。

第二节　上党地区概况

今民间所言上党地区，包括晋东南地区长治、晋城两市及其所辖区、县。其境内具有独特的自然景观和深厚的文化底蕴。该地以山脉为坐标，可分为三大山系：太行山系、太岳山系和中条山系，拥有山水相依、雄奇壮美的绿色自然风光；还有集中连片、主题突出的红色旅游胜地，数量众多、内涵丰富的古典人文景观。上党历史悠久，是华夏文明发祥地之一。据晋城市泽州县高都、和村，陵川县塔水河，沁水县下川、八里坪等地遗址出土的文物表明，距今两万年前今晋城市丹河、沁河两河流域即有人类繁衍活动的痕迹。据长治市沁源县华坡遗址考古证明，旧石器时代这里已经有人类繁衍生息。新石器时代中后期，仰韶文化、龙山文化在这里充分发育。据古籍记载，炎帝神农氏曾在这里"尝百谷，制耒耜，建耆国"，中华人文始祖尧、舜、禹、汤，均在这一带活动。这里有女娲补天、精卫填海、后羿射日、神农尝百草、愚公移山、尧封丹朱、蚩尤冶铁、舜"耕历山、渔于获泽"、禹凿石门、商汤桑林祈雨等一系列神话，以及炎帝陵、砥泪城、舜王坪、上党门、潞安府城隍庙、观音堂、法兴寺、金灯寺石窟等丰富的古文化遗址，形成了独特的军旅文化、煤铁文化、戏曲文化、饮食文化、民俗文化、名人文化，以及抗日战争中孕育的太行精神等。上党风景名胜将雄浑壮丽的自然风光与博大悠久的人文景观融为一体，绿色、红色、古色这三种特色互相依存，相得益彰。

一、长治概况

长治，古称上党、潞州、潞安等。"长治"原为潞安府府治所在县名，得名于明嘉靖八年（1529），取"长治久安"之意。至1945年10月，长治市（县级）建立，隶太行四专区；1946年6月，长治市升格为地级市，直隶太行区；之后沿袭至今。期间隶属地区略有变化，但长治市地名一直沿用。

长治位于山西省东南部，晋、冀、豫三省交界处，东倚太行山，与河北、河南两省为邻，西屏太岳山，与临汾市接壤，南部与晋城市毗邻，北部与晋中市交界，全境位于由太行山、太岳山环绕而成的上党盆地中。该地地处北纬35°49′～37°07′，东经111°59′～113°44′，暖温带半湿润大陆性季风气候显著，东西长150千米，南北宽140千米，总面积为13955平方千米，占全省总面积的8.9%。今长治市下辖潞州、上党、潞城、屯留4区以及襄垣、平顺、黎城、壶关、长子、武乡、沁县、沁源8县，常住人口约318.1万。

长治市地处黄土高原东南缘，主要由长治盆地及其周边山区两种地貌单元组成。从全市整体地貌看，山峦起伏、地形复杂，总体呈盆地状，大致可分为山地、丘陵、盆地、河谷四种类型。境内河流分属海河与黄河两大流域，主要有海河流域的浊漳河、清漳河、卫河以及黄河流域的沁河、丹河、入汾小河等。长治市境内自然资源十分丰富，野生动物共有243种，植物资源以针阔混交林为主，夹杂有灌木和草本植物。矿产资源较为丰富，已探明的矿种达40多种，最具优势的矿产是煤炭、铁和石灰石。全市10个县（市、区）有煤炭资源。在全市13955平方千米的总面积中，平川占15.9%，丘陵占33.4%，山地占50.7%，耕地面积达3582.7平方千米。独特的地理环境孕育了该地源远流长的民俗文化，潞安大鼓、上党剪纸、民间赛社、上党八音会、古银楼等享誉省内外。长治人杰地灵，人才辈出，尧、舜、潞子婴儿、炎帝、石勒、冯奉世、豫让、法显、扁鹊等都对后世产生了深远影响，做出了卓越的文化贡献。

二、晋城概况

晋城市，古称建兴、建州、泽州、泽州府，是山西省下辖地级市之一，位于山西省东南部，晋、豫两省交界处，自古为兵家必争之地，素有"河东屏翰、中原咽喉、三晋门户"的美誉。

据史料记载，晋城在尧、舜至夏、商、周三代均属冀州，春秋时期属晋管辖，战国则属韩地，战国末年兼属赵、魏。到了秦汉时期，晋城西部属河东郡、东部属上党郡。东晋时置建兴郡。北朝时曾改成"建州"。直至隋开皇三年（583）文帝废天下郡，设置州府，称为"泽州"，其后虽历经变化，但管辖范围大体一致。"晋城"二字作为地名使用始于唐武德三年（620），为泽州辖县之一。乐史所撰写的《太平寰宇记》中曰："赵、魏、韩三家分晋，迁晋静公到此，故曰晋城。"至明清时期"晋城"称"泽州"，后又称"凤台"。1914年复称"晋城"。1948年10月，置晋城市，隶属华北人民政府太岳、太行区行署。1949年9月，成立了山西省人民政府，晋城复隶于山西省。1958年5月，今晋城各地划归山西省晋东南地区。1983年7月，复设山西省辖晋城市，分设城、郊二区，由晋东南地区代管。1985年4月，经国务院批准，撤销晋东南地区，置地级晋城市，直属山西省，将原晋东南地区所辖阳城、高平、陵川、沁水四县划归晋城市领导，为所属行政区，其管辖范围与古建兴、建州、泽州及泽州府版图一致。

晋城与长治同属晋东南地区，丹河、沁河流域中下游。东、南依太行、王屋二山与河南省新乡、济源、焦作交界，西依中条山与临汾、运城衔接，北依丹朱岭、金泉山等山脉与长治接壤，地理坐标为北纬35°11′12″～36°13′56″，东经111°56′05″～113°37′15″。全市总面积9490平方千米，占山西省总面积的6%。东西长160千米，南北宽100千米，市区面积149.6平方千米。从地理位置上看，晋城位于山西、河南两省的交界地带，北靠长治，南接焦作，为南北之要冲，形势险要，地理位置优越，吴起曾评价其地："夫夏桀之国，左天门之阴，而右天溪之阳，卢泽在其北，伊洛出其南，有此险也。"[1] 可见其地理位置的重要。晋城市下辖1个市辖区、4个县、1个市，即城区、泽州县、阳城县、沁水县、陵川县和高平市，常住人口约219.5万人。晋城市全境位于晋城盆地之中，即丹河、沁河中下游流域的盆地。全市平面轮廓略呈卵形，整个地区的地势呈北高，中、南部低的簸箕状。境内地形有平原、丘陵、山地三种类型。晋城物华天宝，人杰地灵，矿产资源丰富，有"煤铁之乡"的盛誉。它古为冶炼之都，有"九头十八匠"之称，始于商周、盛于春秋的冶炼业，在长达数千年的发展中日精月进。战国"阳阿古剑"即产于此地，境内泽州铁器、兰花炭曾名扬海内。蟒河、历山等保护区，生长有猕猴、大鲵等稀有动物，素有"生物资源宝库"之称。该地是全国中高档铸件和华北蚕桑丝绸基地。晋焦、晋济、阳翼、陵沁、高新、环城高速与207国道交织成网，太焦、侯月及嘉南铁路贯穿全境，拥有"国际花园城市""国家园林城市""全国文明城市"等多项荣誉。仰历史文明之光，这里曾哺育和造就了一大批历史名人，如唐代著名佛经注疏家高僧慧远，宋代文学家刘羲叟，首创诸宫调的艺术家孔三传，明代经济学家王国光，诗书大家张慎言，清代文渊阁大学士、《康熙字典》总编纂陈廷敬，数学家张敦仁，当代著名作家赵树理等，他们为中华民族的繁荣昌盛做出了不可磨灭的贡献。

---

[1] ［西汉］刘向集录：《战国策》，上海古籍出版社，1998年，第782页。

第三节 研究概况和研究价值

目前，学术界对方言词汇的认识依然有争议。周祖谟先生将方言词汇界定为"个别地区所应用的比较特殊的词汇"[1]。张永言先生认为方言词汇应该涵盖"流行于个别地区而没有在标准文学语言里普遍通行的词语"[2]。董绍克先生认为方言词汇有广义和狭义的区分，广义的方言词汇是指一个方言中所使用的全部的词，既包括与普通话相同的，又包括与普通话不同的；狭义的方言词汇是指一个方言中说法与普通话不同的词。[3]孙常叙先生在《汉语词汇》中也执此说："广义的方言词汇是指着一个方言区域所使用的词汇的全部来说的，狭义的则专指着词汇中地方性造词的部分而说的。"[4]在今天的方言词汇研究中，方言词汇多用狭义的含义。本书所谈方言词汇即用董绍克与孙常叙先生所言之狭义的方言词汇含义，所谓方言历史词汇，顾名思义则指曾在古代文献中出现的方言词汇，上党地区方言历史词汇即指上党地区即今长治、晋城二地方言中常用并且又曾在古代任一类型的文献中出现的方言词汇。

一、研究概况

方言词汇的研究，始自西汉扬雄。扬雄的《方言》是我国第

---

[1] 周祖谟：《汉语词汇讲话》，外语教学与研究出版社，2006年，第56页。

[2] 张永言：《词汇学简论》，华中科技大学出版社，1982年，第71页。

[3] 董绍克：《汉语方言词汇差异比较研究》，民族出版社，2002年，第2页。

[4] 孙常叙：《汉语词汇》，上海古籍出版社，2017年，第303页。

一部方言学词典。该书记载了西汉时期各个地区的方言词汇，并对它们进行了意义上的比较，有时也涉及语音上的比较。《方言》不仅在中国方言学史上是一部"悬诸日月而不刊"的著作，而且在世界方言学史上也占有重要地位。但是在扬雄之后，受古代学术研究理念影响，方言词汇的研究停滞不前。直到清代才稍有起色，不过多数成果依然是局限于对《方言》一书的研究，只有少数开始研究某一地域的方言，如胡文英的《吴下方言考》、范寅的《越谚》等。到清末，章太炎《新方言》问世，可以说代表了清代方言研究的最高成就。该书主要目的是探讨方言词汇的词源，严格按照古今语音变化的条例来考释词源，同时注意语音和语义的联系。其后又因国内时局动荡，方言词汇研究又一次搁置。直至 20 世纪 70 年代中后期，汉语方言词汇的调查和研究工作才取得了很大成就，出现了一批方言词汇编类著作，如陈刚编著的《北京方言词典》（1985）、王文虎编著的《四川方言词典》（1987）等。到 90 年代以后，方言词汇研究进入了一个新的高潮，编写了许多方言词典，如马思周、姜光辉的《东北方言词典》（1991），李行健的《河北方言词汇编》（1995），董绍克、张家芝的《山东方言词典》（1997），许宝华、宫田一郎的《汉语方言大词典》（1999），等等。同时，学界开始对方言词汇的研究进行理论探讨，出现了一些相关的著作，如董绍克的《汉语方言词汇差异比较研究》（2002）、《汉语方言词汇比较研究》（2013），李如龙的《汉语方言特征词研究》（2002）。

　　另外，也有不少期刊论文及学位论文对方言词汇进行探讨和研究，取得了丰硕的研究成果。总体来说，21 世纪之前的汉语方言词汇研究的内容主要体现在词汇内部系统描写、词义及用法的研究、某一类型词研究、考求本字、工具书的编写等几个方面；21世纪后，汉语方言词汇的研究内容随着语言学的不断发展也得到了深化和扩充，代表性的研究成果主要集中在对具体某个词的研究、学科交叉研究、差异成因研究、特征文化方言词研究等几个方面。

对山西方言词汇的研究，也是1949年后开始，尤其是20世纪八九十年代以来，涌现出了许多研究成果。迄今为止，山西方言词汇在半个世纪的研究中取得了长足进展。主要体现在以下几个方面。

第一，方言词典的编纂。自20世纪90年代以来，不断有山西各地的方言词典问世，如沈明的《太原方言词典》（1994），该词典和李荣的《忻州方言词典》（1995）、《万荣方言词典》（1997）后来收入《现代汉语方言大词典》丛书（2002），为山西方言词汇的收集导夫先路。21世纪以来，又有张广峰的《盂县方言词汇》（2011）等方言词典陆续问世。但是目前为止，依然有不少地区没有正式的方言词典出版。

第二，方言词汇的对比研究。有的学者对山西方言内部各个方言点的词汇进行了比较，如吴建生的《山西方言词汇异同例说》（《语文研究》，1992年第4期）比较了42个点的100余条词的说法；也有学者对晋语中的一些方言词与相邻地区方言词进行横向比较，再进行历时的探讨，揭示其同源性，如秋谷裕幸、邢向东的《晋语、中原官话汾河片中与南方方言同源的古词语》（《语言研究》，2010年第2期）。这一研究开启了晋语方言词与外方言词比较的先河，同时为山西方言词汇的研究提供了新思路，对于学界研究山西方言与外方言的亲疏关系有重大的参考价值。

第三，方言词汇的共时描写与特点揭示。目前，方言词汇研究方面这项工作做得最多。20世纪80年代，陈庆延的《晋方言里几个点的词汇特点》（《教学与管理》，1985年第2期）一文开此项研究之先河。迄今为止，在一些讨论地方方言词汇的文章或专著中多有总结该地方言的词汇特点，如乔全生主编的《山西方言重点研究丛书》。该丛书已出版16部，其中在方言词汇研究方面多对方言词汇的语音、语义及语法进行描写，并总结其特点。

第四，方言词汇与地域文化的渗透。进入21世纪以来，随着地域文化研究的进展，有学者开始将山西方言词汇研究与山西地域文化结合，分析山西方言词汇所蕴含的独特文化意义，如史素芬的《山西民俗事项中的方言谐音词语》（《长治学院学报》，2012年第1期），李金梅的《晋东南方言谚语文化信息解读》（《文化学刊》，2015年第4期）等。

第五，方言历史词汇研究。方言历史词汇的研究起步较晚，自20世纪80年代陈庆延等学者开始对山西方言词汇进行历时研究以来，直至21世纪初才有较多的专家学者关注这一研究课题，并取得了一些成果。但是因起步较晚，取得的成果较为有限。下文再做详细论述。

总体来看，现阶段山西方言词汇研究在方言词典的编纂、方言词汇对比研究、共时的词汇特征描写等方面取得了一定的成果。但显然在词汇研究的其他方面，如方言历史词汇的研究、各阶段词汇系统的研究以及近代汉语词汇发展的研究等方面做得还很不足，在这些方面还有很大的研究空间。因此，本书拟就山西方言历史词汇方面进行研究，以充实该研究方向。

就山西方言历史词汇的研究来说，截至目前，学者主要从两个方面对山西方言历史词汇进行了探讨：

一方面是以山西某个方言点或方言片、方言区的语言现象为调查对象，分析这些词语在山西方言区的保留情况，考释其古音古义。如乔全生的《晋方言所见近代汉语词汇选释》(《山西大学学报》(哲学社会科学版), 2010 年第 1 期)、姚勤智的《晋中方言古语词拾零》(《语文研究》, 2007 年第 2 期)、张军香的《宁武方言中的古语词》(《忻州师范学院学报》, 2004 年第 2 期)、曹瑞芳的《阳泉方言中的古语词》(《忻州师范学院学报》, 2002 年第 6 期)等。另有张海峰 (2016) 博士学位论文《忻州方言历史词汇研究》(华中师范大学) 对忻州方言中的 155 条历史词语进行了分析，考论其历史脉络，同时总结归纳出忻州方言历史词汇的有关特点，探寻其古音积淀。需要说明的是，在这些期刊论文或学位论文中，方言历史词汇的名称略有差异，有的直接称"方言历史词汇"，有的称"古语词"，有的不进行专门命名，直接叙述为"方言中所见古代某一时期的词汇"，无论著者如何称呼，其所研究的对象都是方言中保留的古代汉语词汇。此外，在山西方言研究具有总结性的报告和有关专著中，也有关于山西方言历史词语的举例分析，如李建校的《静乐方言研究》(山西人民出版社, 2005 年)、史素芬的《武乡方言研究》(山西人民出版社, 2002 年) 中都对当地方言词汇中保留的古代汉语词汇进行了详尽的分析。李金梅 (2006) 硕士学位论文《高平方言语汇研究》(南京师范大学）也对高平方言中的一些古代汉语词汇进行了研究。

　　另一方面是从具体的古代文献典籍出发，考察并分析上至先秦，下迄明清时期，我国历代文献典籍中的山西方言历史词语的使用情况，如沈慧云的《山西方言所见〈金瓶梅〉词语选释》（《语文研究》，2002 年第 4 期）、王临惠的《〈方言〉中所见的一些晋南方言词琐谈》（《山西师大学报》（社会科学版），2001 年第 1 期）、曹瑞芳的《山西方言所见〈醒世姻缘传〉词语选释》（《长治学院学报》，2005 年第 6 期）等。此外，张楠（2010）博士学位论文《古文献中所见山西方言历史词汇研究》（山西大学）从古代文献入手寻找相关语言材料，分析了 80 个山西方言历史词语。

　　值得注意的是，前文所述秋谷裕幸、邢向东的《晋语、中原官话汾河片中与南方方言同源的古词语》（《语言研究》，2010 年第 2 期）对于方言历史词汇的研究也有重要的价值。这一研究开启了晋语古词语与外方言古词语比较的先河，给我们的研究提供了新的思路。

　　同时，其他方言区的学者对某方言中历史词语的研究，也为探讨山西方言历史词汇提供了参考和借鉴，如温美姬的《梅县方言古语词研究》（华南理工大学出版社，2009 年）、林伦伦的《潮汕方言的古语词及其训诂学意义》（《语文研究》，1997 年第 1 期）等。

　　总体来看，现阶段山西方言历史词语的研究主要有以下两个特点：其一，多层次地展开研究。因山西是多方言区，所以学者选取的研究视野相对比较灵活，可大可小，方言点、方言片、方言区都可。其二，对方言古语词的考释精当准确，材料翔实，为之后的研究提供了借鉴。

　　但是这项研究仍存在一些不足之处。主要有：第一，研究角度相对较少。尽管在目前的研究中有历时的纵向比较角度，也有共时的横向比较角度，以及二者相结合的角度，但是鲜有将山西方言历史词汇与社会学、民俗学、历史学等学科相结合的角度。而这些研究角度无疑对考察山西的历史文化以及山西方言的历史渊源等都是很有意义的。第二，涉及具体的方言片、方言点较少。山西是多方言区，每一方言片甚至是每一方言点都有自己特定的古语词，所以需要我们以片、点为核心进行考察。第三，考释数量有限。尽管有张楠、张海峰的博士学位论文进行了较为全面细致的探讨，但是张楠博士选取的80个词语数量有限，不可能照顾到山西各地的方言，而山西方言历史词汇的研究必须至少以片为中心进行研究才有可能系统完备；张海峰博士则仅是针对忻州方言的研究，其他地区方言历史词汇的系统研究有待进行。第四，结合外方言的比较研究不足。所谓与外方言的比较研究，主要是将山西方言与相邻方言中的历史词语进行比较研究，分析其亲疏关系，揭示山西方言词汇发展方面显示的特征。但是，这方面的研究显然不够。主要是由于受到考释数量的制约，我们还不能拿出一大批的方言历史词汇和外方言词汇进行比较。第五，尚未有系统深入的考察。李如龙先生曾说："如果说，考释方言词本字是方言词汇的个体考察的话，在这个基础上还必须进行整体的系统的考察。"① 由于目前山西方言历史词汇的研究仍停留在个

————————

① 李如龙：《汉语方言学》，高等教育出版社，2001年，第119页。

体的考察上，所以对很多问题我们还不好做出回答。如，大体上看，山西方言中留存的历史词汇的数量大致有多少；在各个历史时期中，哪一时期的词语在山西方言中留存最多；古词语中，传承词类别数量大还是变异词类别数量大；这些方言历史词汇，形式上有什么特点；其传承与变异与地域文化的关系怎样，等等。我们只有对山西各地区留存的方言历史词汇在词义以及用法方面进行整体的研究之后，去同存异，这些问题才会有答案。

因此，山西方言历史词汇的研究应是今后山西方言词汇研究的重要内容之一。要系统详备地考察山西方言历史词汇，需以山西各地区方言中保留的古代词语为研究对象，而上党地区地处山西东南部，东邻河北，南接河南，独特的地理位置决定了上党地区方言词汇有区别于山西其他地区的独特性，或与冀方言、豫方言的共同性。同时，上党地区历史悠久，是华夏文明发祥地之一，"一般来讲，方言的历史与当地的人文历史同样的悠久"①，因此，方言的历史变迁也是上党地区地域文化、人文特色的一个重要内容，研究上党地区方言中留存的历史词语、探讨其来源及发展脉络，对于促进山西方言词汇乃至方言学、词汇学的研究，以及丰富该地区地域文化、汉语史的研究等都具有重大意义。

目前，以上党地区方言词汇为核心来考察其中保留的古代词语的研究成果较少。迄今为止，只有以上提到的史素芬先生对武乡方言中保留的古代词语的探析，以及李金梅先生的硕士学位论文中对高平方言中保留的古代词语的研究。可见，上党方言历史

---

① 朱正义：《关中方言古词论稿》，上海古籍出版社，2004年，第2页。

词汇的研究还缺乏较为全面系统的考察。本书旨在在以前学者研究的基础上对上党地区方言历史词汇进行全面系统的挖掘整理，探讨其演变脉络，分析其呈现的历史层次及特征，并试图将之与民俗学、社会学、历史学等学科结合，进一步考察本地区的历史文化。

从目前的研究现状来看，这一研究尚有较大的研究空间。本书将会在上党地区方言词汇古今对比、古今词义传承等方面为方言学、词汇学、晋语史、汉语史等的研究提供切实而有效的语言史料，填补上党地区方言研究的这一空白。

二、研究价值

本书主要对上党地区方言词汇中留存的古代词语进行探讨，其研究意义和价值主要体现在以下几个方面：

第一，有助于发掘三晋历史文化的深厚底蕴。本书在对上党地区方言历史词汇进行分析考释的基础上，总结其发展变迁的特点和原因，重在揭示特定的地域文化及文化传承对方言词汇发展的影响。同时，方言历史词汇本就是地域文化的一项重要内容，可以体现丰富的地域文化内涵。因此，本书对于发掘三晋历史文化的深厚底蕴有着重要的意义和价值。

第二，丰富汉语词汇史及晋语史的研究。人们常说方言是古汉语的活化石，保留了很多古代汉语的成分。但方言对古代汉语的继承并不是一成不变的，有的已随着社会生活的变化而发生了改变。通过对上党地区方言核心词汇发展的历时考察，可以追溯这些活的方言词汇的最初起源，窥探它们发展演变的历史轨迹，这有助于理清汉语词汇、语义流变的一些线索，考察古今词义的传承与变异情况，也有助于了解该地区词汇系统的发展状况，分析方言词汇发展变化的原因，对词汇史的研究具有不可忽视的理论意义和实践价值。此外，从晋语研究来看，从历时角度研究语音、词汇、语法的发展变化是重要的研究方向。而通过对上党地区方言词汇的历时考察，正可以了解该地区方言词汇的发展演变情况，进而为晋语史尤其是晋语词汇史的研究提供资料。

第三，可以看出上党地区方言历史词汇的不同历史层次，从而为考察该地区方言的历史形成提供有价值的证据。李如龙曾多次谈到方言古语词即方言历史词汇确定历史层次的重要性。他说："不论是古通语或古方言，在数千年历史中又可分出好几个不同的历史时期。对于某些重要的方言常用词如能联系古代文献的用例，确定其所沿用的历史时代，对于了解方言形成的大体年代极有价值。""在繁多的方言词之中，如果有一批时代相近的古语词同时在某一方言中承传下来，这绝不可能是偶然的，而一定是古时某地的语言在该方言早期的形成过程有过重大的影响。所以，人们在分析方言词汇特征时都十分重视研究方言所承传的古语词，这是很有道理的，也是很有必要的。"① 很自然，联系古代文献，我们大体能确定晋东南地区方言历史词语所沿用的历史时代，并据此了解该方言形成的大致年代。

第四，为传统训诂学的研究提供有价值的材料。由于方言历史词语中遗留着普通话已不用的古义，因而利用方言历史词语帮

---

① 　李如龙：《汉语方言学》，高等教育出版社，2001 年，第 120 页。

助解读古书中一些词语的意义，当是词义训诂的一条行之有效的途径。如唐代无名氏《玉泉子》："吾有女弟未出门，子能婚乎？"其中，"出门"如按现代汉语解释则是"外出，走出门外"之义，这样解释未免偏离原文，但如果结合上党地区阳城方言，"出门"则有"出嫁"之义，就可以对此句做出准确的解释。我国著名音韵训诂学大师赵振铎先生说："方言在训诂上具有重大的作用，利用方言材料解读古书，也会有很好的收获。一个语言分化出若干方言，在语言发展不平衡规律的支配下，一些方言保存古代的成分多一些，另一些方言保存古代的成分少一些；甲方言保留了这一古代成分，乙方言可能没有保留。这些方言成分往往成为考释古词古义的活依据。"①所以，结合上党地区方言中留存的历史词语可以印证古代文献，进而为传统训诂学的研究提供有价值的材料。

第四节 研究宗旨、思路与方法

一、研究宗旨

本书研究的宗旨是对山西上党地区方言中留存的历史词语进行考释与分析。具体来说，以上党地区具代表性的方言点为调查研究对象，尽可能多地挖掘、考释、甄别其中的历史词语，以反映上党地区方言历史词汇的大致面貌。在此基础上分析其发展脉络，归纳其呈现的历史层次及语言特征，并试图将之与民俗学、

---

① 赵振铎：《训诂学纲要》，陕西人民出版社，1987年，第144页。

社会学、历史学等学科结合，进一步考察本地区的历史文化。

其中，研究重点是分析上党地区方言历史词汇的发展脉络，归纳其呈现的历史层次及特征。研究难点主要体现在以下两个方面：第一，方言历史词语的搜集和统计工作的开展有一定难度，且因各方面条件所限，不可能绝对全面；第二，部分方言历史词语本字的考求工作有较大难度。因为一般的古代文献所用的是标准的书面语，不用或很少用方言词。大量的方言本字只是收录在古代的字书或韵书之类的工具书里，而且对于各地方言词汇并未进行普遍深入的调查。另外，考证某一地方言本字的时候往往难以顾及跟其他方言的全面比较。这些情况必然会给探求历史词语本字的工作带来困难。

二、基本思路

本书研究的主要对象是上党地区方言中保留的历史词汇。对已搜集确定的历史词语逐一考释其来源及发展脉络，据此总结归纳其显示出的不同历史层次和语言特征，揭示其中蕴含的文化现象。大致可以分为以下几个环节进行：

第一步，建立上党地区方言词汇数据库。分别搜集该地区各代表性方言点的方言词汇，去同存异。

第二步，在上述方言词汇中，确定其中的历史词汇。确定历史词汇的原则有二：一看是否在古文献中使用，古文献包括从先秦至明清中国历史上的所有文献材料，无论是文言文、古白话，还是字典辞书，只要在古文献中出现，即可确定为历史词汇；二看是否属于方言特征词。一般来说，方言词语现在的分布情况主要有三种：其一，当地方言使用，其他方言区、普通话也使用，如"案板、动弹、整点"等；其二，当地方言、其他方言区使用，普通话中已消失，如"相跟、日头、孤堆、恶水"等；其三，当地方言使用，普通话、其他方言区都已消失，如"山药蛋、启子、圪嘟"等。本书确定方言特征词以第二、三种情况为标准。依据李如龙"汉语方言特征词"理论[①]，可以将第二种称为关系特征词，第三种称为个体特征词。综合这两个原则，也就是说我们确定的方言历史词汇主要是古文献中出现过且普通话不使用的方言特征词。

第三步，对确定的方言历史词汇进行逐一考释。重点考察每一词语的保留、使用情况，同时尽可能地理清其意义的引申变化，并努力探索这些词语的词义演变规律，为汉语词汇史及方言词汇的研究提供有价值的资料。

第四步，分析方言历史词汇呈现的不同历史层次、语言特征及文化意蕴。结合文献语言用例，对上党地区方言历史词汇呈现的历史层次进行确定，总结该地区方言历史词汇呈现出的语义、语音及语法等语言特征，并挖掘其背后隐含的文化意蕴。

三、研究方法

本书的研究方法主要有：比较法（历时的意义比较）；调查法（对上党地区方言中的历史词汇进行实地调查）；统计法（从不同的角度对各类古语词进行数量统计）；考证法（利用古代文

① 李如龙：《汉语方言特征词研究》，厦门大学出版社，2002年，第3页。

献考证本字）。

（一）比较法

本书运用比较法主要侧重于历时的意义比较。在分析方言历史词汇的发展脉络时，结合文献语言材料，运用词义理论，考证其本义及引申义，将古代的意义与方言中留存的意义进行比较，同时涉及横向的汉语方言之间的比较。通过横向与纵向的比较结合的方法，分析词汇历时的传承和发展情况，尽可能地追溯其源头，建立上党地区方言历史词汇发展的古今联系。

（二）调查法

本书通过实地调查的方法对上党地区方言中的历史词汇进行搜集整理，综合运用历史法、观察法等方法以及个案研究等科学方式，对调查搜集到的方言历史词汇进行周密和系统的了解，并对其进行分析、综合、比较、归纳，从而总结出有关上党地区方言历史词汇的特点和发展规律。

（三）统计法

方言历史词汇特点和发展规律的总结，需要具体词语的语言用例作为数据支撑，因此，研究中我们拟从不同的角度，诸如音节形式、词类、历史层次、义类、词汇发展状况等，对调查搜集到的方言历史词汇进行数量统计，以期在封闭状态下对这些词语的特点和发展规律进行较为全面系统的探究。

（四）考证法

方言历史词汇的研究必然会牵涉考证方言本字的问题，这是本书研究中的难点。方言中存在着一些有音无义的字，其中有不少在古代曾经使用过，确定其本字本形时需要运用考证法。游汝杰在《汉语方言学导论》中指出，方言本字是方言词在历史文献中最初的书面形式；考证方言本字是对方言词最初书面形式的追索。确定本字的关键是方言词和本字在语音上对应，词义上相同或相近。该书中，游汝杰还提到考证本字的方法，他说："本字考应分四个步骤来进行，第一步是确定今方言词的音韵地位，即按古今音变规律，确定其在《广韵》一系韵书中的声韵调地位。第二步即在《广韵》一系韵书的相应韵目之下追索音义相合的字。第三步，寻找其他文献材料以为佐证。第四步，与其他方言参酌比较，互相引证。"[①] 游汝杰先生对考证本字的方法的阐释是我们进行考证工作的方法论基础。事实上，方言研究中的"考本字"就是在古代各种文献材料中为方言词寻找词源。

---

① 游汝杰:《汉语方言学导论》，上海教育出版社，2000年，第218～219页。

第二章　上党地区方言历史词汇的分类考释（上篇）

上党地区即今晋东南地区，包括晋城、长治二地所辖各区县。本区方言主要分布在以下十五个县市：长治、潞城、黎城、平顺、壶关、屯留、长子、沁源、沁县、武乡、襄垣、晋城、阳城、陵川、高平。根据语音特点，方言学界一般把本区方言分为长治、沁县和晋城三个片。长治片包括长治（含长治市城区、郊区和长治县）、潞城、黎城、平顺、壶关、屯留、长子七个市（县）[①]；沁县片包括沁县、沁源、武乡、襄垣四个县；晋城片包括晋城、阳城、陵川、高平四个市（县）。这里需要说明两点：第一，从行政区划上看，晋城市所辖除晋城、阳城、陵川、高平四县（市）外，还有沁水县。沁水县方言分成两片，东边以端氏镇方言为代表，有入声，归本区晋城片，称作"沁水（东）"；城关

[①] 2018年，长治城区扩建，原本的城区和郊区合并，改称潞州区；屯留县和长治县撤县设区，分别改称屯留区和上党区；潞城市撤市设区，改称潞城区。但因之前方言调查的成果均用旧称，为叙述方便，文中依然沿用旧称。

方言无入声，属山西南区方言。方言研究时以县城所在地的语音为准，所以把沁水划入南区，不在研究范围之内。第二，长治市区与长治县（上党区）、潞城市（潞城区）已基本连为一体，词汇方面差异并不大，因此调查方言词汇时不再区分，以长治市区的词汇使用为准进行整理。

上党地区方言历史词汇主要指在历代文献中有实际语言用例，且活跃在以上所列包括十五个县市在内的上党地区方言中，但现代汉语普通话却很少使用甚至不用的词，包括形式上在普通话中存在，其中某一意义在古文献中使用，也在上党地区方言中使用，却不见于现代汉语普通话的词，也包括形式上保留古代汉语词语但该词语只在方言词语中作为语素存在的词。

根据对上党地区各主要方言点方言词汇的调查结果，我们发现上党地区方言中保留了一定数量的古代词语。在查阅古代文献的基础上，我们从中确定了156个方言特征词作为研究对象。这些词语在上党各县区方言口语尤其是老年人日常对话中普遍使用。下文拟对这些词语进行分类考释。

本书按义类分类，即按照意义类别进行分类叙述，参照中国社会科学院语言研究所方言研究室资料室编写的《汉语方言词语调查条目表》中的分类方法，将确定的156个方言历史词语分为23类：一、天文；二、地理；三、时令、时间；四、农事、农具；五、植物；六、动物；七、房屋；八、器物用具；九、称谓；十、疾病；十一、身体；十二、衣服穿戴；十三、饮食；十四、红白大事；十五、日常生活；十六、交际；十七、文化教育；十八、动作；十九、位置；二十、性状、情态；二十一、代词；二十二、副词；二十三、量词。在具体分列词语时，如果某类没有相应的方言历史词语，则不列出；如果某类对应的方言历史词语很少，也要保持原貌，按照其所属类别分类，不与别的类别合并。总之，分类中尽可能与方言词语调查表保持一致，以便与本地方言词汇以及外区方言历史词汇进行对应比较。

为全书结构安排及行文方便考虑，本书将分类考释部分分为上篇与下篇两章。上篇涉及天文，地理，时令、时间，农事、农具，植物，动物，房屋，器物用具，称谓，疾病，身体，衣服穿戴，饮食，红白大事，日常生活共十五类词语，分述如下。

一、天文

1. 日头

意为"太阳"，该词在上党地区长治、沁县片使用较为普遍。如："咱们去外头晒晒日头吧。""这日头真毒，都快把我晒焦了。""日头已经偏西了。"但在晋城片中未见使用，普通话中也已消失。

"日头"一词最早出现在唐代。如唐代张鷟《朝野佥载》卷四："暗去也没雨，明来也没云。日头赫赤赤，地上丝氲氲。"其中，"日头赫赤赤"意即太阳赤红如火。"日头"就是"太阳"的意思。唐代僧人、诗人寒山子《寒山诗》："午时庵内坐，始觉日头暾。"句中"日头"亦是"太阳"之意。该词后代沿用下来，在五代、宋及元明清时期的文献中均有不少用例。如五代南唐泉州招庆寺静、筠二禅僧编《祖堂集》卷七："老僧要坐却日头，天下黯黑，忙然皆匝地普天。"宋代杨万里《山村》诗之二："歇处何妨更歇些，宿头未到日头斜。"我国佛教禅宗史书南宋时期的《五灯会元》卷五："山置经曰：'日头早晚也。'师曰：'正当午。'"元代文献《老乞大新释》："打了朵子走罢，日头已到午后了。这里离城还有五里路，著两个在后赶牲口来。"明代施耐庵《水浒传》第二十四回："那妇人看了这般，心内焦躁，指着武大脸上骂道：'混沌浊物！我倒不曾见日头在半天里，便把着丧门关了，也须吃别人道我家怎地禁鬼。听你那兄弟鸟嘴，也不怕别人笑耻！'"清代吴敬梓《儒林外史》第六回："直到日头平西，不见一个吹手来。"以上各例中"日头"均指太阳。

关于"日头"一词的来源，清人李光庭在《乡言解颐》①卷一中说，《晋书·天文志》有"日上有戴"语，南宋文人楼钥《白醉阁诗》有"天梳与日帽"语，这两句话可以证明太阳有帽子，"头"就是太阳的帽子。以此为据，李光庭认为"则日头之称可矣"。这个解释颇为牵强。《晋书·天文志》原文为："日戴者，形如直状，其上微起，在日上为戴。戴者，德也，国有喜也。一云，立日上为戴。"这句是说天象，并以天象而占人事吉凶。段玉裁《说文解字注》"戴"下曰："毛传云：凡加于上皆曰戴。……言其上曰戴，言其下曰载。"《晋书》讲得很明确，日上之云为"戴"，正合《毛传》"凡加于上皆曰戴"之意。日下之云气谓之"承"，或曰"载"。至于楼钥诗句中的"日帽"属形象思维，是文人的敲句修辞，用它作为训诂依据明显不足。

其实，"日头"一词是在实词"日"的基础上加词缀"头"

---

① ［清］李光庭撰，石继昌点校：《乡言解颐》，中华书局，1982年，第1页。

而成的，组合方式为附加式合成词，结合该词的方言读音可证。在方言中"头"读为轻声，因此"头"并没有实际意义，只是词缀。而且中古时期随着语言的发展，单音构词法衰落，复合构词法和附加构词法发展起来，由此出现了一些新的后缀，如"子""儿""头"等，且都用作名词后缀。其中后缀"头"在唐五代时期已经普遍使用。如《寒山诗》："狗咬枯骨头，虚自舔唇齿"。项斯《送宫人入道》："愿随仙女董双成，王母前头作伴行"。前句中的"头"是名词"骨"的后缀，后句中的"头"是方位名词"前"的后缀。因此从语言发展以及文献用例均可证，"头"在唐代已经普遍用作名词后缀，"日头"中的"头"亦同。

2. 月明

指月亮。在上党地区长治片的长治、屯留、长子，晋城片的晋城、高平方言中，称"月亮"为"月明"，襄垣、武乡、阳城则称为"月明爷"。

"月明"一词始见于中古汉语，唐代文献中即作为一个词使用，用以指"月亮"。如唐代李益《从军北征》诗："碛里征人三十万，一时回向月明看。"意为：沙漠里征军三十万，一到夜晚，所有的战士都一起望着天上的月亮。唐代卢纶《晚次鄂州》："三湘愁鬓逢秋色，万里归心对月明。"意为：看着三湘的秋色，两边鬓发渐白，望着天上的月亮遥想万里之外的家乡，归心更增。宋代欧阳修《蝶恋花·面旋落花风荡漾》："寂寞起来褰绣幌，月明正在梨花上。"意为：寂寞中起身来掀起窗纱，看见月亮正在花丛上缓缓移动。三句中"月明"都是月亮的意思。后来在近代汉语中继续沿用，词形、词义均未发生变化。如元代郑光祖《倩女离魂》第二折："快先把云帆高挂，月明直下，便东风刮，莫消停，疾进发。"明代寓山居士《鱼儿佛》第一出："白苹红蓼绿蓑衣，青海滩头一钓矶。只恐夜静水寒鱼不饵，满船空载月明归。"清代纪昀《阅微草堂笔记·姑妄听之四》："月明之下，见一人为二人各捉一臂，东西牵曳，而寂不闻声。"三例中的"月明"都是"月亮"义。由此可见"月明"一词自中古出现，一直沿用至清代，并保留在今上党方言中。同时，我们亦可利用"月明"在方言中的词义准确理解文献中出现的"月明"一词。诸如以上例句，如果不清楚"月明"有"月亮"义，必然会对原句造成误解。

　　"月明"本为短语，意思是"月光明亮"，早在先秦时即连用，后凝固成整体，表示名词"月亮"。其词汇化的过程与"月亮"相同，均由主谓短语固化而成词。从词义上看，"明""亮"义同，因此"月明"与"月亮"由意思相同的主谓短语逐渐发展为意思相同的词语，符合词汇化的规律。只是在后来的发展中，"月亮"因使用更加广泛而融入普通话词汇中，而"月明"则只保留在方言中。至于"月明爷"的说法，是因民间对月神的尊崇而在后面加上对神灵尊称的"爷"，如同民间称城隍庙里的神灵为"城隍爷"，称关帝庙里的神灵为"关老爷"，以及"土地爷""天地爷""灶王爷"等。

　　3. 冻泥

　　"冻泥"在上党地区沁县、沁源、阳城方言中指冬天下雪后路上结成的冰或天气寒冷后湖面上结成的冰等，同时也可用来称冰块。如："这么大的冻泥疙瘩！""走路小心点儿，路上有冻泥。"

　　该词最早出现于中古，在唐宋诗词中多次出现。如唐代陈羽的七言绝句《从军行》："海畔风吹冻泥裂，枯桐叶落枝梢折。横笛闻声不见人，红旗直上天山雪。"唐代张籍《早朝寄白舍人、严郎中》："鼓声初动未闻鸡，赢马街中踏冻泥。烛暗有时冲石柱，雪深无处认沙堤。常参班里人犹少，待漏房前月欲西。凤阙星郎离去远，阁门开日入还齐。"宋代赵师侠《浣溪沙·鸣山驿道中》一词："松雪纷纷落冻泥。栖禽犹困傍枝低。茅檐冰柱玉鞭垂。流水溅溅春意动，群山灿灿晚光迷。朔风寒日度云迟。"其中"冻泥"究竟是指什么，长期以来一直没有准确的解释。在鉴赏诗词时往往避而不谈，或是简单理解为"冻了的泥土或泥路"，认为没必要关注。但是"冻泥"绝不应理解为"冻了的泥土或泥路"。因为从陈羽的诗看，"冻泥"后搭配动词"裂"，"冻了的泥土或泥路"似乎无法与"裂开"这一动作联系。张籍的诗与赵师侠的词表面上看似无矛盾之处，但从全诗意境分析，结合后文所用意象，总感觉释为"冻了的泥土或泥路"不恰当。那么"冻泥"应当是什么呢？联系上党地区方言用例，以上三首古诗词中的"冻泥"都应解释为"冰"。《从军行》"冻泥裂"是说在风的作用下冰裂开了，《早朝寄白舍人、严郎中》"赢马街中踏冻泥"是说张籍骑着瘦马走在结了冰的街上。《浣溪沙·鸣山驿道中》"松雪纷纷落冻泥"意谓松树上的积雪纷纷落到了冰上，句中"冻泥"也正与下文"冰柱"相合。该词在近代汉语文献中用例很少，在现代汉语普通话中业已消失，但在本地方言中保留下来了。

　　"泥"本义为水和土混合而成的东西。"冻"与"泥"连用，即指冻了的泥土或泥路，本是短语。后凝固成整体，完成了"冻泥"这个短语的词汇化过程，即指"冬天下雪后路上结成的冰或天气寒冷后湖面上结成的冰"。

二、地理

4. 集

在上党地区沁县片方言以及阳城等地方言中，"集"是名词，即"集市"，是指定期聚集进行的商品交易活动形式。如："今儿的集不算大。""明儿去集上买件衣裳。""明儿北留有集。"集市举办的地点一般是乡镇政府所在的村子，每一乡镇举行集市活动的时间不同，但都有固定时间，在阳城各乡镇，一般是每隔十天举行一次。从用例中可见，该词可以单独作句法成分，是个单音词。在现代汉语普通话中只能说双音词"集市"，而不能单说"集"。

"集"一词在商代文字中即已出现，字形作"𨾊"。有的字形为便于书写，略去了重复的部分，只在树上画一只鸟，作"𨾆"。《说文·鸟部》解释为："集，群鸟在木上也。"可见，其本义为群鸟聚集在树上休息。引申表示动词"聚集、停留"等义。后又由"聚集"引申出名词"集子、集市、集镇、（四部）之集部"等义，因为它们都是由若干物品聚集而成的。"集"表示"集市"义出现较晚，一直到近代汉语才有这种用法，如明代王圻《续文献通考·市籴考一》："（辽）圣宗统和七年三月，时以南北府市场人少，宜率当部车百乘赴集。"清代刘鹗《老残游记》第七回："那山里关帝庙有两处，集东一个，集西一个。"清代汪寄《海国春秋》第六回："我只说有几天住，恐怕过了今朝集期，明日无有，所以多买。你分付尽行办熟，天热坏了，不要怪我。"从文献用例来看，"集"作名词"集市"单独出现用例相对较少，多与"赶"结合使用，构成动宾式合成词"赶集"。详见下文"日常生活"之"赶集"条。

今普通话中"集"作"集市"义时不再单用，只是作为语素存在。但在上党地区方言中"集"作为名词"集市"可以单用，在句中常作主语、宾语，较少作定语。

5. 场

在上党地区晋城、阳城、屯留、黎城等地方言中，"场"指平坦的空地，多指农家翻晒粮食及脱粒的地方，即"打谷场"，闲时小孩儿可以在场上玩儿，表示该义时读为阳平，如"把谷都堆到场，明儿打场""你家娃在场耍呢""现在没风，一会儿再扬场"。常作宾语。

"场"，《说文·土部》释为"祭神道也。一曰田不耕。一曰治谷田也。从土昜声"。《说文》对于"场"本义的解释列举了三种观点。"祭神道"指祭祀神灵的地方，即祭坛旁的平地；"治谷田"指打谷场，即农家翻晒粮食及脱粒的地方。尽管其本义说法不一，但从文献用例来看，先秦时期"场"常用来表示"打谷场"，这一点并无疑义。故依《说文》之说，认为"场"本义为"平坦的空地"，而根据空地作用的不同，可指"打谷场"，亦可指"祭祀神灵的地方"。可见本地方言保留了"场"的本义。"场"当"打谷场、谷场"讲，在先秦文献中即有不少用例，如《诗经·豳风·七月》"九月筑场圃，十月纳禾稼。黍稷重穋，禾麻菽麦""九月肃霜，十月涤场。朋酒斯飨，曰杀羔羊"。《毛传》："春夏为圃，秋冬为场。树菜蔬为圃，治禾黍为场。"认为同一块土地，春夏可以种菜，到秋冬则可用作打谷场。这种说法应该就是上古"场""圃"使用的实际情况。在《七月》诗中，前句的"场圃"指"场"，是偏义复词，"九月筑场圃"意为九月修筑打谷场。后句中"十月涤场"意为十月清扫打谷场。该义在后代一直沿用下来，如《宋书·列传》卷六十四："粗计户数，量其所容，新徙之家，悉著城内，假其经用，为之间伍，纳稼筑场，还在一处。"北魏贾思勰《齐民要术》序："丛林之下，为仓庾之坻；鱼鳖之堀，为耕稼之场者，此君长所用心也。"唐代孟浩然《过故人庄》："开轩面场圃，把酒话桑麻。"宋代司马光《涑水记闻》："贫者寒耕热耘，仅得斗斛之收，未离场圃，已尽为富室夺去。"《金史·志》卷四："太祖尝往宁江，梦斡带之禾场焚，顷刻而尽。"明代小说《醒世姻缘传》第七十九回："那日正在打场，将他套上碌轴，他也不似往时踢跳，跟了别的牛沿场行走。"清代蒲松龄《聊斋志异·狼三则》："顾野有麦场，场主积薪其中。"以上例句中的"场"都是"打谷场"的意思。

后来随着词汇的双音化趋势，"场"又与其他单音词组合成不同的词语，表示各种不同的场地，如操练或比武的场地称"校场"，打猎的场地称"围场"，战争的场地称"战场"，做法事的场地称"道场"等。

6. 孤堆

上党地区方言普遍用"孤堆"表示平地上隆起的土堆，引申可泛指一切隆起的堆放物。如："墙跟前堆的那是一孤堆甚？""那边堆着一孤堆土。""不要爬到土孤堆上，又脏又容易摔倒。"常用作宾语或定语。

该词在中古汉语中已出现，亦作"骨堆"，如唐代韩愈《饮城南道边古墓上逢中丞过赠礼部卫员外少室张道士》："偶上城南土骨堆，共倾春酒三五杯。"宋代释道原《传灯录》："浮山远答僧问祖师西来意云：'平地上起孤堆。'"近代汉语沿用。元代武汉臣《老生儿》第三折："我嫁的鸡随鸡飞，嫁的狗随狗走，嫁的孤堆坐的守。"清代震钧《天咫偶闻》卷一："沙孤堆上望行旌，万骑如云按队行。"以上例句中，韩愈诗中的"骨堆"指坟堆，《传灯录》《老生儿》中的"孤堆"指土堆，《天咫偶闻》中的"孤堆"指沙堆。现今该词在普通话中已消失，保留在方言中。

该词在古代文献中词形不一，词义难以分开理解，当属重音不重形的连绵词。

7. 阁落

上党地区各地方言都用"阁落"指阴暗、避人的角落。如："他住那地方是个阁落，可不好找哩。"

该词在近代汉语中多有使用。如元代马致远《荐福碑》第一折："我左右来无一个去处，天也！则索阁落里韫椟藏诸。"元代关汉卿《玉镜台》第四折："你在黑阁落里欺你男儿，今日呵可不道指斥銮舆，也有禁住你限时，降了你乖处。"明代凌濛初《初刻拍案惊奇》卷十一："只做自己的官，毫不管别人的苦，我不知他肚肠阁落里边，也思想积些阴德与儿孙么？"现代汉语普通话中该词已经消失。

从词类构成来看，该词当属连绵词，无法分开解释。

8.豁

上党地区多数方言中都有"豁"一词。该词有三个意义。其一表示舍弃，动词，如"我今天豁出去了"；其二表示割开、裂开、冲开、裁开，动词，如"把肚子豁开（割开）""那个花盆儿豁（裂开）了一个口子""雨水把地儿豁开（冲开）了""把这块布从中间豁开（裁开）"；其三指缺口，名词，也称"豁子""豁儿"，前者加名词性词尾"子"，后者是儿化，如"院墙被撞出了一个大豁子（豁）""碗上有个豁"。其中，第三个意义普通话已基本不用，第一、二个意义普通话还在使用，但不常用。

"豁"一词在《说文》中即有收录。《说文·谷部》："豁，通谷也。"段玉裁《说文解字注》："通谷，引申为凡疏达之称。""通谷"，通畅的山谷，此当为"豁"的本义。"豁"作"通谷"，古代文献多有使用，如西晋张协《七命》中"画长豁以为限，带流溪以为关"。其中的"豁"就是指通畅的山谷。

后"豁"由"通畅的山谷"引申出"开阔、宽敞"，唐代诗人杜甫《晚登瀼上堂》："开襟野堂豁，系马林花动。"清代曹雪芹的小说《红楼梦》第十七回："再进数步，渐向北边，平坦宽豁。"以上两例中的"豁"就是"开阔、宽敞"的意思。"通谷"看上去像地貌出现缺口、缺损一样，所以"通谷"又引申出"缺损、（出现）缺口"之义。北魏时期农学家贾思勰《齐民要术·种谷》："稀豁之处，锄而补之。"唐代文学家韩愈《落齿》："忆初落一时，但念豁可耻。"上述两例中的"豁"，前者为"缺损"义，形容词；后者为"出现缺口"义，动词。"豁"的"缺损、（出现）缺口"义一直沿用到明清时期，如清代小说《彭公案》第六十七回："听了听天交二鼓，自己从吊桥过去，至北边塌倒了一个豁口子，他借着那豁口子上去。"句中"豁"与"口"构成名词，"豁"是"缺损"义，修饰"口"。但是在古文献中未出现"豁"作名词"缺口"的用例。

"缺损"意味着有部分东西丢掉了，故"豁"由"缺损"义引申可用于表示"舍弃、丢弃"义，如南朝宋刘义庆《世说新语·德行》："（殷仲堪）每语子弟云：'勿以我受任方州，云我豁平昔时意，今吾处之不易。贫者，士之常，焉得登枝而捐其本！尔曹其存之。'"徐震堮校笺："豁，忘弃也。"

另外，古代文献中，"豁"又由"缺损、（出现）缺口"引申有"割开、裂开"义。元代无名氏《刘弘嫁婢》第一折："着他把头发披开，顶门上着碗来大艾焙炙，豁开他两个耳朵，他就好了。"清代小说《儿女英雄传》第三回："我这妹子右耳朵眼儿豁了一个。"以上两例，前者用"割开"义，后者用"裂开"义。

比较"豁"在本地方言与古文献的用例，可以看出：首先，在词汇发展中，本地方言在"豁"的"出现缺口或缺损"义的基础上引申出了名词用法，即缺口、豁口；其次，"豁"的"割开、裂开、冲开、裁开"等义在本地方言中也常用；最后，"豁"的"舍弃、丢弃"义也保留在本地方言中，一般用"豁掉"或"豁出去"来表示有东西不要了，要倒掉。

三、时令、时间

9. 春期

在上党地区武乡、沁县方言中，"春期"指春天、春季。如：

"春期就是播种的季节。""春期到了，整个世界都变得温暖了。"

"春""期"二字连用，本为短语，意思是"春天期间"，后凝固成词，指"春天"。该词最早出现于唐朝，如唐代高蟾《晚思》："虞泉冬恨由来短，杨叶春期分外长。"唐代李商隐《及第东归次灞上却寄同年》："芳桂当年各一枝，行期未分压春期。"二句中"春期"都是春天的意思。该义后代沿用。如宋代赵师侠《点绛唇·同曾无玷观沈赛娘棋》："花娇玉润。一捻春期近。"宋代白君瑞《风入松·寄故人》："腊残未解寒塘冻，东风细、已露春期。"清代李春芳《海公小红袍传》第一回："看看春期已到，二人进场。榜发，俱各高中了进士。"除表示"春天"外，"春期"在古代文献中还可指男女约会之期。因"春"引申可指男女情欲，故"春期"也引申指男女约会之期。在现代普通话中，"春期"一词已消失，但是上党地区方言中保留了"春期"中的"春天"这一意义，可以帮助我们正确理解古文献中"春期"一词的意义。

10. 打春

上党地区多数方言称"立春"为"打春"。如："明天就打春了。"

该词最早出现于宋代。文献中有两个意义。一指时令"立春"，二指立春这一天的民间习俗。在周代，立春这一天周天子要亲率三公九卿等到东郊迎春、祭祀。唐宋时，"打春"日，民间有鞭打春牛、送小春牛等习俗，表示劝农春耕和祈求丰收。明清以来，有食青菜、迎土牛、浴蚕种、喝春茶等习俗。所以"打春"一词具有浓厚的汉族民俗风情和乡土气息，唐宋时有在立春日鞭打春牛的习俗，故把这一天称为"打春"。唐代丘光庭《兼明书》卷一："今地主率官吏以杖打之，曰'打春牛'何也？"句中"打春牛"即这一民间习俗。这两个意义近代汉语较为常用，如北宋《太平广记》卷一百八十一《贡举四》："锴庭谴之，思谦回顾厉声曰：'明年打春取状头。'"句中"打春"指立春。元代《朴通事》："宋舍看打春去来？"句中打春即指打春这一天举行的一些民间活动。清代小说《三侠剑》第一回："你知由打春正月间，侠义庄飞龙镇有绿林道传说，出了因奸不允、刀杀人命两案。"句中打春也指立春。再如，清代富察敦崇《燕京岁时记》言"打春即立春，在正月者居多"，更是明确地说明了"打春"与"立春"的关系。

现代汉语普通话中，"打春"一词已消失，只用"立春"。但作为词汇发展中的印记，上党地区方言中保留了该词的"立春"义。随着时代发展，20世纪70年代以来，上党地区民间在立春日已经没有旧时的民俗，所以第二个意义在今天的上党地区方言中也已消失。

11. 破五

在上党地区屯留、黎城、武乡、沁源、阳城等地方言中，"破五"指正月初五。这一天，有一种叫作"赶五穷"（智穷、学穷、文穷、命穷、交穷）的风俗。黎明即起，放鞭炮、打扫卫生，表达了中国劳动人民辟邪除灾、迎祥纳福的美好愿望。

该词宋代已见于文献。如宋代苏轼《蝶恋花·泛泛东风初破五》词："泛泛东风初破五。江柳微黄，万万千千缕。"后近代汉语沿用。《全元曲·散曲·张可久〈偕程令尹游烟萝洞〉》："二公，

意浓，破五日渊明俸。"清代震钧《天咫偶闻》卷十："初五日，
名破五。以前五日，禁妇女往来。初六日，归宁。琉璃厂开市。"
清代富察敦崇《燕京岁时记》："初五日谓之破五，破五之内不得
以生米为炊，妇女不得出门。"今现代汉语普通话已不用，只是
作为民俗保留在方言中。除山西方言外，山东、陕西、天津等地
也把正月初五称为"破五"。

关于"破五"一词的来源，说法不一，主要有三种。第一种
认为源于姜子牙的妻子。据《封神榜》所说，姜子牙封神，把背
叛他的妻子封为"穷神"，令她"逢破即归"。人们为了避穷神，
于是把这天称为"破五"。第二种认为源于财神。古人认为正月
初五是财神的生日，所以要在这一天大摆宴席，燃放鞭炮，举行
多种多样的庆祝活动，寓意就是迎接财神的到来。第三种认为源
于祖宗。在上党地区，根据民间习俗，在除夕夜是要把祖宗请回
来过年的，在堂屋的正中，高挂祖宗牌位，烧香上供，意为请祖
宗一起过年，不忘祖宗，宴享祖宗。到了初五，年过完了，就要
送祖宗"回去"了，所以，这一天要烧香，烧纸钱，恭送祖宗。
无论源于哪种说法，该词在汉语语言中的出现都与"打春"同，
是因民俗而命名的。

12. 添仓

"添仓"亦作"填仓"，是上党地区民间的一个传统节日，时
间一般在正月二十左右。各地具体时间不一，有的地方是每年的
正月十九，有的是正月二十，有的是正月二十五。

添仓，顾名思义，是指农家往仓房囤子里增添粮食。农民希
望当年在原有粮食生产的基础上，增加收成，多多增产。因此，

这一节日寄托了人们对于来年粮食丰收的美好祝愿。添仓节，在上党地区各地的过节方式也不尽相同。比如阳城，在添仓节这天，会象征性地往粮仓里添加粮食；而有的地方，则在添仓节这一天吃春饼、煎饼，并把饼投入粮仓，名曰"添仓"，也叫"填仓"；有的地方会吃黍米糕。

填仓节在宋时文献中已有记载。如宋代孟元老《东京梦华录》："正月二十五日，人家市牛、羊、豕肉，恣飨竟日。客至苦留，必尽而去。名曰填仓。"清代潘荣陛《帝京岁时纪胜》"填仓"条载，每年正月二十五日，全家加菜盛餐；有客来，必苦留，使之醉饱而去，俗称"填仓"，取预祝填满谷仓的吉兆。根据记载，古时填仓习俗是以饱食表示填满了仓。尽管习俗与上党地区的填仓不同，但也可见该节日的来源较早。这一节日在上党地区民间较为盛行。

关于添仓节的由来，在民间有两种传说：一种是说西汉时淳于衍曾经做过粮仓官，为人正直，遭人陷害，被判处死刑，经女儿上诉赦免，后人为了纪念他，定正月二十五为添仓节。另一种传说是，相传在很久很久以前，我国北方遇到连年旱灾，百姓颗粒无收。可是，当政者不管黎民百姓的死活，照样征收苛捐杂税，导致民间怨声载道。看守粮仓的仓官，目睹这一惨景，于心不忍，便毅然打开粮仓，救济灾民。他知道，这样做触犯了王法，皇帝绝不会饶恕他。于是，他让百姓把粮食运走了以后，就一把火把粮仓烧了，自己也被活活烧死。这一天正好是农历正月二十五日，后人为了纪念这位放粮救灾民的无名氏仓官，每到这一天，就用细炊灰在院内外打囤添仓，以示对仓官的怀念，也祈盼新年有好收成。这样，添仓节的习俗就世代流传下来。后来，添仓成了人们对生活的美好祝愿。

随着时代的发展，人民生活水平的提高，现代社会中添仓这一节日已在民间逐渐淡化，不为年轻一代所知，但该词所反映的民间文化是需要我们关注和重视的。

13. 过年

在上党地区多地方言中，"过年"是明年的意思。"过"读为阴平，从语音上看"过"保留了古音。如："咱闺女过年该上学了。"

"过年"本为动宾短语，指过了新年或过了春节，始见于唐代。如《唐代墓志汇编续集》："高堂老亲，过年八十，倚门之望久绝，送葬之晨暂睽。"后凝固成动词，指在新年或春节期间进行庆祝等活动。如明代小说《二刻拍案惊奇》卷四："小弟没事不到省下，除非冬底要买过年物事，是必要到你们那里走走，专意来拜大哥、三哥的宅上便是。"句中"过年物事"指在过年时举行的一系列庆祝活动需要的物品。因新年之后就是下一年，因此引申指时间词"明年"，在句中作状语。这一意义明清时期始常用。如明代小说《醒世姻缘传》第四十四回："于是他母亲拿定主意，择在十一月过聘，过年二月十六日完婚。"清代小说《彭公案》第一百二十五回："武登科说：'也好。我买一个筐儿，过年卖瓜子为生，倒也不错。'"清代小说《小五义》第三十七回："智爷说：'不是，今年过完了，过年行上军了。在军营里头，枕戈待旦，卧露眠霜。贤弟我过了这么一个生日，过年就死了不成？'"清代小说《儿女英雄传》第三十五回："老爷今年中了举，过年再中了进士，将来要封公拜相的。"以上四例中"过年"均是时间名词"明年"义，在句中作状语。最后一例中"过年"与"今年"相对为文，其作为时间名词的语法作用更是明显。该义在今普通话中一般不用，保留在晋城片方言中。

14. 年时

"年时"意即"去年"。其中"时"读为轻声。该词在上党地区多地方言中都有用到。如："你家年时打了多少斤麦？""年时我才上的学。"

根据文献记载，"年时"连用始见于汉代。如《汉书》卷六十九《赵充国传》："我告汉军先零所在，兵不往击，久留，得亡效五年时不分别人而并击我？"这里"五年时"指元康五年（未改神爵以前）义渠安国征羌，纵兵杀羌人之时。所以尽管形式上已经连用，但意义上结合尚不紧密。然而也正因"年""时"有这样的语义结合契机，才逐渐作为短语使用，并渐趋词汇化，魏晋时开始作为一个整体使用，表示"当年，往年时节"。如晋王羲之《杂帖一》："吾服食久，犹为劣劣，大都比之年时，为复可耳。"六朝《全刘宋文》："沈尚书暴病不救，其体业贞审，立朝尽公，年时尚可，方相委任。"该义后代沿用。如唐代卢殷《雨霁登北岸寄友人》诗："忆得年时冯翊部，谢郎相引上楼头。"元代张可久《庆东原·春思》曲："垂杨径，小院春，为多情减尽年时俊。"但它在现代汉语中已消失。

"年时"一词，在古代文献中用例不少，词义也复杂。除"当年"外，后又引申表示"岁月、年代"，该义魏晋时已出现。如《魏书·寇赞传》："苻坚仆射韦华，州里高达，虽年时有异，恒以风味相待。"在近代汉语中词义增多，表示"历法的年月时

日”“去年”“年头、年份”等义。其中，“去年”义在上党地区
各方言点中都保存了下来，活跃在当地人的日常口语中。从该义
的文献用例来看，始见于近代汉语，在诗词曲中常见。如元代卢
挚《清平乐·行郡歇城寒食日伤逝有作》：“年时寒食，直到清明
日。草草杯盘聊自适，不管家徒四壁。今年寒食无家，东风恨满
天涯。早是海棠睡去，莫教醉了梨花。”句中“年时”与“今年”
相对为文，表示“去年”。明代陈耀文《花草粹编》卷三中曹元
宠《十二时》：“年时酒伴，年时去处，年时春色。清明又近也！
却天涯为客。念过眼，光阴难再得。想前欢，尽成陈迹。登临恨
无语，把阑干暗拍。”这里“年时”与“清明”句相应，诗人感
慨世事无常，物故人非。今年春色依旧，年时盛景难现。可见，
准确理解句中的“年时”一词，对于体会作者的情感有着很重要
的作用。又如明代西周生《醒世姻缘传》第七十七回：“素姐道：
‘我的汉子是狄希陈，是个监生，从年时到京叫淫妇们霸占一年
了。’”句中说“从年时到京叫淫妇们霸占一年了”，显然“年时”
就是指“去年”。清代孔尚任《桃花扇·拜坛》：“年时此日，问
苍天，遭的甚么花甲。”其中“年时”即“去年”，其义如无方言
参证则不得而知。民国时期也有此用法。如刘国钧《月词》：“伤
心最是当前景，不似年时共倚阑。”今现代汉语普通话中“年时”
一词已然消失，《现代汉语词典》中收录该词，明确标为“方言
词”，解释为“去年”。

15. 年根

上党地区多地方言都用“年根”指称年底，表示年前的一段
时间。如：“快到年根了，得赶紧准备过年的东西了。”

该词最早出现于近代汉语，文献用例只表示"年底"之义。不过有时为虚指，指年前的一段时间，如明代小说《醒世姻缘传》第七十二回："这大哥哥可是他大爷生的，没娘没老子，在他叔手里从小养活，赶着周大叔就叫爹叫娘的，这年根子底下也就娶亲哩。"有时则为实指，专指一年的最后一天，如《清史稿·志二十·时宪一》："拟自道光十四年甲午为年根，按实测之数，将原用数稍为损益，推得日行交节时刻，似与实测之数较近。"表示虚指义的"年根"民国时期沿用，如陈登科《赤龙与丹凤》六："富家白面堆成山，穷人年根去讨饭。"后逐渐在普通话中淡出，很少使用，而多用"年底"一词。"年根"则在方言中多用。

"根"本义指草木之根，形声字。后引申指物体的底部，如"墙根""年根"。"年根"即"一年的底部""一年的最后"，本是个短语，后逐渐词汇化成为一个整体，表示"年底"。

16. 月尽

上党地区武乡、沁县方言用"月尽"指称农历每月的最后一天。除夕晚上叫"月尽黑夜"。这样的指称具有较强的古朴色彩。需要指出的是，在本地区中只有武乡、沁县方言有这种说法，大概是武乡与山西中部相邻，方言融合所致。

"月尽"一词汉代开始用于文献中，如东汉《太平经》卷九十六："常以月尽朔旦，见对于天，主正理阴阳。"句中，"朔旦"同义连用，指农历初一，"月尽"指农历每月最后一天。中古汉语用例增多。如《魏书·律历志上》"章岁，五百五"，作者自注云："古十九年七闰，闰余尽为章。积至多年，月尽之日，月见东方，日蚀光晦，辄复变历，以同天象。"《尚书·胤征》"先时者杀无赦"，唐代孔颖达疏"月初为朔，月尽为晦……晦者，月尽无月，言其暗也"。结合这两条注释，可证二句中"月尽"皆指农历每月的最后一天。近代汉语继续沿用。如明代姚士粦《见只编》卷上："为军丁月粮，先年月头给放，不过初五，近年多在月尽或次月初方给。"清代蒲松龄《聊斋志异·于去恶》："今冥中以科目授官，七月十四日奉诏考帘官，十五日士子入闱，月尽榜放矣。"其在今现代汉语普通话中已消失，留存在方言中。

文献用例中"月尽"作词时，意义单一，只表示农历的最后一天。上党地区方言亦如此。

17. 夜来

在上党地区沁县、长治片方言及晋城片的高平、陵川方言中，"昨天"用"夜来"表示。如："夜来吃甚饭来？""夜来你去哪了？给你打电话你也不接。"

"夜来"一词在中古时期唐代文献中已出现，常用来表示两个意义：一为"入夜"。如唐代诗人杜甫《遣怀》诗："夜来归鸟尽，啼杀后栖鸦。"一为"夜间，昨夜"。如唐代诗人孟浩然《春晓》诗："春眠不觉晓，处处闻啼鸟，夜来风雨声，花落知多少。"但是还没有"昨天"的意思。直到宋代才出现"昨天"义。如《朱子语类》卷十六："次早云：'夜来国秀说自欺有三样底，后来思之，是有这三样意思。然却不是三路，只是一路，有浅深之不同。'"宋代词人贺铸《减字浣溪沙·楼角初销一缕霞》："笑捻粉香归洞户，更垂帘幕护窗纱，东风寒似夜来些。"近代汉语中"昨天"义沿用下来。如元代无名氏《度柳翠》第二折："夜来八

月十五日，你不出来，今日八月十六日，你可出来。"《水浒传》
第三十四回："总管夜来劳神费力了一日一夜，人也尚自当不得，
那匹马如何不喂得他饱了去？"在上党地区方言中"夜来"只保
留了"昨天"义，而且广泛使用。

　　结合文献用例及词义引申理论，"夜来"本义应为"入夜"，
本为主谓短语，后经历词汇化过程，逐渐凝固成词，引申表示
"夜间""昨夜"，因"昨夜"指昨天的夜晚，所以词义范围扩大，
引申指"昨天"。该词在普通话中已不使用，各项意义分别被其
他词语取代。

　　18. 黑来

　　上党地区除沁源外，方言都用"黑来"一词表示"晚上"。
如："天冷，黑来不要出去外面乱跑去了，别感冒了。"

　　该词在文献中出现很迟，一直到清代文献才有用例，而且用
例很少。如清朝的小说《说唐全传》第十二回中提到："那罗通周
围杀转，这番到西门，差不多天气已晚，黑来了。"而且只表示
"晚上"这个意义。可见该词并未在语言中通用，因此在普通话
中已逐渐消失，现今保留在上党地区方言中。

　　"黑"本为颜色词，因夜晚天是黑色的，所以民间用"黑"
代指夜晚，"黑来"本是主谓短语，是"夜幕降临"的意思，后
来逐渐词汇化，凝固成一个整体，意为"晚上"。

　　此外，武乡方言中有"黑张来"的说法，其义与"黑来"
同。该词在文献中无用例。但在近代文献中有一词"黑将来"，
其义为晚上。如明代小说《二刻拍案惊奇》卷九："直等天黑将
来，只听得女子叫道：'龙香，掩上了楼窗。'"考其音义，"黑张

来"当是"黑将来"在汉语语音发展过程中出现的变异情况。从
词义上看，"黑将来"本指天快要黑了，后引申可表示晚上，但
与"黑来"发展轨迹同，并未在普通话中通行，只在方言中使
用。从语音上看，读平声时，"将""张"二字在《洪武正韵》中
的反切分别是"兹郎切""止良切"，声母分别为"精"母、"照"
母，韵母仅韵头不同，因此，二字语音相近，在方言中发生语转
现象，"将"音也就变为"张"音了。

19. 早起

在长治、平顺、黎城、壶关、陵川等地方言中，"早起"意
思是"早上"。如"明天早起早点起，要不然会迟到的。"

"早""起"连用起源很早，先秦时期即有用例。如《孟
子·离娄下》："蚤起，施从良人之所之遍。国中无与立谈者。"句
中"蚤"是通假字，本为"早"，"早起"意思是"清早起床"。
因二字经常连用，经历词汇化过程后，中古汉语中凝固成词，表
示"早上"的意思。如北宋《朱子语类》卷一百一十八："又如学
者应举觅官，从早起来，念念在此，终被他做得。"《朱子语类》
卷十六："某年十七八时，读《中庸》《大学》，每早起须诵十遍。"
近代汉语沿用下来，如元代戏曲秦简夫《东堂老》第一折："俺等
了一早起，没有吃饭哩。"清代小说《红楼梦》第一百一十九回：
"我早起在大太太跟前说的这样好，如今怎么样处呢？"

但从文献语言用例看，在历代汉语中，"早起"一直可以用
作短语，而且相对于其作为词的用法明显更为常见，一直到清代
依然如此。另外，从语义上看，作为词组的"早起"与作为词
的"早起"相比，语义也较为复杂。如清代葛虚存《清代名人轶

事》："予不能夜坐，而喜早起；其年吟咏必至夜分，而起每迟。"
句中"早起"即早早起床。再如清代方濬师《蕉轩随录》："是日
早起开门，瞥见，呼之不应，抚之奄奄一息，亟抱入庙，以姜汤
频灌之，半日方苏。"句中"早起"意为早上起来。在现代汉语
中"早起"依然作短语使用。可见"早起"作为词表示"早上"
义始终处于不稳定状态，由此也就使得该词逐渐在普通话中消
失，但作为历史见证，保留在上党地区方言中了。

20. 晚夕

上党地区多地方言常称"傍晚、晚上"为"晚夕"。如："你
什么时候去逛街？""晚夕吧。"再如："到晚夕了，该回家了。"

该词在中古汉语即已出现，表示两个意义：一为"傍晚"，
一为"晚上"，与上党地区方言词义同。如唐代刘威《题许子正
处士新池》诗："那堪更到芙蓉拆，晚夕香联桃李蹊。"句中"晚
夕"是傍晚的意思，全句意为：更何况等荷花开了，傍晚时分
香气与桃李的香气合二为一。北宋时期李昉的《太平广记》卷
三百六十七《妖怪九》："居僧晚夕不安，衣装道具，有时失之复
得。有道士者闻之曰：'妖精安敢如是？余能去之。'"句中"晚
夕"意为"（整个）晚上"。"晚夕"的这两个意义近代汉语沿用
下来，并且极为常用。如元代无名氏《飞刀对箭》第二折："到晚
夕下寨安营，到来日看俺相持。"其中"晚夕"意为"傍晚"。明
代凌濛初《初刻拍案惊奇》卷一："少不得朝晨起早，晚夕眠迟。"
该句中"晚夕眠迟"指"晚上睡得迟"。明代兰陵笑笑生《金瓶
梅词话》第五十九回："晚夕入李瓶儿房中陪他睡。夜间百般言语
温存。"句中"晚夕"显然也是"晚上"之义。明末清初文学家

褚人获《隋唐演义》第八十四回："众人直游玩至晚夕，乘烛而归，遣簪坠舄，遍于路衢。""游玩至晚夕"即游玩至傍晚。但到现代汉语普通话中"晚夕"已然消失，不再使用了。

考其来源，"晚"是个形声字，本义为"太阳落了的时候"，即"傍晚、黄昏"，后引申也可指夜晚；"夕"是个指事字，古文字字形作"☽"，像半个月亮之形，表示月亮刚出现时的一段时间，所以其本义也是"傍晚、黄昏"，后引申亦可表示夜晚。因此，"晚""夕"在"傍晚、夜晚"义上是同义词，故同义连用逐渐凝固成词，依然表示"傍晚、晚上"义。

21. 前晌

在上党地区多数方言中，"前晌"是上午的意思。如："你前晌干吗去了？""我前晌没去书房。"

该词最早出现于元代，也表示"上午"的意义。如元代王恽《玉堂嘉话》卷七："燕城阁前晌午市合更忙，猝不能过。"再如明代小说《醒世姻缘传》第六回："雇了八名轿夫，坐了前晌京中买来的大轿。"但用例并不多，没能在汉语语言中通行，只保留在方言中。

考其来源，"晌"，形声字，形旁为"日"，结合文献用例及形旁表意情况，可知其本义当为"午、中午"。"前晌"即中午之前，后逐渐词汇化，凝固成词，表示"上午"。

22. 晌午

在上党地区方言中，"晌午"是中午的意思，其使用范围比"前晌"更为广泛。如说："晌午了，吃甚饭了？""今晌午曾热来。""来俺家吃晌午饭来吧。"

该词在近代汉语文献里很常见，如元末明初小说《水浒传》第四回："未及晌午，马已到来，员外便请鲁提辖上马，叫庄客担了行李。"明代小说《醒世姻缘传》第十二回："那一日是六月六，正晌午。"清代小说《红楼梦》第九回："过了晌午，便摆开桌子吃酒。"文献中"晌午"的用例很多，但是因同一意义的"中午"更为常用，在民间更为通行，所以"晌午"一词依然未能摆脱在普通话中被淘汰的命运，只保留在方言中。

如上条所述，"晌"本义为"午"，"晌午"本是同义连用，后凝固成词使用。这一结合方式是汉语词汇双音化的主要趋势。

23. 后晌

在上党地区方言中，"后晌"指下午，但是使用范围较为狭窄，只有壶关、晋城、阳城、陵川方言有用例。如："你后晌打算作甚去呀？""后晌我准备看戏去呀。"

"后晌"一词最早出现于元代，如元代杂剧《海门张仲村乐堂》第二折："我与你直挺挺忙拨倒身躯，就着这凉渗渗席垫着我这脊梁，美也，就着那风飕飕扇着我那胸膛。愁的是后晌，晌晌。"到明清时期文献中极为常用。如明代兰陵笑笑生《金瓶梅词话》第二十三回："不想后晌时分，西门庆来家，玉箫向前替他脱了衣裳。"明代西周生《醒世姻缘传》第四十八回："只是薛夫人早起后晌，行起坐卧，再三教训，无般不劝。"明代兰陵笑笑生《金瓶梅词话》第六十八回："到后晌，有庵里薛姑子，听见月娘许下他到初五日李瓶儿断七，教他请众尼僧，来家念经，拜《血盆忏》，于是悄悄瞒着王姑子，买了两盒礼物来见月娘。"清代小说《绿野仙踪》第四十九回："再看见你待何大爷那种趋时附势、弃旧迎新的样儿，也不用到今日午间，只昨日后晌，我就把你的大肠踢成三段了。"以上用例中，"后晌"的意思都是下午。但是与"晌午"的发展轨迹基本相同，后在普通话中逐渐消失，只保留在方言中。

"后晌"一词的来源与"前晌"相同，也是由偏正式短语凝固而成词。

24. 天气

在长治、沁县片方言中，"天气"可以指"时候、特指某一时刻"，如："择个好天气结婚。"现代汉语普通话中"天气"只有一个意义，即一定区域一定时间内大气中发生的各种天象变化。

"天""气"先秦时即已连用，如《吕氏春秋·孟春纪·孟春》："是月也，天气下降，地气上腾，天地和同，草木繁动。"其中，"天气"指天空中的气流（多指轻清之气），"地气"指地面上的气流。但这时的"天气"还没有凝固成词。因"天""气"常连用，故逐渐词汇化，凝固成名词。从文献用例看，这一过程完成于东汉时期。如《史记·龟策列传》："新雨已，天清静无风。"《汉书》卷八《宣帝纪》："东济大河，天气清静，神鱼舞河。"可以看出，《史记》中表示同一意义用单音词"天"，而《汉书》则用双音词"天气"。句中"天气清静"中的"天气"正与现代汉语"天气"义同，即"气候"。再如曹丕《燕歌行》："秋风萧瑟天气凉，草木摇落露为霜。"而"天空中的清新之气"又逐渐引申可泛指"空气"。如太平天国时期洪仁玕《自传》："鼻之呼吸，刻不能与天气相通。"古人认为，无论气候抑或人的命数都是由神灵主宰，故引申指"天命，气数"。如唐代许敬宗

《尉迟恭碑》："刘武周不稽天气，实暗人谋。"又由"气候"引申可以表示时候（特指某一时刻）、某段时间。这一意义直到近代汉语才有用例。如《水浒传》第八回："两个公人带了林冲出店，却是五更天气。"《儿女英雄传》第五回："莫如趁天气还早，躲了她。"二句中"天气"即指时候。明代冯梦龙《挂枝儿·醉归》："俏冤家夜深归，吃得烂醉……枉了奴对孤灯守了三更多天气。"此句中"天气"指一段时间。

综上，可以看出，"天气"一词古代常用四个意义，一是"气候"，二是"空气"，三是"天命、气数"，四是"时候、特指某一时刻"。其中，后三个意义在现代汉语普通话中均已消失，只有第一个意义保留下来。而"时候、特指某一时刻"这一意义在长治、沁县等地方言中保留了下来。

25. 历头

长治方言用"历头"指称"历书"。现代汉语普通话只有"历书"，不用"历头"。该词在上党地区应用并不普遍，只在长治方言中出现。

"历头"本指历书的开头。"历"有"历书"义，如汉代无名氏诗《孔雀东南飞》："视历复开书，便利此月内。""头"有"开始、开端"之义。后由"历书的开头"引申，范围扩大，并逐渐凝固成词，指"历书"。

"历头"一词始见于中古汉语。《隋书》卷三十四《志第二十九》中提到《二仪历头堪余》一卷，可见当时已使用"历头"一词作为历书书名。再如北宋朱敦儒《鹧鸪天·检尽历头冬又残》词："检尽历头冬又残，爱他风雪忍他寒。"南宋《古尊宿语录》卷二十七："有一人云，今日是初三，官历上写来。村里人道是初四，乃村下历头。"两句中"历头"均指历书。近代汉语沿用。如明代阮大铖《双金榜·诺婚》："历头上明日大吉日。"明代小说《英烈传》第五十六回："徐达便取过历头来看了，说：'今日是壬子干支，遁甲宜该在坎方做事。但不知何以正东、正西上出来接应。'""历头"一词除表示"历书"外，还可指"手历"，即宋代的一种赋税凭证。如《宋会要辑稿·食货十八·商税》："自后复创户部给历之说，而诸军装发排筏皆执户部历头以免商税，凭籍私贩，每得一历即为数岁循环之用。"但这一意义在近代汉语中已经消失。"历书"义在今普通话中也已消失，只保存在长治方言中。

四、农事、农具

26. 担杖

在晋城、长治片多地方言中，称"扁担"为"担杖"。

该词见于近代汉语文献，有两个意义。一为"扁担"。如元末明初即朝鲜李朝（1392～1910）时期流行的朝鲜人学汉语的课本《朴通事》："后头，才知那个太师家的、太保家的、丞相家的、公侯家的，各自一火家，睁着眼，舍着性命，各拿棍棒，又是担杖，厮打着争那明珠。"元代宫天挺《七里滩》第一折："蓦岭登岗，拽着个钝木斧，系着条篦麻绳，携着条旧担杖。"明代小说《醒世姻缘传》第五十四回："四十文钱买了副铁勾担杖。"一为"行李"。如元末明初小说《水浒传》第十六回："看那军人担杖起程，杨志和谢都监、两个虞侯押着。"明代洪楩《清平山堂话本·杨温拦路虎传》："收拾担杖，安排路费，摆开那暖轿马匹，即时出京东门。"明末冯梦龙《警世通言》第三十卷："老员外速教收拾担杖，往西京河南府去避死。"其中"行李"义清代即已少用，民国文献中已消失。"扁担"义则一直到民国时期文献中依然使用，今普通话中消失，保留在晋城、长治片方言中。

考其来源，"担"本义为"用肩挑"，动词。《说文》无"担"，但"人部"收一"儋"，解释为："儋，何也。从人，詹声。以背曰负，以肩曰儋。"朱骏声《说文通训定声》云："以背曰负，以肩曰儋，字亦作擔。""担"即"擔"的简化字。由本义"用肩挑"引申有名词用法，表示"扁担和挂在两头的东西"。如《楚辞·哀时命》："负担荷以丈尺兮。"王逸注："荷曰担。""担""荷"同义连用，都是名词。可见先秦时"担"就有名词用法。在中古时期词缀"子"出现后，遂加"子"尾为"担子"。再如宋代欧阳修《归田录》："有卖油翁释担而立。""释担"即"放下担子"。"杖"：《说文·木部》释为"持也"，本义为"执、持"。后亦引申有名词用法，指"手杖"，因形状类似，后由"手杖"引申泛指棍棒或棒状物，因而亦可指扁担。因"担""杖"意同，故同义连用，后逐渐词汇化，凝固成双音词。"扁担"一词，当取其形而来。用来挑东西的"担子"形状是扁的，故有"扁担"之称。

27. 碌碡

高平、长子、沁源方言保留有"碌碡"一词，它是一种用来碾压成熟谷子的农业生产工具，形状为圆柱体，多用石头做成，也有铁制的，用牲畜或人力牵引来压平田地、碾脱谷粒等。各

地名称不同，可称"碌轴""石滚子""石碾子""石磙"等，古
书中又写作"磟碡""辘轴""陆轴"等，写法多样，但音基本相
同。这类农具出现于秦汉之间，历史非常悠久。北魏贾思勰《齐
民要术·大小麦》"青稞麦"下记载："治打时稍难，唯伏日用碌
碡碾。"意思是青稞麦脱粒比较难，最好趁三伏天用碌碡碾压。
文献中多有用例。如唐代薛能《嘉陵驿》："蚕月缲丝路，农时碌
碡村。"南宋范成大《四时田园杂兴》诗之六："系牛莫碍门前路，
移系门西碌碡边。"《金史·列传第五十一·赤盏合喜传》："大兵
用砲则不然，破大砲或碌碡为二、三，皆用之。"清代纪昀《阅
微草堂笔记·滦阳消夏录三》："吾待君墙外车屋中，枣树下系一
牛，旁有碌碡者是也。"可见"碌碡"这种农具历代一直使用，
直至20世纪七八十年代山西各地农村依然普遍应用，只是名称
不同，有的地方称为"磙"。近年来，随着农业机械化的普及，
碌碡已经退出历史舞台，农民也基本不使用了。该词虽在高平方
言中保留了下来，但只有老一辈的人还偶尔使用，很多年轻一代
都未曾听说，濒临消失。

　　另外，从语音上看，高平方言中"碌"保留了古音，仍读作
入声；"碡"的语音稍有变异，塞音韵尾脱落，读为平声。

　　28. 耙

　　在上党地区方言中，"耙"有两个读音，表示两个意义。一
为 bà，指一种把碎土、堆肥、杂草摊开，使它们附着在农田表
面的农具，主要用于犁地之后，使表层土壤平整的农具；外形较
大，耕作深度一般不超过15厘米。一为 pá，是一种聚拢谷物或
平土地用的农具，主要用于表层土壤耕作，外形较小。

该词始见于宋代文献，本指平整土壤的农具，即上党地区方言的第一义。如北宋时期的佛语录《禅林僧宝传》卷二十八："杨岐牵犁，九峰拽耙。"北宋时期的语录《朱子语类》卷二十五："治田者须是经犁经耙，治得窒碍，方可言熟也。"二句中"耙"与"犁"对举，"耙"当为犁地之后用来平整土地的农具。该义近代汉语沿用。如明代著名科学家宋应星《天工开物·乃粒第一》中记载："凡一耕之后，勤者再耕、三耕，然后施耙，则土质匀碎，而其中膏脉释化也。"显然，其中的"耙"即是这种平整土壤的农具。"耙"的第二义中古未见，近代汉语才出现用例。如明代小说《三宝太监西洋记》第九十六回："鳅王只是一个长舌头搭着舟船，就如钉耙之状，再不脱去，直至沉船而止。"明代小说《今古奇观》第二十九卷："分付他寻了锄头、铁耙之类。"二句中的"耙"即是指聚拢谷物或平土地用的那种农具。随着时代的发展，"耙"所表示的这两种农具今已不再使用，其在汉语普通话中已濒于消失。但"耙"的这两个意义在上党地区方言中还在使用。

"耙"为形声，字从耒，从巴，巴亦声。"巴"意为"附着""黏着""匍匐"，"耒"指"农具"，故"耒"与"巴"组合起来即可表示"平整土壤的农具"以及"聚拢谷物或平土地用的农具"。

29. 打场

在上党地区屯留、黎城、武乡、高平、阳城等地方言中，"打场"指在禾场上将收割的麦子、稻子、高粱等用石磙（即第27条"碌碡"）脱粒。

该词在中古汉语文献中已有用例，指"维持广场秩序"。如唐代郑棨《开天传信记》："（力士曰）：'陛下试召严安之处分打场，以臣所见，必有可观。'上从之。安之到则周行广场，以手板画地，示众曰：'犯此者死'。"但该义与晋城片方言中留存的"打场"义无关，当由"场"之"广场"义与"打"凝固而成。

上党地区方言"打场"，"场"指"打谷场"，"打"引申有"除去"之义，可以表示用工具使麦子去皮或脱粒的意思。"打场"本为在谷场或禾场上将庄稼脱粒，后凝固成词。该义出现于近代汉语。如明代小说《醒世姻缘传》第七十九回："那日正在打场，将他套上碌轴，他也不似往时踢跳，跟了别的牛沿场行走。"清代曹寅《晓鸦行》："日晒野田红稻香，四郊人静闻打场。"其在今普通话中已消失，在上党地区方言中沿用下来了。

五、植物

30. 葵花

上党地区方言普遍用"葵花"指向日葵。如："把那个葵花弄下来，看看有瓜子没？"

该词最早见于中古汉语。六朝《全梁文》有"葵花赋"，即此"葵花"。又如北宋《太平广记》卷二百八十二《梦七》："尝梦见一女子，引生入窗下，有侧柏树葵花，遂为伉俪。"古代的诗歌中也有关于葵花的诗句，宋代司马光《客中初夏》："更无柳絮因风起，惟有葵花向日倾。"近代汉语沿用该词。如明代李渔《闲情偶寄·种植部·众卉第四》："花胜则叶无足取，且若赘疣，如葵花、蕙草之属是也。"清朝小说《薛刚反唐》第二十一回："因在葵花之下生的，便取名薛葵。"现今普通话多用"向日葵"，极少用"葵花"，但其在山西方言中是一个常用词，而且分布广泛，除去上党地区方言外，晋南、晋中、晋北也有好多地方常用。

"葵花"名称来源简单，直接由植物名＋花而成，属于"专名＋通名"的构成方式。"向日葵"则以特征命名，由事物特征＋植物名组成。两个名称都符合汉语的构词特征，本来只是呈现出地域使用的差异，但因"向日葵"活跃在北京话中，故融入普通话，现今使用更为普遍。

31. 江米

在上党地区方言中，"江米"指"糯米"。事实上，北方地区基本都把"糯米"称为"江米"。一般认为这是同样的事物因地域不同而呈现出的不同名称。北方称江米，而南方叫糯米，它是常食用的粮食之一。但是目前学界有人认为民间看法有误，江米与糯米不同，它只是糯米的一种。糯米分为籼糯米和粳糯米两种，籼糯米就是江米，外形细长；粳糯米为圆糯米，也叫圆江米。

"江米"这一名称出现于中古时期。但文献中并不多见，仅有少数几例。如唐代诗人李贺《始为奉礼忆昌谷山居》诗："长枪江米熟，小树枣花春。"明清时期用例增多，可见该名称在北方地区流行当是近代汉语中。如清代曹雪芹《红楼梦》第八十七回："紫鹃道：'还熬了一点江米粥。'"清代小说《小八义》第四十一回："银碗盛着江米汤，夫妻三人不做假，手拿木筷样样尝。"又如清代刘献廷《广阳杂记》卷五："稻有水旱二种，又有秫田，其性黏软，故谓之糯米，食之令人筋缓多睡，其性懦也，作酒之外，产妇宜食之。又谓之江米。"可见古人亦认为"江米"即"糯米"。

"糯米"黏性大、性软，故因其特性命名，称"糯米"。"糯"来源于"懦"，二字同源，语音相同，懦有"软、弱"的意思，因此，黏性大的米称为"糯米"，在上党地区阳城方言中直接称"软米"。"江米"名称来源不可考。现代汉语中，"糯米"成为通行词，融入普通话词汇中，但是"江米"只是在北方方言中使用，未能因地域优势而通行开来，究其原因，当是"糯米"这一名称更能代表这种食品的特性。

六、动物

32. 草鸡

上党地区多地方言称"母鸡"为"草鸡"。该词在本地区使用广泛。如："草鸡会下蛋。"这里的"草鸡"指的就是母鸡。

"草鸡"中的"草"意为雌性的，往往用于动物名称之前，表示某种雌性动物。这一用法在中古汉语中出现。如西晋时期陈寿《三国志·魏书十六·杜畿传》："渐课民畜牸牛、草马，下逮鸡豚犬豕，皆有章程。"唐代李大师、李延寿《北史》卷二十三《许善心传》："敕以本官直门下省，赐物千段、草马二十匹。"二句中"草马"指母马。该义在后代沿用下来，如《册府元龟·卿监部·监牧》："马三十二万五千七百九十二匹，内二十万八千匹；草牛七万五千一百一十五头，内一百四十三头；……"句中"草牛"指母牛。可见，以上例句中"草"的意思都是雌性的。但在上党地区方言中，只有"草鸡""草驴"在使用，其他诸如"草马""草牛"已经不用了。

“草鸡”一词出现较晚，见于近代汉语，元曲中常出现。如元代关汉卿《鲁斋郎》第三折：“（李四云）鲁斋郎，你夺了我的浑家，草鸡也不曾与我一个。”《全元曲·杂剧·杨梓·功臣宴敬德不伏老》：“奶奶，我如今与伴哥每肥草鸡儿，冲糯酒儿。在这职田庄受用，可不强似为官？”明清时期沿用，但用例不多。如清代王士禛《池北偶谈》：“草鸡夜鸣，长耳大尾。干头衔鼠，拍水而起。”后来该词又引申指人怯弱，做事畏缩不前。如孙犁《风云初记》二十一：“既是来了，就得试试，空手回去，不显着我们草鸡？”该词在现代汉语普通话中已不用，只在方言中使用，其中，上党地区方言保留了第一个意义。

“草”的“雌性的”这一义项，在普通话中已经消失，但在方言中留存。然而随着目前普通话的推广，“草”的这一意义在方言中也即将消失。在本地区，只有老一辈的庄户人知道“草鸡”是指什么，而年轻一辈已然不知。

33. 草驴

上党地区多地方言用“草驴”指母驴，其应用范围比“草鸡”广。如：“这头草驴今儿不咋吃草。”

相对于“草鸡”，“草驴”一词出现较早，中古汉语已经使用。如唐代李延寿《北史》卷四十一《杨愔传》：“卿前在元子思坊，骑秃尾草驴，经见我不下，以方麹鄣面，我何不识卿？”近代汉语沿用下来。如清代章炳麟《新方言·释动物》：“今北方通谓牝马曰草马，牝驴曰草驴。”

34. 圪蟆

指青蛙。上党地区多地方言称“青蛙”为“圪蟆”。“圪”是该地区习用的词头，无义。蟆，形声字。形旁为虫，声旁为莫，莫同时可表示意义。"莫"，古字形像太阳落到了草丛中，会"黄昏"义。"虫"和"莫"结合在一起，即表示"在黄昏以后出来寻找食物的虫子"。其本义当为"白天藏匿，晚上出来活动的动物"，特指"青蛙"。

该词在古代汉语中常用，先秦时期即已出现。如战国《管子·七主七臣》："蛰虫不藏，宜死者生，宜蛰者鸣；且多膢蟆，山多虫螟蚊；六畜不蕃，民多夭死；国贫法乱，逆气下生。"后历代沿用，一直至清代。如《聊斋志异·促织》："后小山下，怪石乱卧，针针丛荆，青麻头伏焉；旁一蟆，若将跃舞。……冥搜未已，一癞头蟆猝然跃去。成益愕，急逐趁之，蟆入草间。"用方言用语"圪蟆"参证，可知句中"蟆"即"青蛙"。同时，唐宋时期出现了"蛤蟆"一词，民间也用它指"青蛙"。

35. 虼蚪

该词在上党地区屯留、壶关、长子等地方言中意为"蝌蚪"。如："你抓的那虼蚪了？"

该词中古汉语中已使用。如宋代无名氏《张协状元》戏文第十九出："二月春光好，秧针细细抽。有时移步出田头，虼蚪要无数水中游。""[末白]买油作甚么用？〔净〕买三十钱麻油，把虼蚪儿煎了，吃大麦饭。[末]且是恶心！"南宋《西湖老人繁胜录》："闹城儿、消息子……小螃蟹、虼蚪儿、便桥、试卷、试卓、交床。"南宋时期周密《武林旧事·小经纪》："诸般虫蚁……虼蚪儿、促织儿、小螃蟹。"但近代汉语文献中没有出现，至今只保留在方言中。

36. 头口

上党地区阳城方言常用"头口"指称"牲口、牲畜"。如："喂了头口没有？""明天使使你家头口犁地。"

"头口"一词出现于中古汉语，本指"人口、丁口"。如宋代岳飞《条画合行事件札子》："本军头口老小正兵七万余人口。"因古代农业上牲畜起到了至关重要的作用，其重要性堪比人丁，所以引申指"牲口、牲畜"。这一意义近代汉语常用。如《元典章·刑部·偷头口》："汉儿人偷头口一个也赔九个。"《水浒传》第二回："小人母亲骑的头口，相烦寄养，草料望乞应付，一发拜还。"《警世通言》卷四："就是两个夫子，缓缓而行也罢，只是少一个头口。"结合方言用例，可知以上《元典章》《水浒传》《警世通言》中的"头口"即指牲口、牲畜。

"头"本义为人的头部，后引申可以泛指人。如古代汉语中有"头影""头役"，分别指人的影子、官府中的差役。另外还说"头翁"，是对官府差役的蔑称。因此，"头口"可指"人口"。

七、房屋

37. 门限

晋城片方言有"门限"一词，其意为"门槛"，指门框下部挨着地面的横木或长石。

"门限"一词汉代即已出现。如《东观汉记·臧宫传》："越人伺候者，闻车声不绝而门限断。"中古及近代汉语沿用下来，且词义稳定。如唐代韩愈《赠张籍》诗："有儿虽甚怜，教示不免简。君来好呼出，踉跄越门限。"北宋《太平广记》卷三百八十七《悟前生一》："后三复乘马，硗确之地，必为缓辔，有石必去之。其家不施门限，虑伤马蹄也。"明代《警世通言》第二十四卷："金哥磕了头，起来，也来门限上坐下。"清代《续济公传》第四十七回："那书房离正屋甚远，苦于没人，听得他一跑，就听背后怪叫一声，往前直追。楚江急极，绊了门限，一跤跌倒。""门限"一词今普通话少用，但在晋城、阳城方言中多用。结合方言用例及语言环境，可证以上古文献中的"门限"意即"门槛"。

"门限"之用为"门槛"义，从"限"字形上可得到解释。"限"为会意字，从阜从艮。"阜"本指山，表示字义与山有关；"艮"指"边界"。"阜"与"艮"会意表示"界墙""边境障碍物"。本义为"交界处的土山、界墙"。"门"是由外向内的出入口，"门限"则指出入口交界处，即外面与家里的交界。随着建筑业的发展，现代的楼房已无此物，该词也濒临消失。

先秦时无"门限"一词，用单音词"阈"指"门槛"。《说文》："阈，门榍也。""榍，限也。"《玉篇》："阈，门限也。"《礼记·曲礼上》："大夫、士出入君门，由阘右，不践阈。"汉郑玄注："阈，门限也。"均可证。此词汉以后习用，出现了一些引申义，如可以泛指界限或范围，也可以表示"门户、门口"等义，但是一直到清代文献还可以用作"门槛"义，民国以后完全被"门槛"取代。

38. 仰尘

上党地区平顺、武乡、阳城方言用"仰尘"指天花板。如："掸掸仰尘上的灰。"另有"打仰尘"之语，其意为"糊天花板"。

上党地区旧时房屋大都以梁柱式屋架为结构体，梁上有檩木，在檩木上钉屋面板，板上抹大泥，泥上再铺瓦，所以容易掉灰尘。因此需要在房梁下打天花板，俗称"仰尘"。

"仰尘"一词宋代笔记小说中常用。宋代王巩《闻见近录》："丁晋公尝忌杨文公。文公一日诣晋公，既拜而髯拂地。晋公曰：'内翰拜时须撇地。'文公起，视其仰尘，曰：'相公坐处幕漫天。'"宋代周密《癸辛杂识·续集下·倭人居处》："倭人所居，悉以其国所产新罗松为之，即今之罗木也，色白而香，仰尘地板皆是也。"近代汉语沿用下来。如明代小说《醒世姻缘传》第四十九回："他催着晁夫人把那里间重糊了仰尘，糊了墙，绿纱糊了窗户，支了万字藤簟凉床、天蓝冰纱帐子，单等过了对月就要来住。"清代李斗《扬州画舫录》卷十七："偏厦遮阳棚、墙脊、仰尘、吊箔、铺地，皆用席棚，座头停席墙。见方按层折料，以十五层为率。"以上例句中"仰尘"一词费解，结合本地方言，可证以上二例中"仰尘"当为"天花板"。

考其来源，"仰尘"即"承尘"，"承尘"意即"承接尘土"，本指古代张设在座位上方承接尘土的小帐。该词汉代即已使用。汉代刘熙《释名·释床帐》中解释为"承尘，施于上，承尘土也"。尘土是从天花板掉下来的，所以又用以指天花板。如晋干宝《搜神记》卷九："张氏祝曰：'鸠来，为我祸也，飞上承尘；为我福也，即入我怀。'""承尘"一直沿用至清代，后逐渐消失。"仰尘"的出现，应当是"承尘"出现"天花板"之义后，因天花板在上，需仰视，故在原词基础上稍作变异而来。故"仰尘"并无承接尘土的器具之义。

在上党地区方言中，"仰尘"的读音发生变异。因本地前鼻音后鼻音不分，故将"仰尘"之"尘"读作后鼻音，即"仰承"。

39. 街门

在上党地区多地方言中，"街门"指院子临街的大门。现代汉语普通话称为"院门"，也称"大门"。《现代汉语词典》把"大门"解释为"大的门。特指整个建筑物（如房屋、院子、公园）临街的一道主要的门（区别于二门和各房各屋的门）"。

该词在中古汉语尚未出现，近代汉语明清文献常用。明代小说《醒世姻缘传》第十一回："拿了一面洗脸铜盆，把街门倒扣了，敲起盆来，喊道：'快手伍小川，领了男妇，白日抄没人家！'"《醒世姻缘传》第八十二回："差人押他到家，街门锁闭。将门掇开进去，止剩得些破碎衣裳，粗造家伙。"清代小说《三侠剑》第五回："老道语毕，站起身形，说道：'贫道走了。'老太太送出老道之后，将街门关好。"清代曹雪芹《红楼梦》第四回："况且这梨香院相隔两层房舍，又有街门另开，任意可以出入。"以上例句中"街门"都是指"院门"。"街门"一词从文献用例来看，只表示"院子临街的大门"这一意义。

"街门"与"院门"的构成方式一样，区别只是前者是因门外而定名，后者是因门里而定名。"大门"则是因规模而定名。在后代流传过程中，因"院门"在汉语语言中出现早且更为多用，加之词义简单明了，故在普通话中沿用下来，"街门"则遭到淘汰。"大门"一词，应用相对广泛，除去院门外，还可指公园门等，因此也在普通话中留存下来。

八、器物用具

40. 鏊（子）

在上党地区多地方言中，"鏊子"指一种烙饼的器具，用铁做成，平面圆形，中心稍凸。如："你去把鏊子拿过来，今天中午我们吃烙饼。"该词上党地区各地方言基本都用，只是有的方言中不加"子"尾，如阳城方言即将该物直接称"鏊"。

"鏊"一词，《说文》未收，《玉篇》里收有，可见魏晋南北朝时期已出现。《玉篇·金部》："鏊，饼鏊也。"后代的字典、韵书中亦有收录。如《广韵·号韵》："饼鏊。"《集韵》："烧器。"到明代张自烈《正字通·金部》中解释稍详细："鏊，今烙饼平锅曰饼鏊，亦曰烙锅。"《说文解字句读》明确解释了其形制："鏊面圆而平，三足，高二寸许，饼鏊也。"正与上党地区方言中的"鏊"形状相类。该词在文献中用例也不少。如宋代《五灯会元》卷第十二："师曰：'热鏊上猢狲。'"明代施耐庵《水浒全传》第一百零四回："范全在那里叫苦叫屈，如热鏊上蚂蚁，没走一头处。"明代西周生《醒世姻缘传》第二十六回："……锡灯台一个，铁锅一口，铁鏊铁勺各一把，磁器一百余件，神像大小二十余轴，……"可见一直沿用到近代汉语中。

"鏊子"一词明朝时期才有用例，其义与"鏊"同。这是随着词尾"子"的普遍应用类化出现的一个词语。如明代小说《水浒传》第五十六回："徐宁妻子并两个丫环如热鏊子上蚂蚁，走投无路。"又如第六十五回："只见鏊子一般赤肿起来。"结合上文"鏊"的例证，可以看到《水浒传》里"鏊""鏊子"并用，说明在作者的语言中两者在同时使用。今上党地区各地方言中有的保留了"鏊子"一词，有的则保留了"鏊"一词。

41. 煎盘

上党地区晋城片方言称"平底锅""饼铛"为"煎盘"，圆形，锅边低，有的略向外倾斜，底部是平面，自古以来多用铁作为制作物料，今则普遍改用比较轻的铝，是一种用来煎食物的器具。

该词见于近代汉语文献，与今上党地区方言"煎盘"所指实同。如元代关汉卿《杜蕊娘智赏金线池》第一折："这纸汤瓶再不向红炉顿，铁煎盘再不使清油混，铜磨笥再不把顽石运。""纸汤瓶"是纸做的暖水瓶，用以嘲讽妓女轻易和别人亲昵；"铜磨笥"是石磨上用来转动磨盘的铜制磨杆。这几句话是说以后再也不使用这些物品了，体现杜蕊娘希望脱离妓院束缚，追求自己幸福生活的心愿。其中"铁煎盘"即铁质的煎盘。煎盘是用来煎食物的，需要用油煎，所以说"铁煎盘再不使清油混"。再如明代沈德符《万历野获编》卷二十九："嘉靖十二年癸巳，山东聊城县民家牝牛产一麟，形状瑰异，甫出腹，即嚼一铁煎盘，食之尽。"该句介绍了一件逸闻，一母牛产下一只麒麟，刚出生，就把铁质的煎盘嚼碎吃了。清代小说《清代野记》卷上："忽一日有人调停，谓两家徒争无益，我今设饼撑于此（即烙饼之大铁煎盘也，大者如圆桌面），以火炙热。"可见当时"煎盘"是常用词语，"饼撑"（饼铛）并不常用，所以才加以说明。此外，"煎盘"在近代汉语中也常出现在歇后语的前一部分（即"引子"），用作形象的比喻，可见该词在口语中使用较多。如明代凌濛初《初刻拍案惊奇》卷二十六："老和尚也有些看得出，却如狗舔热煎盘，恋着不放。"句中"狗舔热煎盘，恋着不放"是个歇后语，形容不能得到所喜欢的东西，又恋恋不舍的样子。明末冯梦龙《醒世恒言》第二十卷："得了这个消息，急得如煎盘上蚂蚁，没奔一头处。""煎盘上蚂蚁，没奔一头处"是个歇后语。煎盘是圆的，热煎盘上的蚂蚁，没有一个方向可奔，即奔不出去。形容事情急迫，或比喻找不到出路，想不出办法。

"煎盘"一词本由动词"煎"和名词"盘"连用，逐渐词汇化而成。"煎"，《说文·火部》解释为"熬也"。《方言》卷七："煎，火干也。凡有汁而干谓之煎。"因此，"煎"的本义指加热使汁熬干、烤干。现代汉语中的"煎药"即保留了这种用法。后用来表示一种烹饪方法，即把食物放在少量热油里弄熟。"煎盘"中的"煎"即表示这一意义。"盘"，本义即盘子，是一种扁而浅、敞口的盛物器。盘子形状多样，有圆形的，有长形的，有方形的等。因为用来煎食物的"平底锅"或"饼铛"是圆形、低边、平底，形状类似圆形的盘子，故也用"盘"来指称这种器皿。因此，"煎盘"即用来煎食物的器皿。该词在《现代汉语词典》中未收，可见已在今普通话中消失，退出了历史舞台。

42. 盅

在上党地区屯留、襄垣、壶关、阳城等地方言中，"盅"是杯子的统称，除去指喝酒的器具外，还可指日常喝水用的水杯。如："把那个盅拿过来，我洗洗。""拿上盅给你舅舅倒点儿水。"在该地方言中，无论什么形状的杯子，是否有把儿，都可以用"盅"指称。

《说文解字》中收有"盅"，但不是"杯子"义。《说文·皿部》："盅，器虚也。从皿中声。《老子》曰：'道盅而用之。'"本义为器皿空虚。后作"冲"，段玉裁《说文解字注》："盅虚字，今作冲。""盅"的这一意义文献中很少使用。

到近代汉语中，"盅"出现了"杯子"义，文献用例看不出其具体形状，有把儿还是无把儿，但是可以看出"盅"在近代汉语中使用范围广泛，可以用于盛酒、茶水、白水、血水以及药等。明代杨向春《皇极经世心易发微》卷二："见《艮》为金石之废器，见《震》为刀枪，见《巽》为箭簇或琢削之类，见《坤》为土中沈埋之器具，初爻动变坎为酒盅、酒盏。"明末王化贞《产鉴·虚烦发热》："'熟地黄汤'治产后虚渴不止，少气，脚弱、眼眩、饮食无味。熟地（酒蒸，焙，一钱半）、人参麦冬（各二钱）、栝蒌根（二钱）、甘草（炙，五分）上用水二盅、糯米一撮、生姜三片、枣二枚，煎至一钟，不拘时服。"清代文康《儿女英雄传》第三十七回："舅太太道：'你老那小酱王瓜儿似的两把指头，真个的还要闹个"双双手儿捧玉盅"吗？依我说，这个礼儿倒脱了俗罢。'"清代郭广瑞编《永庆升平前传》第五十五回："成龙挟着祁文龙，到了东里间屋内一瞧，靠着北边墙有一张八仙桌儿，上面放着一个蜡灯，桌上摆着酒壶、酒盅、一双筷子、两碟菜，可没有一个人。"清代尹湛纳希《一层楼》第四回："正中坐旁，设一精巧洋漆小几，上放茶盅、嗽盂、唾盒、眼镜等物。"清代小说《观音菩萨传奇》第三十八回："刘氏便托人到市上药铺之中，买了那两味东西回家，浓浓的煎上一碗，送给婆婆吃了，一面再煎二盅。一盅吃过之后，顿时平伏了不少，沉沉地睡去。"《内府秘传经验女科》卷三："每剂水二盅、生姜三片、枣一枚，煎八分，空心温服。"《靖江宝卷·梓潼宝卷（下）》："三元说：'东西不多，只要用朱砂三钱、黄钱三张、净笔一支、黑狗血一盅、净水一杯。'"以上各例，《观音菩萨传奇》中的"盅"用于盛药，《儿女英雄传》《永庆升平前传》中的"盅"用于盛酒，《一层楼》中的"盅"用于盛茶水，《产鉴》《内府秘传经验女科》中的"盅"用于盛日常喝的白水，《靖江宝卷》中的"盅"用于盛血水。但是从文献用例来看，多数都是用于盛酒。

根据"盅"的文献用例，从具体用法来看，近代汉语中有名词和量词两种用法。以上各例，"玉盅""酒盅""茶盅"中的"盅"是名词，"煎二盅""黑狗血一盅""水二盅"中的"盅"是量词。

在现代汉语中，"盅"在普通话中较少使用，基本已被"杯"取代。但在《现代汉语词典》中收有"盅"，只列有名词用法。可见，在普通话中"盅"不仅较少使用，与近代汉语相比用法也较为单一了。但在上党地区方言中，"盅"完整保留了近代汉语中的名词与量词用法，没有任何变化。由此亦可推想，近代汉语中的"盅"或许正如上党地区方言，可以用于指任何形状的杯子。

43. 箆子

在上党地区长治、晋城片多地方言中，"箆子"指齿密的梳头工具，古时用来梳去头上虱子以去污止痒，也有个别地方称之为"箆梳"。老一辈的人用过，如今已不常见。如："拿上个箆子去给你奶奶梳头！"

"箆"，文献用例最早见于唐朝，后一直沿用。如唐代杜甫《水宿遣兴奉呈群公》："耳聋须画字，发短不胜箆。"这里的"箆"

是名词，指梳头工具。清代张廷玉《明史·列传第七十五·洪钟传》："贼如梳，军如篦，士兵如剃。"这里的"篦"用梳头工具来比喻军队对百姓的搜刮。句中连用三个比喻，层层递进，深刻地揭露了明代专制统治下贼、兵以及反动官吏对农民的搜刮，一个比一个厉害，一次比一次惨重的情形，可见农民生活之悲惨。后引申有动词用法，如清代曹雪芹《红楼梦》第二十回："宝玉笑道：'咱两个作什么呢？怪没意思的，也罢了，早上你说头痒，这会子没什么事，我替你篦头罢。'"这里的"篦"是动词，指用篦子梳发。从文献用例来看，近代汉语中"篦"作动词居多。因为在近代汉语中，适应汉语双音化趋势，"篦子""篦梳""梳篦"等双音词已经出现，故语言中多用这些双音词语，名词"篦"自然用例减少。"篦"的两种用法均在上党地区方言中保留了下来，动词用法的"篦"原样保留了下来，如："用篦子篦篦头。"名词用法的"篦"在方言中加上词尾"子"，成为双音词"篦子"。

"篦子"一词在古代文献中的使用始于宋代，系在名词基础上加"子"尾而来。如宋代赵溍《养疴漫笔》："（祖母）常戒诸孙曰：'如我出，慎勿开此箱，开则我不回也。'诸孙中有一无赖者，一日醉酒而归，祖母不在，径诣床头，取封锁柳箱开之，其中止有一小铁篦子，余无他物，自此祖母竟不回矣。"后代沿用。如清代小说《镜花缘》第九十三回："褚月芳道：我说'非'字，好像篦子。"

"篦梳"文献用例很少，该名称在语言中使用最迟不晚于宋代。宋代无名氏《奚囊橘柚》："丽居，孙亮爱姬也，鬓发香净，一生不用洛成。"作者自注云："'洛成'，即今'篦梳'。"可见，当时已有"篦梳"这一名称，但在文献中不常用。到清代，语言中依然有此词语。如清代阮葵生《茶余客话》卷十："篦梳一名'落尘'，又名'洛成'。"

随着时代发展，"篦"这种梳头工具已经不再需要，故逐渐退出历史舞台，普通话中"篦子""篦梳"以及"篦"已基本不用，只在方言中保留。

另，古代还有"梳篦"一词，本指梳子和篦子，一般泛指梳头工具。如李善《文选注》卷三十："《淮南子》：'禹沐霪雨，栉疾风。'高诱曰：'以雨为沐浴也，以疾风为梳篦也。'"可见，汉代"梳篦"已连用，指梳头工具。一直到近代汉语仍有用例。如《金瓶梅词话》第五十二回："小周儿在后面桌上铺下梳篦家活，与他篦头栉发。"也可以用作动词，意为梳理头发。如《金瓶梅词话》第六十七回："西门庆于是坐在一张醉翁椅上，打开头发教他整理梳篦。"这里"梳篦"与"整理"同义连用，是"梳理头发"的意思。

44. 火箸

在上党地区方言中，"火箸"指夹炉中煤炭等燃料或通火用的工具，一般是铁质，形状像筷子，一端有铁链连接。如："把火箸放在门阁落儿，不要让孩儿耍。""你用火箸烐烐，让火烧旺些。"该词在上党地区应用普遍。

"火箸"一词最早见于唐代，后代一直沿用，意义单一，与本地方言同。如唐代冯贽《云仙杂记》卷二："朱符谓火箸如两仪成变化，不可缺一。"《祖堂集》卷十四："师与南泉向火次，南泉问师：'不用指东指西，本分事直下道将来。'师便把火箸放下。"

宋代普济《五灯会元》卷七："师以铁火箸敲铜炉，问：是甚么声？藏曰：铜铁声。"明代《水浒传》第二十四回："那妇人起身去烫酒，武松自在房里拿起火箸簇火。"清代曹雪芹《红楼梦》第五十回："湘云听了，便拿了一支铜火箸击着手炉。"以上例句中"火箸"均指这种煻火的工具。随着时代的发展，"火箸"这一煻火工具已濒临消失，现今普通话使用很少，方言中还在使用。

"箸"，本义为筷子。因火箸形如筷子，故引申可以指这种煻火的工具，并在前面加"火"表明用途。因此"火箸"属于偏正结构。

45. 铁匙

在上党地区多地方言中，"铁匙"是锅铲的意思。通常在做饭的时候，会说："把铁匙给我拿过来。""拿铁匙炒个大米。"

该词出现于中古汉语。晋代葛洪《抱朴子·内篇·黄白》中说："以少许药如大豆者投鼎中，以铁匙搅之，冷即成银。""早出者，以铁匙抄取之，名曰良非也。"北宋时期张君房《云笈七签》卷七十六："取二两伏龙肝籍釜下，铁匙按之，使平实。""更于一铁器中盛醋，倾砂醋中讫，用铁匙研令熟。"以上各句中的"铁匙"都是锅铲之义，而不是铁钥匙或铁勺子。该词的这一意义在普通话中已消失，但在上党地区方言中保留了下来。

从文献用例来看，"铁匙"一直到清代文献才有"勺子"之义。如清代陈其元《庸闲斋笔记》卷五："众客皆先饮果茶，杯放铁匙一枚，果有胡桃、榛瓢之属。""铁匙"的这一意义在普通话中已被"勺子"取代，很少使用，上党地区方言亦未见使用。

"匙"，形声字，形旁为"匕"，"匕"是取食物的器具，因此"匙"的本义即与此相关，结合文献用例，其本义也是古时取食物的器具。但是这种取食器具体是什么形状，长什么样子，文献中无明确记载。结合文献及本地方言用例，可知"匙"本指长柄、铲形，用以从锅中取固体状食物的一种食器，后转而指从碗中取食物的勺子。该词在今普通话中不再单用，只是作为语素保留在词语中，如"汤匙""茶匙""匙子"。

另外，"匙"，《广韵·支韵》注为"是支切"，声母属禅母。本地方言中"匙"声母为"sh"，与《现代汉语词典》注音有别，但正是该词中古时期语音的留存。

46.豆枕

长治、晋城片各地方言称"枕头"为"豆枕"。如："这个豆枕太低了，给我换一个高的。"

该词唐五代时期即已使用，本指"以豆壳为芯的枕头"，后引申泛指枕头，无论以哪种物品作芯的枕头均可用"豆枕"指称。如《全唐诗·夏日雨中寄幕中知己》："北风吹夏雨，和竹亚南轩。豆枕敧凉冷，莲峰入梦魂。"再如《全元曲·散曲·刘时中·红绣鞋》："卧在被单学打令，坐着豆枕演提觎，刁天撅地所事儿有。"两例中"豆枕"均指"枕头"，与本地区方言同。但是魏晋六朝时就已出现的"枕头"一词更具普遍性和通俗性，因此文献中"枕头"用例更多，普通话中"豆枕"也被其取代，只在口语中使用。今天长治、晋城等地方言口语中均用"豆枕"指"枕头"。

47.胰

在上党地区多地方言中，"胰"指香皂、肥皂。如："用胰洗手，会洗得干净些。""这个胰是什么味道的呢？"沁县片中的沁源方言也用"胰"，但适应当地方言加"子"尾的语法特征，一般会加"子"尾，即称为"胰子"。

"胰"是人或高等动物体内的腺体之一，在胃的后下方，今亦称"胰腺"。最早出现于中古汉语。如后晋时期刘昫的《旧唐书》卷五十二《元行冲传》："譬贵家储积，则脯腊膎胰以供滋膳。"句中所用正是"胰"的这一义，其意与方言不同。后词义引申，"胰"又用来指我国古代发明的含有猪胰脏和草木灰成分的复合洗涤用品，因这种物品构成成分有"胰"，故命名曰"胰"。后尽管制作原料发生变化，但这一名称一直在使用。文献中"胰"泛指香皂、肥皂等洗涤用品。这一用法在近代汉语文献中有例证，如清代云江女史《宦海钟》第一回："文卿等也买了些洋粉、洋胰、香水、头绳等类。"清代郑观应《盛世危言》第十三部分："洋胰、洋火、洋油，其零星莫可指名者亦多，此用物之凡为我害者也。"

48. 手巾

上党地区方言普遍用"手巾"指称"毛巾"。如："帮我把手巾拿过来。"也可指"手绢、手帕"，如："这条手巾需要洗洗。"亦称"小手巾"。

"手巾"即"毛巾"，中古汉语中即已常用。如张守节《史记正义》引三国时吴国万震的《南州志》："大家屋舍，以珊瑚为柱，琉璃为墙壁，水精为础舄。海中斯调洲上有木，冬月往剥取其皮，绩以为布，极细，手巾齐数匹，与麻焦布无异。"南朝时宋人刘义庆的《世说新语·文学》："谢注神倾意，不觉流汗

交面。殷徐语左右：取手巾与谢郎拭面。"宋代《资治通鉴》卷
一百六十六《梁敬帝绍泰元年》："霸先惧其谋泄，以手巾绞稜。"
胡三省注："今人盥洗，以布拭手，长七八尺，谓之手巾。"近代
汉语继续沿用。如明代小说《醒世姻缘传》第三十七回："两个斗
着嘴，那闺女也梳完了头，盆里洗了手，使手巾擦了，走到狄希
陈跟前，把狄希陈搂到怀里问道：'你说不说？'"清代小说《儿
女英雄传》第十二回："随缘儿媳妇便忙着去湿手巾，预备擦脸。"
清代曹雪芹《红楼梦》第二十一回："又洗了两把，便要手巾。翠
缕撇嘴笑道：'还是这个毛病儿。'"同时，明清时期"手巾"又引
申出新的意义，可指随身携带的手绢、手帕。如清代曹雪芹《红
楼梦》第六十四回："因见二姐手中拿一条拴著荷包的手巾摆弄，
便搭讪著，往腰内摸了摸。"清代《老残游记》第十三回："说了
一句就不说了，袖子内取出一块手巾来擦眼泪。"这两个意义都
在上党地区方言中保留了下来，普通话中则分别被"毛巾""手
帕"取代。

　　"手巾"与"毛巾"构成方式相同，都是 N+N（定语＋中心
语）式的偏正结构。只是前面的修饰成分不同导致语义关系不
同，前者中第一个 N 具有动词化的含义"擦手及其他身体部位"，
表示用途；后者中第一个 N 表示材料。《说文·巾部》："巾，佩
巾也。"所谓"佩巾"，拭布，相当于现在的手巾。《玉篇·巾部》
解释："佩巾，本以拭物，后人著之于头。"可见，"巾"即"佩
巾"，本为擦洗用的布，后也用作头巾。

　　49. 杌子

　　在上党地区长治、壶关、长子等地方言中，"杌子"意思是

"凳子"。如："你把那个杌子搬过来让你阿姨坐。"

"杌子"本作"兀子"。该词在中古汉语已有用例，意为"凳子"，指一种方形没有靠背的小凳子。如宋代陆游《老学庵笔记》卷四："往时士大夫家，妇女坐椅子兀子，则人皆讥其无法度。"近代汉语沿用下来，但文献用例并不多。如元代《朴事通》："那家门前兀子上，放着一个三脚铁虾蟆儿便是。"明代小说《喻世明言》卷一："又哭了一回，把个坐兀子填高，将汗巾兜在梁上，正欲自缢。"由于受汉字形体表意性影响，近代汉语中在"兀"的基础上增加形旁以表义，出现了新的词形"杌子"。清代陆以湉《冷庐杂识》卷八"卓子、倚子、兀子，皆无木字，司马温公《书仪》可证。今书作'桌''椅''杌'，流俗之误也"可证。近代汉语文献中多用"杌子"。如明代小说《二刻拍案惊奇》卷七："东老正要问他来历，恰中下杯，命取一个小杌子赐他坐了。"明代小说《水浒全传》第二十四回："三个人来到楼上客位里，武松让哥嫂上首坐了，武松掇个杌子，横头坐了。"清代小说《侠女奇缘》第十四回："她才搬了一张杌子，斜签着坐了。"由以上例句可知，"杌子"是一种重量轻，体积小，移动方便的凳子；又因其上可以放三脚东西，故不会是长条形，当为圆形、长方形或正方形。

"兀"，《说文·人部》解释为"高而上平也"。这应该是兀子刚出现的时候，其制作很简单，只是把很粗的树干锯下来一段而已，相当于今之"树墩"。人们之所以称之为"兀子"，是因为它比草席、竹簟高多了，而且上面很平。或许是因为"树墩"太重，搬动不方便，也可能是因为"树墩"太浪费，人们制造了新的"杌子"，用三只脚或四只脚支撑一块木板。杌子的这种构造方式延续至今，基本没有改变。同时因受中古汉语词汇双音化趋势影响，在其后加"子"尾使名词化，用作名词"凳子"之义。而"杌"，《说文》未收。《玉篇·木部》解释为"木无枝也"，《集韵》解释为"木短出貌"。可见古代"杌"是一种矮而无枝上平的光木头。因"兀"词义变迁，"兀子"一词无法让人理解其意义，与汉字的表意性特征不符，故加形旁"木"作"杌子"，与表示"光木头"的"杌"形同。

50. 板床

在上党地区沁县、陵川、阳城方言中，有"板床"一词，指"板凳"，是一种用木头制成的凳子，多为长条形，没有靠背。如果是个小型的板凳，则称"小板床"。如："把板床拿过来。"

"床"在古代本可指坐具。《说文·木部》："牀，安身之坐者。从木，爿声。"该字亦作"床"。所谓"安身之坐"是说床是供人们安放身体的坐具。该词起源很早，先秦时期文献中就经常使用。如《诗经·豳风·七月》："十月蟋蟀入我床下。"《诗经·小雅·北山》："或息偃在床。"先秦时期的床有两种功用，既是坐具，也是卧具。《释名·释床帐》："人所坐卧曰床。床，装也，所以自装载也。"可见《释名》将"床"解释为坐榻、卧具，明确指出了上古时期"床"的两种功用。《说文》亦言："古闲居坐于床，隐于几，不垂足，夜则寝，晨兴则敛枕簟。"更是清楚地记述了"床"的使用情况。从《说文》可知，当时的床较矮，不能垂足坐，所以依然是在床上跪坐或者盘腿坐。到秦汉时期，"床"因其作为坐具的功用转而可以指称坐榻，即一种狭长、无靠背、较矮的床形坐具。如《礼记·内则》："有父母舅姑将坐，奉席请何乡？将衽，长者奉席请何趾？少者执床与坐，御者举几。"这里的"床"即指坐榻，不是卧床。"执床与坐"即拿着坐榻给他坐。该义中古时期习用。如《孔雀东南飞》："媒人下床去，诺诺复尔尔。"显然这里的"床"不是卧床，而是坐床。《孔雀东南飞》："阿母得闻之，槌床便大怒。"从上下文来看，这一段是府吏与母亲的对话。前面说"府吏得闻之，堂上启阿母"，可见二人是在堂上对话，故"槌床"之"床"也不是卧床。人教版高中语文必修二释为"古代坐具"，"槌床"释为"用拳头敲着坐具"。因此该句中的"床"也是坐具。但在《木兰诗》"开我东阁门，坐我西阁床"以及《茅屋为秋风所破歌》"床头屋漏无干处，雨脚如麻未断绝"中，"床"则是卧具。

既然"床"有坐具之意，那么"板床"一词也就由此出现了。所谓"板床"，是指木头或木板做成的坐具，后渐凝固成词，相当于"板凳"。该词出现于近代汉语。如元代汤式《沉醉东风·梦后书》："七尺低低板床，三椽窄窄旧房，苇子帘，梅花帐，抵多少画阁兰堂。"但文献中用例并不多，大概因为"板凳"更为通行。现今在普通话中已消失，只保留在方言中。

九、称谓

51. 汉

在上党地区武乡方言中，常用"汉"一词。该词有两个意义：可以是成年男子的泛称，也可以用来指"丈夫"。但在上党地区其他方言点中一般不单用，多作为语素构成多音词，如"老汉"，指年老的男子；"汉子"，指男人；"汉们"，指男人们。"养汉精"，骂人的话，指与人私通的妇女。有时在本地方言俗语中可见到单用的情况，如："嫁汉嫁汉，穿衣吃饭。"这种单用当为古语的孑遗。

"汉"字具体产生于何时尚无定论，但可以确定它在汉字体系中出现较晚。商代甲骨文、西周金文无"汉"字，一直到春秋晚期金文才出现。先秦时期"汉"就在文献中使用，本为水名。西汉时用"汉"作为朝代名，因汉王朝国力强盛，故后世称中国的主体民族为汉族。汉朝加强了与外族的交往，因国名为"汉"，故北方少数民族称汉族的男子为汉子，后成为对男子的称呼。之后词义范围缩小，指丈夫。

从文献记载看，"汉"用来指称男子始于唐代。如唐代李百药《北齐书》卷二十三《魏兰根传》："显祖谓（杨）愔云：'何虑无人作官职？苦用此汉何为？放其还家，永不收采。'"句中"汉"即指男子。但《资治通鉴》则言"今人谓贱丈夫曰汉子，盖始于五胡乱华时"，可见"汉"在西晋时期即已出现，只是文献尚未使用而已。唐宋时期用"汉"指"男子"的文献用例很多。如唐代李延寿《北史》卷四十三《刑邵传》："此汉不可亲近。"后晋时期刘昫《旧唐书》卷八十九《狄仁杰传》："初，则天尝问仁杰曰：朕要一好汉任使，有乎？"近代汉语沿用，但用例较少。如《水浒全传》第十三回："毕竟雷横拿住那汉，投解甚处来？"主要原因是近代汉语"汉子""汉们"等双音词陆续出现，适应汉语词汇的双音化趋势，"汉"出现了淡出汉语词汇的趋势。

"汉"用来指"丈夫"是在近代汉语才出现的。如《西游记》

第二十三回："八戒道：娘，你上复令爱，不要这等拣汉。""拣汉"即挑拣丈夫。但是用例同样较少。

"汉子"一词是适应汉语词汇双音化趋势而在名词"汉"的基础上加词尾"子"而来，文献也证明了"汉"所指的"男子""丈夫"两个意义。但该词在本地方言中只是偶尔使用。如"还算是条汉子"句中"汉子"意为"男人"。除武乡方言外，"汉""汉子"的"丈夫"义本地方言已不用。

52. 后生

上党地区长治、武乡片方言称"年轻男子"为"后生"。

"后""生"连用，始见于西周时期。"后"意思是后来的、后代的；"生"的意思是出生。因此"后生"连用，意即后来出生的或后代子孙。如《诗经·商颂·殷武》"寿考且宁，以保我后生。"句中"后生"指后代的子孙。《尔雅·释亲》："父之晜弟，先生为世父，后生为叔父。"这里"后生"即后来出生的。

之后"后生"逐渐词汇化，在春秋时期即已完成，凝固成词，意义更加概括，指"年轻人、晚辈"。《论语》已有用例。如《论语·子罕》："后生可畏，焉知来者之不如今也。"句中"后生"即此义。从秦汉至清代，"后生"一词始终是汉语词汇中的一个常用词。而且各时期的文献用例中，多数情况都是表示本义"年轻人、晚辈"。如宋代《五代史平话·汉史·卷上》："只听得骰盆内掷骰子响声，仔细去桥亭上觑时，有五个后生在桥上赌钱。"明代小说《水浒传》第二回："只见空地上一个后生脱膊着，刺着一身青龙，银盘也似一个面皮，约有十八九岁，拿条棒在那里使。"不过在漫长的发展过程中，"后生"也出现了别的意义。

其一是"来生"。这一意义中古汉语文献有用例，如北齐颜之推《颜氏家训·归心》："若引之先业，冀以后生，更为通耳。"句中"冀以后生"意为寄希望于来生。但是用例很少，近代汉语文献未见使用。其二是形容词"年轻的"。这一意义近代汉语中使用。如明凌濛初《初刻拍案惊奇》卷二："望见了个花朵般后生妇人，独立岸边。"句中"后生妇人"即年轻妇人。这一意义文献用例也很少，民国时期即已不用。

今普通话中"后生"一词已基本不用，但在方言中还有保存。

53. 侉的

在上党地区武乡、沁县、壶关方言中，"侉的"指外乡人，即口音跟本地语音不同的人。如："一听口音就知道是个侉的。"

"侉"一词出现于近代汉语，明清时期用例较多，意为"语音不正，特指口音跟本地语音不同"，本为形容词。如明代小说《醒世姻缘传》第三十五回："他平日假妆了老成，把那眼睛瞅了鼻子，口里说着蛮不蛮、侉不侉的官话，做作那道学的狱腔。"《醒世姻缘传》第九十四回："素姐、小浓袋回出那山东绣江的侉话来，那四川的皂隶一句也不能听闻。"《醒世姻缘传》第七十七回："不知那里来的一个侉老婆，你来看看呀！"以上用例中，"侉"的意思都是指口音跟本地语音不同。后逐渐消失不用，现今汉语中很少见到该词。但"侉"的意义在武乡等地方言"侉的"一词中保留了下来。"侉的"在方言中指外乡人，是同时适应词汇双音化趋势，在"侉"之后加后缀"的"而成的名词。

关于"侉的"一词中"的"的作用，据史素芬先生在《山西武乡方言的虚词"的"》[①]一文，"的"是个名词性词尾，相当于普通话中的"子"尾，即武乡方言中，"的"可用于动词、形容词性词语后，使之名词化。这一用法相当于北京话的"子"尾。如在"推""插""剪""吃"等动词后加"的"，因"的"这一作用，"推的""插的""锁的""剪的"就具备了名词用法，成为名词。同理，在形容词"秃""傻""聋""小"后面加"的"，"秃的""傻的""聋的""小的"就成为名词。因此，"侉的"中的"的"是出现在形容词后的一个名词性词尾，因为它的作用，"侉的"具备了名词的用法，意思是与本地人语音不同的人，即外乡人。

54. 男人

上党地区长治、屯留、武乡、晋城等地方言称"丈夫"为"男人"。如："他是我男人。"

"男人"一词出现于中古汉语，最早见于唐代文献，本义是指男性，如唐代杜佑《通典》卷一百八十六《边防二·东沃沮》："又言有一国亦在海中，纯女无男人。"句中"男人"即指男性，与女性相对。该义后代一直沿用，至今仍活跃于普通话中。由"男子"后引申特指女子的丈夫。"男人"的这一意义在近代汉语才出现。如明代小说《包公案》第七十九回："今日婶娘扫地，箕帚该在伊房，何故在我房中？想是我男人扯他来奸，故随手带入，事后却忘记拿去。"《红楼梦》第八十六回："张氏哭禀道：'小的男人是张大，南乡里住，十八年前死了。'"这一意义在今

---

① 史素芬:《山西武乡方言的虚词"的"》,《北京大学学报》(哲学社会科学版) 2001 年第 S1 期。

普通话中已消失，只保留在方言中。

55. 小的

武乡、长治片部分方言中常用"小的"一词，有两个意义：其一，泛指男孩子；其二，指自己的儿子。

"小的"一词出现于中古汉语，是在形容词"小"的基础上加名词性词尾"的"而来，构词方式与"侉的"相同。其本义为"小的事物"或"年纪小的人"（即"小孩子""少年"）。如北宋《朱子语类》卷十六《大学三》："心是大底，意是小的。心要恁地做，却被意从后面牵将去。且如心爱做个好事，又被一个意道不须恁地做也得。"句中"小的"指事物。南宋《话本选集》卷一："赵正去他房里，抱那小的安在赵正床上，把被来盖了，先走出后门去。"句中"小的"指人，即幼小的孩子。近代汉语沿用，如元代关汉卿《五侯宴·楔子》："一个妇人，怀里抱着个小孩儿，我问他声咱：兀那嫂嫂，你为何抱着这小的在此啼哭，可是为何那？"其中"小的"指小孩子。元末明初施耐庵《水浒传》第二十四回："且说本县有个小的，年方十五六岁……取名叫做郓哥。"明代《警世通言》第二十八卷："只见邻舍边一个小的，叫作铁头，道：'小乙官人，今日承天寺里做佛会，你去看一看。'"二句中"小的"均指少年。从文献用例来看，指"幼小的孩子"时，性别不明显，但指"少年"时，联系文意，都是男性。可见，近代汉语"小的"一词指人时一般指男孩子。

近代汉语除沿用本义外，又引申出了其他意义，可以用作平民对官员或仆役对主人的自称，如元代郑廷玉《后庭花》第四折："张千云：'禀爷，真个通神！是有一眼井，小的下去，打捞出这个口袋来。'"也可以表示对仆役的泛称，如元代吴昌龄《张天师·楔子》："净云：'老哥不知，但是我家的小的每，都是生药名！'"从文献用例来看，在各义项中，用作自称最为多见，由此可见，近代汉语中该词是一个带有等级身份的文化内涵的词语。

综上，古代文献中"小的"有四个意义：分别是小的事物（具体哪种事物依文意而定），小孩子或少年，平民自称，泛称仆役。在今普通话中，第一、第三个意义还为人们熟知，第二、第四个意义在普通话中已经消失。但是第二个意义"小孩子或少年"在方言中保留了下来，可与文献语言互相参证。另外，在武乡方言中，还在"小孩子或少年"这一意义的基础上，发展出新的用法，可用于特指自己的儿子。

56. 先生

上党地区襄垣、武乡、阳城方言常用"先生"一词指称"医生"，个别地方如武乡方言还可用来指称"老师"。《现代汉语词典》中这两个意义都有收录，并在"医生"义前标注为方言词。事实上"老师"义在现代普通话中也很少使用了。

从文献用例来看，春秋时"先""生"即已连用，但未见作为词的用例，只是作为短语使用，表示"先出生"之义。如《诗经·大雅·生民》："诞弥厥月，先生如达。"这里"先生"即用此义，但在该句中特指头生、第一胎。因战国时学术思想发达，各国统治者为求发展，重视有学问的人，由此导致该词词汇化过程很快完成，战国时就已成为双音词，作为一个整体使用，而且文献用例很多。如《战国策·齐策四·冯谖客孟尝君》："文倦于事，愦于忧，而性懧愚，沉于国家之事，开罪于先生。先生不羞，乃有意欲为收责于薛乎？"句中"先生"即是对有道德、有学问或有专业技能的人的尊称。但也依然有短语的用例，如《墨子·明鬼下》："意虽使然，然而天下之陈物，曰：'先生者先死。'若是，则先死者非父则母，非兄而姒也。"句中"先生者"意思是先出生的。

之后"先生"词义发展，在本义基础上引申出了各个不同的引申义。首先，因"先生"本是对有道德、有学问或有专业技能的人的尊称，而老师即是有学问、有道德、有专业技能的人，故引申特指"老师"。如《礼记·玉藻》："（童子）无事，则立主人之北南面，见先生，从人而入。"孔颖达疏："先生，师也。"《庄子·应帝王》："列子曰：'噫，子之先生死矣，弗活矣。'"显然两句中"先生"都是指老师。该义在中古、近代汉语中一直沿用下来。如宋代曾巩《太原王氏墓志铭》："夫人姓王氏……为人明识强记，博览图籍，子孙受学，皆自为先生。"明代陶宗仪《辍耕录·端本堂》："太子授业毕，徐令左右戒之曰：此读书之所，先生长者在前，汝辈安敢亵狎如此。"该义民国时期也很常用，今普通话很少使用，武乡方言中保留了下来。

其次，又因"先生"可尊称有专业技能的人，因此也引申特指以相面、卜卦、卖唱、行医、看风水等为职业的人。该义汉代文献即已使用，后代沿用。如《史记·淮阴侯列传》："（蒯通）以相人说韩信，曰：'仆尝受相人之术。'韩信曰：'先生相人如何？'"此"先生"指相面的人。《南史》卷五十五《吉士瞻传》："（士瞻）年逾四十，忽忽不得志，乃就江陵卜者王先生计禄命。"此"先生"指算卦的人。清代李渔《凰求凤·假病》："请先生过来，用心替他诊脉。"此"先生"指行医的人，即医生。《负曝闲谈》第二十九回："这时候顺林已经回来了，便上前斟过一巡酒，先生在门外拉动胡琴，顺林唱了一折《桑园会》的青衫子，大家喝采。"此"先生"指卖唱的人。随着时代的发展，思想观念的改变，"卖唱"这种职业已然消失，"相面、卜卦、看风水"等具有迷信色彩的职业与"先生"一词具有的尊重意味相悖，故不再用该词称呼从事这些职业的人。只有医生还是当今社会很重要的且值得我们尊重的一种职业，因此"先生"依然可用来指称医生，但是因"医生"名实关系更为相符，且民间更为通行，故今普通话中沿用"医生"，"先生"的这一意义也就逐渐淡出普通话词汇，只保留在方言中。

再次，因"先生"本是对某一类人的尊称，故引申为对男子的尊称。如宋吴曾《能改斋漫录·记事二》："今先生多教人吏事，所未谕也。"也可专用于妻子对丈夫的尊称。如汉代刘向《列女传·楚于陵妻》："妾恐先生之不保命也。""先生"的这两个意义一直沿用至今，普通话还在使用。

最后，也用于称担任文书或管理职事的人、地区或行业中具有代表性的男子以及道士、妓女等，这些意义有的在普通话中还在使用，有的已经随着时代发展而消失，不属于本书讨论范畴，兹不赘述。

十、疾病

57. 哕

在上党地区长治片以及武乡方言中，"哕"意为呕吐。如：

"他把吃的饭都哕出来了。"想呕吐又吐不出来则用"干哕"。如："他一闻到汽油味就干哕。"

"哕"一词古文献中有两个意思，一为"打嗝"，一为"呕吐"。"打嗝"义战国时期文献中即有用例。如《黄帝内经·素问》："中央生湿……在变动为哕。"句中"哕"就是"打嗝"之义。"呕吐"义出现较迟，中古汉语文献才有用例。《南齐书》卷四十一《张融传》："喷洒哕噎，流雨而扬云；乔体壮脊，架岳而飞坟。"句中"喷洒哕噎"，即"喷吐"。"喷洒"近义词连用，意思是"喷"；"哕噎"意思重在"哕"，即吐，"噎"无义。唐代高彦休《唐阙史》卷下："皇华大哕，终日不食。"句中"哕"是"呕吐"义，"大"是程度副词。宋代李昉等人编纂的《太平广记》卷二百《文章三》："岩杰遽饮酒一器，凭栏呕哕。须臾，即席，还令曰：'凭栏一吐，已觉空喉。'其侮慢倨傲如此。"句中"呕""哕"同义连用，都是"呕吐"义。从文献用例来看，自唐宋以来直至明清，"呕吐"义极为常用，"打嗝"义少用。如《西游记》第七十五回："你们快去烧些盐白汤，等我灌下肚去，把他哕出来。"清代纪昀《阅微草堂笔记·槐西杂志三》："觉而颊肿成痈，数日巨如杯，脓液内溃，从口吐出；稍一呼吸，辄入喉，呕哕欲死。""哕"在现代汉语普通话中已不用，但其中的"呕吐"义在上党地区屯留、武乡等地方言中还有保留。

另外，近代汉语中也出现了"干哕"一词。如明代《醒世恒言》第三卷："却说美娘睡到半夜，醒将转来，自觉酒力不胜，胸中似有满溢之状。爬起来，坐在被窝中，垂着头，只管打干哕。""干哕"即想呕吐又吐不出来。该词也在本地方言中留存下来。

58. 惊

在上党地区长治、壶关、长子方言中，"惊"的意思是"使受到惊吓"。如："刚才我在看书就没注意，他过来拍了我一下，到现在我还实惊人嘞。"这一用法是"惊"在古代汉语中使动用法的遗留。

该词自古至今一直是汉语中的一个常用词。《说文·马部》："马骇也，从马敬声。举卿切。"可见，其本义为"马受惊"。后引申泛指人或动物受惊。本为不及物动词，故上古汉语文献中常用作使动。如春秋《左传·隐公元年》："庄公寤生，惊姜氏，故名曰寤生，遂恶之。""惊姜氏"即为使动用法，使姜氏受到惊吓。《韩非子·喻老》："虽无飞，飞必冲天；虽无鸣，鸣必惊人。""惊人"也是使动用法，使人受惊。战国《礼记·檀弓》："马惊，败绩，公队。"句中"惊"用本义，指马受惊。《楚辞·招魂》："宫庭震惊。""惊"是受惊，不及物动词，后面不带宾语。《周易·震卦》："震惊百里。"这个结构如"惊姜氏"，也是使动用法。"惊"的不及物动词用法在中古汉语沿用下来，且常用于"使宾语怎样"这样的使动结构中。如《全汉文》卷七："一年再地动，天惟降灾，震惊朕师，治有大亏，咎至于斯！"唐代诗人王维《鸟鸣涧》："月出惊山鸟，时鸣春涧中。"近代汉语中，"惊"的使动用法已被可以表示同样语义的结构取代，但仍留存了不少用例。如明代《隋唐野史》第一百一十六回："臣不能速复京城，使陛下受惊，臣之罪也。""使陛下受惊"，上古、中古用"惊陛下"这样的使动结构表示。明代罗贯中《三国演义》

第八十四回："持矛举火破连营，玄德穷奔白帝城。一旦威名惊蜀魏，吴王宁不敬书生。""惊蜀魏"，用使动用法，使蜀魏震惊。清代曾国藩《曾国藩家书·禀父母·拟为六弟纳监》："恐祖坟有不洁净处，望时时打扫，但不可妄为动土，致惊幽灵。"清代李百川《绿野仙踪》第八十九回："寿仙一衣君知晓，偷须巧，符篆运神雷，犹恐惊栖鸟。""惊幽灵""惊栖鸟"都用使动结构。民国以后这种使动结构逐渐消失，今普通话中已不用，但在上党地区方言中尚有留存。

"惊"后来引申有"惊慌、恐惧、惊动、惊奇、吃惊"等义，在古代文献中用例颇多且意义复杂，现代汉语中多用由"惊"构成的双音词表示相关意义。

59. 通唤

在上党地区晋城、高平、阳城方言中，"通唤"指痛而呻吟。如："她一生病就通唤起来。""你不要一直通唤，心烦死了。"

"通唤"一词，在中古汉语中可见用例，但只用于"传唤"义，与本地方言有别。如《宋史》卷一百一十三《礼十六》："皇帝降坐，御集英殿，鸣鞭，殿中监已下通班起居。殿中监、少监升殿，通唤阁门官升殿。"近代汉语未见文献语言用例。

"通唤"表示痛而呻吟，只是唐代颜师古在《匡谬正俗》卷六中解释"恫"时提到："恫，今太原俗呼痛而呻吟谓之通唤。"可见，唐朝时太原方言中"通唤"表示"痛而呻吟"之义，与本地方言同。但该义未在古代文献中出现，应该一直是作为方言词只在方言中使用。

十一、身体

60. 颔

在上党地区屯留、襄垣、壶关、晋城、高平、阳城方言中，有"颔"，但不能单用，只能作为语素和别的语素一起构成复音词，保留在"颔帕""颔水帕""颔水"等词中。其中，"颔帕""颔水帕"都是指吃饭时给孩子戴在胸前防止弄脏衣服的布片。"颔水"指的是口水。这些词中，语素"颔"均是"下巴"义。

"颔"，形声字，从页含声。从"页"，表示与头有关。其本义即为"下巴"，阳城等地方言保留了其本义。《释名·释形体》："颔，含也，口含物之车也。"又曰："颐，或曰颔车。"《方言》卷十："颔、颐，颌也。南楚谓之颔，秦晋谓之颌。颐，其通语也。"可见，"颐""颔""颌"意同，都指下巴。该词早在先秦时期即已在文献中使用。如《公羊传·宣公六年》："祁弥明逆而踘之，绝其颔。"《庄子·列御寇》："夫千金之珠，必在九重之渊，而骊龙颔下。"二例中"颔"都是"下巴"义。中古、近代汉语沿用。如南朝宋范晔《后汉书》卷四十七《班超传》："生燕颔虎颈，飞而食肉，此万里侯相也。"唐代诗人白居易《东南行》："相逢应不识，满颔白髭须。"《西游记》第五十六回："鬓边红发如飘火，颔下黄须似插针。"《聊斋志异·鲁公女》："至数月后，颔秃童面，宛如十五六时。"同时，"下巴"一词在近代汉语中开始使用，因其双音节的语音形式更适应汉语词汇的需求，故在之后的发展中逐渐取代了"颔"。今普通话中，"颔"已完全消失，在方言中也仅是作为语素存在，不能单用。

61. 项

在上党地区阳城方言中，"项"音 hàng，意为"人的脖子"。如："看你那项圪渣成甚啦，快去洗洗。""这个毛衣领不得劲，扎得项难受。"

"项"最早见于先秦时期。《说文解字》中收有该字，解释为："项，头后也。从页工声。胡讲切。"桂馥《说文解字义证》："头当为颈。《玉篇》：'项，颈后也。'"其本义指脖子的后部。段玉裁《说文解字注》曰："肉部曰：脰，项也。《公羊传》：搏闵公之脰。何云：脰，颈也。齐人语。此当曰项，而曰颈者，浑言则不别。"可见"项"古代有泛指和特指的区分，用于特指则专指脖子的后部，用于泛指则指整个脖子。如曹植《洛神赋》："延颈秀项，皓质呈露。"《后汉书》卷六十一《左雄传》："监司项背相望，与同疾灰。"两例中"项"都用特指义"脖子的后部"。《洛神赋》中"颈"与"项"相对为文，均用特指义，"颈"指脖子的前部，"项"指脖子的后部。《左雄传》中"项""背"连用，能看到项和背，显然"项"指脖子后部。又如《左传·成公十六年》："王召养由基，与之两矢，使射吕锜，中项，伏弢。以一矢覆命。"《庄子·杂篇·列御寇》："反于宋，见庄子，曰：'夫处穷间阨巷，困窘织屦，槁项黄馘者，商之所短也。'"以上二例中"项"都用于泛指，"中项"是射中了脖子，"槁项黄馘"意思是"干枯的脖子，蜡黄的脸"。自唐宋至明清，"项"在文献中基本用于泛指，极少有特指的用例。如唐代李朝威《柳毅传》："俄有赤龙长千余尺，电目血舌，朱鳞火鬣，项掣金锁，锁牵玉柱。"宋代佛教禅宗史书《五灯会元》卷十五："这老汉项上铁枷，何不脱却？"元代《金史》卷一百二十七《王予可传》："为人躯干雄伟，貌奇古，戴青葛巾，项后垂双带若牛耳，一金镂环在顶额之间，两颊以青涅之为翠厣。"明代小说《西游记》第三十五回："老魔将芭蕉扇插在后项衣领。"清代蒲松龄《聊斋志异·促织》："审视，巨身修尾，青项金翅。"上举唐至清各例中，"项"均用作泛指义"脖子"。

现代汉语普通话中"项"多用于"条目"义，这是后来出现的假借义，兹不赘述。其本义"脖子"，无论泛指义还是特指义都已消失，但在上党地区方言中"项"的泛指义保留了下来，呈现出对近代汉语中"项"的词义的继承性。

另外，我们也需注意到，阳城方言中"项"的读音也是古音的遗留。据宋代徐铉为《说文》加注的反切，"项"音"胡讲切"，可见中古"项"属匣母，讲韵，上声。后来随着汉语语音系统的变化，浊声母的上声字变为去声，随后声母清化，变成了普通话的声母 h，因此出现了 hàng 的读音，阳城方言即保留了这个略带古意的读音。之后汉语语音进一步发展，出现了声母的颚化，即声母由 h 变成 x，同时出现了 i 介音，因此"项"的读音就变成了今天普通话的读音"xiàng"。

十二、衣服穿戴

62. 褙

在上党地区阳城、屯留、襄垣等地方言中，"褙"是个名词，指把布一层一层地粘在一起而形成的用于做布鞋鞋帮或者鞋垫的布料。如："把褙给我拿过来。"它又常和"打"连用，构成动宾短语"打褙"。如："下午打好褙，晚上就可以做鞋了。"

"褙"最早见于宋代，近代汉语用得较多，有两个意义。其一是名词，指一种短上衣，由半臂或中单演变而成。始于唐，宋代男女皆穿，因使用时间的不同，其形式变化甚多。文献中常作"褙子"，是在其后加词尾"子"而来。如南宋《话本选集》卷一："且看那官人：背系带砖项头巾，着斗花青罗褙子，腰系袜头裆裤，脚穿时样丝鞋。"其二是动词，意思是把布一层一层地粘在一起。如明代小说《二刻拍案惊奇》卷一："住持走去房中，厢内捧出经来，外边是宋锦包袱包着，揭开里头看时，却是册页一般装的，多年不经裱褙，糨气已无，周围镶纸多泛浮了。"句中"裱""褙"近义词连用，"裱"是用纸或丝织品做衬托，把书、画等装潢起来，或加以修补，使其美观耐久；"褙"是把布一层一层地粘在一起，都是动词。近代汉语中，"褙"常用动词义，大概是随着时代发展，唐宋时流行的那种短衣后代逐渐过时所致。今普通话中，该词只有在专门的书画行业中会用到，与古代同，也常"裱褙"连用。

阳城等地方言中"褙"的名词用法是由其古义中的动词义发展而来，且词义上只保留了"粘布"义，"粘纸"义已不用。但因社会发展，现代无人再穿这种布鞋，因此方言中"褙"也在逐渐消失。

另外，武乡方言中也用到这个词，但适应该地方言常用词尾"的"的特征，"褙"后也常加"的"作"褙的"。比较武乡、晋城两个方言片的用例，我们认为，"褙"在上党地区方言中的用法是在古代动词用法的基础上发展而来的，并适应各地方言的语言特征而呈现出形式上的差异。

63. 暖鞋

上党地区多地方言常用"暖鞋"指称"棉鞋"。二词结构方式相同，只是修饰语不同，前者凸显功能，后者凸显材质。

该词在明清时期文献中有用例，词义与本地方言同。如明代《水浒全传》第二十四回："武松道：'好。'便脱了油靴，换了一双袜子，穿了暖鞋，掇个杌子，自近火边坐地。"清代《儒林外史》第十一回："两公子同蘧公孙都走出厅上，见头上戴着新毡帽，身穿一件青布厚棉道袍，脚下踏着暖鞋。"清代《绿野仙踪》第七十回："你此刻可仍回京中，弄几两银子，与温贤弟买些皮夹棉衣、暖鞋、暖帽，为御寒之具，皮衣分外多些才好。"以上各句中"暖鞋"都是指"棉鞋"。

考察文献用例，"棉鞋"亦出现于明清时期，与"暖鞋"义同。在词汇发展过程中，因二词意义相同，且都是单义词，出于语言的经济原则，必然要淘汰一个。大概因为"棉鞋"在民间更为常用，所以在普通话中得以沿用，而"暖鞋"逐渐消失，只保留在方言中。

64. 铺衬

长治、晋城片方言中，保留有"铺衬"一词，意思是"做补丁或袼褙用的碎布或旧布"。如："你快好好收拾收拾，这些破铺衬该扔的都扔了。"

先秦时期，"铺"有"把东西展开或摊平"义；"衬"本指"外衣内的单衫"，后引申指"衬垫"。古代语言中有时二词连用，表示"铺放衬垫"。这种情况一直持续到元明时代。如《元典章·户部十·租税》："仓廒什物，预为修理，须要坚牢，如法铺衬，不致上漏下湿，损坏官粮。""铺"和"衬"早在唐代就已凝固成一个整体，可以当一个词使用，表示"碎布或旧布"，是个名词。与长治、晋城片方言义同。如《唐文拾遗》卷五十九："充备仓夫斗袋人夫及诸色吃食、纸笔、铺衬、盘缠支费。"但整个唐宋时期用例极少，或许较多见于方言口语。直到元明时期用例才稍有增多。如《金瓶梅词话》第十四回："墙头上铺衬毡条，一个个打发过来，都送到月娘房中去了。"《醒世姻缘传》第九十二回："家人媳妇道：'拿着给我奶奶做铺衬去，叫俺奶奶赔陈奶奶个新袄。'"清以后仅保留在方言口语中，普通话基本不用。

65. 靸鞋

在上党地区阳城方言中，称"拖鞋"为"靸鞋"。如："在屋就换上靸鞋吧，脚舒服些。"

"靸鞋"一词很早就已在汉语词汇中使用。据文献用例，当始于秦汉时代。西汉史游《急就篇》卷二："靸鞮卬角褐袜巾。"颜师古注："靸谓韦履，头深而兑，平底者也。今俗呼谓之跣子。"亦名"靸鞋"。据唐代王叡《炙毂子杂录》中记载，夏商周三代皆以皮为之，始皇二年改用蒲制，从晋到唐多用草制，梁武帝曾用丝制。元末明初陶宗仪《辍耕录》卷十八"靸鞋"："西浙之人，以草为履而无跟，名曰靸鞋。"可见，"靸鞋"指无跟之鞋。这种鞋夏商周即已出现，在不同时期制作材料不同。而在明代文献中，该词泛指"拖鞋"，即用以指无论以何种材料制作的无跟之鞋。如《醒世姻缘传》第五十七回："那日我们曾见一个孩子，约有七八岁的模样，穿着对衿白布褂子，蓝单裤，白靸鞋，正在那里站着。"《红楼梦》第二十一回："次日天明时，（宝玉）便披衣靸鞋往黛玉房中来。"《喻世明言》第三十三卷："相次到家中，只见路傍篱园里，有个妇女，头发蓬松，腰系青布裙儿，脚下拖双靸鞋，在门前卖瓜。"

另外，该词在当地方言中有动词用法，时常在中间加"着"。如："你那样靸着鞋穿，会把鞋子穿坏的。"指把鞋后帮踩在脚后跟下的情况。而这一用法在《红楼梦》中也有用例，如第二十六回："宝玉穿着家常衣服，靸着鞋，倚在床上拿着本书。"

十三、饮食

66. 献

"献"在上党地区长治、晋城片方言中有一义是指"把东西进献给已经去世的人或神佛之类"，该义在这些地区的方言中普遍使用。如："饭做好了，先盛出一碗给你爷爷献上。""献老爷。"

"献"本是古代对作为祭品的犬的专称，如《说文·犬部》："献，宗庙犬，名羹献。犬肥者以献之。"段玉裁《说文解字注》："本祭祀奉犬牲之称。"该词早在先秦时期即已在文献中使用，如《礼记·曲礼下》："凡祭宗庙之礼，……羊曰柔毛，鸡曰翰音，犬曰羹献。"郑玄注："羹献，食人之余也。"孔颖达疏："犬曰羹献者，人将所食羹余以与犬，犬得食之肥，肥可以献祭于鬼神，故曰羹献也。"由郑注及孔疏可知"羹献"及"献"得名之由。但"献"的本义只在上古时期使用，后代未见用例。

因这种宗庙犬是祭祀神灵用的，故引申有"向神灵进献"之义。这一用法先秦时即有用例。如《周礼·夏官·大司马》："献禽以祭祖。"《诗经·豳风·七月》："二之日凿冰冲冲，三之日纳于凌阴，四之日其蚤，献羔祭韭。"以上例句中"献"都是"献祭、向神灵进献物品"之义，用其引申义。从语义结构来看，上古汉语中"献"后一般只能出现祭祀物品，不出现祭祀对象。有时与"祭"同义连用。如《汉书》卷十二《平帝纪》："尊孝宣庙为中宗，孝元庙为高宗，天子世世献祭。""献"的这一义在中古时期沿用。如唐代《敦煌变文·佛说阿弥陀经讲经文》："有一商人来献供，请问如来往昔因，毫光远照若须弥，因地之中持何戒。""供"指"供品"，即祭祀神灵的物品。"献供"即向神灵进献供品。宋代苏轼《苏东坡全集》卷一百一十四："伏以时方启蛰，礼及献羔。""献羔"即向神灵进献羔羊这样的祭品。这一时期"献"的语义结构依然与上古汉语相同，后面只能接祭品作宾语。到近代汉语中"献"继续沿用，但语义结构得以进一步发展，可以在后面直接用祭祀的对象作宾语。如《初刻拍案惊奇》卷一："叩门进去，只见堂前灯烛荧煌，三牲福物，正在那里献神。"句中"献"后加"神"作宾语。如果是已完成的动作，还可以在"献"后用表完成态的助词"了""过"。如《初刻拍案惊奇》卷十一："过了数日，王生见事体平静，又买些三牲福物之类，拜献了神明、祖宗。"《初刻拍案惊奇》卷十八："小妾说丹炉不动。而今九还之期已过，丹已成了，正好开看。今日匆匆，明日献过了神启炉罢。"同时，"献"后面接祭祀物品的结构也依然使用。如《红楼梦》第五十三回："只见贾府人分昭穆排班立定：贾敬主祭，贾赦陪祭，贾珍献爵，贾琏贾琮献帛，宝玉捧香，贾菖贾菱展拜垫，守焚池。""献"的这一意义在清以后逐渐消失，现代汉语普通话已不用，而上党地区方言中"献"的这一意义及其两种语义结构都保留了下来。如"献老爷"就是在"献"后加祭祀对象；"明天烧纸，咱们献点什么？""就献这些点心吧。"这是在"献"后加祭祀物品。

由"进献神灵"后引申泛指下对上、卑对尊的进献。如《史记·项羽本纪》："谨使臣良奉白璧一双，再拜献大王足下。"这一义历代都有使用，并且用例最多，是"献"的常用义。

此外，"献"还引申有"呈现、显露""主人向宾客敬酒""庆贺"等义，同时又引申有名词用法。兹不赘述。

67. 兀秃

该词在上党地区襄垣、长子、晋城、阳城等地方言中用来形容水温不冷不热，表示"温的"。各地方言语音上略有差异，但只是音变问题。如："快儿喝茶叶水喝，到兀秃啦。"意为：快点喝茶叶水啊，都变得不凉不热了。另外，在武乡方言中"兀秃"还可形容人性格温和，做事慢。

该词是个连绵词，重音不重形，词形不定，文献中有多种写法。如明代小说《醒世姻缘传》第六十九回："半生半熟的碱面馍馍，不干不净的兀秃素菜。"写作"兀秃"。宋代黎靖德《朱子语类》卷六十："利与善之间，不是冷水，便是热汤，无那中间温吞暖处也。"写作"温吞"。"温吞"与"兀秃"语音上相近，可以发生转化，当是同一语音的不同写法。

考其文献用例，当始于宋代，近代汉语也有用例。如前文所引《朱子语类》，句中"温吞"即指不冷不热的水。再如明代小说《醒世姻缘传》第九十九回："武将文臣，彼此看了几眼，不着卵窍的乱话说了几句，不冷不热的兀秃茶呷了两钟。""兀秃茶"

指不冷不热的茶水。但从文献用例看，与本地方言不同的是它不仅可以指不冷不热的水，还可以指食物。如前文所引《醒世姻缘传》第六十九回中的"兀秃素菜"，指不冷不热的素菜。另外，还可以指人的性格或动作不快不慢。如清代《风流悟》第七回："身材又俊俏，言语又伶俐，更且吃得温吞，耐得热。"这里"温吞"指吃饭不快不慢。清以后该词逐渐消失，今普通话已不再使用，但在方言中保留了下来，不过方言中只保留了该词的部分意义，并且在不同的方言点，保留的意义有可能不同。

另外，"兀秃"可以重叠使用，作"兀兀秃秃"。如元代武汉臣《生金阁》里说："我如今可酾些不冷不热、兀兀秃秃的酒与他吃。"这里也是不冷不热的意思。

68. 滚水

"滚水"在上党地区襄垣、平顺、黎城、壶关、武乡、沁源、阳城方言中均是名词，指"沸水、开水、热水"。该地方言还可说"水滚"，意思是水开了，水沸腾了。"滚水"与"水滚"的语法结构和语义都有区别。"水滚"是一个主谓短语，指"水沸腾"；"滚水"是一个动宾式的合成词，意思是"开水"。两个词语中的"滚"字，均为"（液体）沸腾"义。

"滚"，本义为大水奔流貌。因"水奔流"与"（液体）沸腾"状态相似，水都在翻滚，故引申指"（液体）沸腾"。这一义出现于中古时期，如《朱子语类》卷十："譬之煎药，须是以大火煮滚，然后以慢火养之。"宋代庞元英《谈薮·说郛三十》："俗以汤之未滚为盲眼，初滚为蟹眼，渐大为角眼。"之后近代汉语沿用。如《红楼梦》第六十回："没人奶就用牛奶，再不得，就是滚白水也好。"今普通话中"滚"的这一义一般不单用，只作为语素义保留在词中，如"滚沸"。"滚"与"沸"同义连用，为并列式的合成词，指"沸腾"。但在上党地区方言中保留下来。如："锅里水滚了。"

据文献用例，"滚水"一词表示"沸水"出现在近代汉语中，始于元代。如马致远《寿阳曲·春将暮》："一锅滚水冷定也，再撺红几时得热。"到明清时期普遍使用。如《醒世姻缘传》第二十六回："把那米刚在滚水里面绰一绰就撩将出来，口里嚼得那白水往两个口角里流。"《醒世恒言》第二十六回："将鱼切得雪片也似薄薄的，略在滚水里面一转，便捞起来，加上椒料，泼上香油，自然松脆鲜美。"《红楼梦》第五十四回："一个老婆子，提着一壶滚水走来。"该词在上党地区方言中保留下来，至今仍活跃在百姓日常口语中。

69. 恶水

在上党地区长治、晋城片多地方言中，"恶水"指脏水，不洁净的液体。如："桶里的恶水都快满啦，去倒了吧。"

该词在中古汉语文献中即已使用，可与长治方言互相参证。如唐代李延寿《北史》卷二十二《长孙晟传》："因取诸药，毒水上流。达头人畜饮之多死，大惊曰：'天雨恶水，其亡我乎！'因夜遁。"《新唐书》卷一百七十六《韩愈传》："过海口，下恶水，涛泷壮猛，难计期程，飓风鳄鱼，患祸不测。"近代汉语沿用。如《红楼梦》第六十八回："至于那起下人小人之言，未免见我素昔持家太严，背地里加减些话，也是常情，妹妹想，自古说的：'当家人，恶水缸。'"清代小说《醒名花》第六回："小姐不过是他的内侄女，难道做哥哥的倒做不得主。倘有后言，竟把恶水浇他便了。"

"恶"，本指人貌丑，后引申指器皿、衣服、食物等不好、粗劣。"食物不好"这一义后来又进一步引申，程度加重，即可指"污秽、肮脏"。如《论语·乡党》："色恶不食，臭恶不食。"句中"恶"为形容词，是"污秽、肮脏"义。"恶"作此义可以放在名词前，修饰名词。"恶水"即肮脏的水，不洁净的水。

70. 扁食

在上党地区多地方言中，"水饺"被称为"扁食"。如："锅里的扁食要熟了。"该词语在普通话中已不使用，但在本地方言以及山西其他地区乃至南方的一些方言中都还使用。如："俺们家扁食好不好？"

据文献记载，大概在宋元时期即称饺子为"扁食"。如当时的话本《清平山堂话本·快嘴李翠莲记》中，李翠莲在夸耀自己的烹饪手艺时曾说："烧卖扁食有何难，三汤两割我也会。""扁食"亦写作"匾食"。明朝万历年间沈榜的《宛署杂记》记载："元旦拜年……作匾食"。刘若愚的《酌中志》载："初一日正旦节……吃水果点心，即匾食也。"该词在明清时期用例较多。如明代吴承恩《西游记》第四十六回："斩去腿脚会走路，剖腹还平妙绝伦。就似人家包扁食，一捻一个就回圈。"明代兰陵笑笑生《金瓶梅词话》第六十七回："西门庆看着迎春摆设羹饭完备，下出匾食来，点上香烛，使绣春请了后边吴月娘众人来。"明代西周生《醒世姻缘传》第三十八回："恰好孙兰姬正在家里，料他今日必定要到他家，定了小菜，做了四碗嗄饭，包了扁食，专在那里等他，流水的打发他吃了。"以上例句，有的用"扁食"，有的用"匾食"，都是指饺子。

"扁食"的名称来源不明，大概因为将馅料包住时要捏扁，取其特征命名。至于"匾食"，"匾"可指用竹篾编成的圆形平底浅框的器具，"匾食"或是因包好后一般都要先集中放在类似的器具上，然后再一起煮，故取其盛放之器命名。

十四、红白大事

71. 出门

上党地区屯留、阳城方言将女子出嫁称为"出门"，已出嫁的女子称为"出门闺女"。如："女人总要出门的。""马上就出门了，还这么不懂事。"

"出门"一词的文献用例最早见于春秋时期，由动宾短语逐渐词汇化而凝固成词，本义为"外出、走出门外"。如《周易·同人卦》:"《象》曰：出门同人，又谁咎也？"意思是：刚走出门口就能和同于人，又有谁会施加咎害呢？这里的"出门"与方言中的"出门"不同，还是动宾短语，即两个单音词连用，有"走出门外"之义，并不是一个词。《礼记·内则》:"女子出门，必拥蔽其面，夜行以烛，无烛则止。"该句中"出门"相对结合紧密，作为整体使用，意思是"外出"。在整个古代汉语中，"出门"一词的结合不甚紧密，一直可以用作其本来意思"走出门外"。而且，"外出、走出门外"义也最为多见，无论哪一时期都是该词的常用义。如清代小说《醒名花》第五回："拜了母亲，别了表妹杏娘并妻子，出门径向大路而行。"由本义"外出、走出门外"后引申指"远行"。如《史记·儒林列传》："申公耻之，归鲁，退居家教，终身不出门，复谢绝宾客，独王命召之乃往。"这里的"出门"显然不是走出门外，而是远行。但该义文献用例并不多见。

中古时期，"出门"开始用于"出嫁"义。如唐代无名氏《玉泉子》："吾有女弟未出门，子能婚乎？"句中"出门"如按现代汉语解释则是"外出，走出门外"之义，但这样解释偏离了原文，而且与下文"子能婚乎"意义割裂，结合阳城、屯留等地方言，就可以对该句做出准确的解释，即"尚未出嫁"。"出嫁"义是"出门"一词的间接引申义，由"远行"义引申而来。古代女子以夫家为自己的家，出嫁后再也不能回到娘家，对于娘家来说，好比女儿远行，很长时间见不了面，故用"出门"指"出嫁"。汉字中有一"歸"字，本义为"出嫁"，其形旁为"帚""止"，"帚"指妇女，"止"表示"行走"，这样，形旁意指女子行走，与"出门"的"远行"义暗合。

"出嫁"义近代汉语沿用下来。如明代冯梦龙《警世通言》第五卷："家嫂有些妆乔，好好里请他出门，定然不肯。"清代曹雪芹《红楼梦》第四十七回："我那里还有两个绝好的孩子，从没出门。"该义民国时期还在使用，今普通话中已消失。

72. 双生

在武乡、长治片方言中，"双生"指一胎生两胞，即双胞胎，今普通话称作"孪生""双胞胎"。"双生"是状中结构，"双"意为成双地、一对，"双生"即并生，成双地出生，即"双胞胎"。

"双生"一词出现于唐代，可指人，也可指动物。如《南唐伶人献先主词》：“惟愿普天多瑞庆，柳条结絮鹅双生。”此句指动物双生。《旧唐书》卷一百八十三《外戚·王守一传》：“守一与后双生。”句中“后”指唐玄宗李隆基的原配王氏，“守一”指其兄王守一。意思是说王氏与其兄王守一是龙凤胎。近代汉语沿用。如明代凌濛初《初刻拍案惊奇》卷二：“就是同父合母的兄弟，同胞双生的儿子，道是相象得紧，毕竟仔细看来，自有些少不同去处。”句中“同胞”和“双生”同义连用。清代小说《红楼梦》第六十三回：“引得众人笑说：‘他两个倒像一对双生的弟兄。’”今普通话常用“孪生”“同胞”，该词只保留在方言中。

73. 聘

上党地区阳城方言中的“聘”，除去指现代汉语普通话尚在使用的“聘请”“定亲”等义外，还可指“女子出嫁”。如：“老刘家今天聘闺女，咱去看看吧。”

“聘”早在上古汉语中即已使用，本义为“访问，探问、问候”，《说文·耳部》：“聘，访也。”《尔雅·释言》：“聘，问也。”均释“聘”为“访问、问候”。《说文》用“访”释“聘”，“访”即“访问”；《尔雅》用“问”释“聘”，“问”本义为“询问”，引申可指“问候、访问”。故“访”“问”“聘”为同义词。“聘”和“访”的区别在于：“访”是个一般的词语，而“聘”主要用于特指诸侯间的友好访问礼节，但有时也用作一般问候。“聘”和“问”的区别在于：“问”，上古文献一般用于指诸侯间每年进行的友好访问，“聘”，主要用于诸侯间每三年进行的友好访问。探问消息要靠耳朵，故“聘”字从“耳”。如《诗经·小雅·采薇》：“我戍未定，靡使归聘。”全句意为：“我守卫边防的具体位置还没有确定下来，没有使者回去带上对家人的问候。"其中"聘"表示一般的问候。《周礼·秋官·大行人》："凡诸侯之邦交岁相问也，殷相聘也。"《礼记·曲礼下》："诸侯使大夫问于诸侯曰聘。"《公羊传·昭公二十一年》："二十有一年，春，王三月，葬蔡平公。夏，晋侯使士鞅来聘。"三句中"聘"均指诸侯间的访问。该义在现代汉语中已消失，上党地区方言中亦未见使用。

访问别人时一般会带礼物，故引申可指"以礼请人担任某一职务"，即"聘请"。如《战国策·齐策四·冯谖客孟尝君》："于是梁王虚上位，以故相为上将军，遣使者黄金千斤，车百乘，往聘孟尝君。"该义一直沿用至今，在现代汉语普通话中尚作为常用词使用。

后引申亦可指以礼物订婚、迎娶，或订婚、迎娶之礼。如《礼记·内则》："聘则为妻，奔则为妾。"《大戴礼记·盛德》："婚礼享聘者，所以别男女、明夫妇之义也。"该义在现代汉语中不再单用，但是作为词素保留在双音词中，如"聘礼、聘金"。"以礼物订婚、迎娶"本是男方行为，后转而指女方，亦可指"女子订婚或出嫁"。如《左传·成公十一年》："声伯之母不聘。穆姜曰：'吾不以妾为姒。'""声伯之母不聘"意即声伯的母亲没有出嫁就和叔肸同居。宋孙光宪《北梦琐言》卷三："李太师光颜以大勋康国，品位穹崇，爱女未聘。"但该义在历代文献中用例并不多。近代汉语中"聘"用于订婚、迎娶之礼时，多以男方为主动者，即表示"娶女"。如谢朓的《和王主簿季哲怨情诗》："掖庭聘绝国，长门失欢宴。"李善注："娶女曰聘。"《新唐书·王世充传》："帝喜，令阅端丽者，以库资为聘。"《红楼梦》第四十六回：

"想着老太太疼他，将来自然往外聘作正头夫妻去。"今上党地区方言保留了该义，但是只是沿用其中体现女方主动性的一面，即"女子订婚或出嫁"。

74. 打发

在上党地区壶关、陵川、阳城方言中，"打发"可以指嫁女儿。如："你家什么时候打发闺女？定好日子没？"

"打发"一词出现在近代汉语中，本为"派遣"义。其中"打"的词义虚化，不具有实际意义，"发"表示"派遣"。奚俊认为"打"的语法化过程经历了四个阶段：第一阶段：施事＋"打"＋受事（受事为名词性成分）；第二阶段：施事＋"打"＋受事／结果（受事／结果为名词性成分）；第三阶段：施事＋"打"＋受事／结果（受事／结果为动词性成分）；第四阶段：施事＋"打＋动词性成分"＋受事，"打＋动词性成分"词汇化，"打"的意义虚化，在这一组合中成为词缀。[1] 徐时仪认为"打"在唐宋时期已经虚化，并找到了唐宋时期"打"已经虚化的一些可供参考的材料。[2] 显然，近代汉语"打发"中的"打"属于奚俊所言的第四个阶段，"打"的词义虚化，只是语法标记。"打发"实际只有"发"表示意义。后由本义"派遣"引申表示"使离开""发付、发放""送给、施舍""消磨（时间）"等义，成了近代汉语中使用频繁、词义也较为广泛的一个常用词。这些词义在现代汉语普通话中还在使用，兹不赘述。

需要我们关注的是"打发"在近代汉语中还常用来指"嫁

---

① 奚俊：《动词"打"的研究》，北京语言大学硕士学位论文，2006 年。

② 徐时仪：《"打"字的语义分析续补》，《辞书研究》2001 年第 3 期。

女"。如《龙川县志·土语》："嫁女曰打发。"清代李渔《奈何天·妒遣》："（夫人）叫我遍谕媒婆，快寻两分人家，打发他出门，完了这桩心事。"民国沿用，如老舍《柳家大院》："干脆把她打发了，进点彩礼，然后赶紧再给儿子续上一房。"该义在现代汉语普通话中已消失，《现代汉语词典》亦未收录，但在上党地区方言中保留了下来，可以帮助我们准确理解近代汉语文献中"打发"的意思。

十五、日常生活

75. 生活

上党地区长治、晋城片方言中的"生活"，除去普通话常用的意思外，还可指名词"活儿、工作"。在语言中可用作主语，如："生活不重，可以干。"也可用作宾语，如："最近有生活吗？"作宾语时常与动词"做"搭配，形成固定结构"做生活"。如："他在做生活，你不要打扰他。"

"生""活"都可表示活着，本是同义词，语言中常将二词同义连用，故凝固成词。"生活"早在春秋战国时期就已完成词汇化过程，在文献中作为词使用，本义为生存。如《孟子·尽心上》："民非水火不生活，昏暮叩人之门户，求水火，无弗与者，至足矣。""民非水火不生活"的意思是百姓没有水火就不能生存下去。其本义一直沿用至今，在普通话中还常用。如我们常说："一个人脱离了社会就不能生活下去。"后来出现了多个引申义，如"人或动物为生存发展而进行各种活动""衣食住行等各方面的情况""生长""家产、活计""生活费用""工作、活儿"等。

其中前两个引申义也是普通话中的常用义。从文献用例来看，该词历代汉语文献用例都不少，是古代汉语中的一个常用词。

在"生活"的若干引申义中，"工作、活儿"义在本地方言中保留了下来。该义最早出现于中古汉语。如宋代吴曾《能改斋漫录·神仙鬼怪》："夜久人静，或闻以行相呼云：'今吾辈有何生活？'"意思是有什么工作或者有什么活儿干，"生活"作"有"的宾语。该义在近代汉语中常用。如《水浒全传》第四十一回："这人姓侯，名健，祖居洪都人氏，做得第一手裁缝……现在这无为军城里黄文炳家做生活。"《儒林外史》第一回："只靠着我替人家做些针指生活寻来的钱，如何供得你读书？"这两句中"生活"作动词"做"的宾语，与今阳城方言同。《水浒传》第四回："师父稳便。小人赶趁些生活，不及相陪。"句中"生活"亦是"工作、活儿"之义，作"赶趁"的宾语。除去作宾语外，也有作主语的用例。如《聊斋志异·绩女》："媪无忧，此等生活，妾优为之，定不以口腹相累。"可见，"生活"在古代的用法与今方言完全相同。

76. 赶集

在上党地区多地方言中，"赶集"是一种民间风俗，意思是到集市上去做买卖或玩耍。"集"是指集市，前文已有分析。这种生活习俗自古就有。今全国依然有不少地方有这种习俗。如云贵川湘一带称为"赶场"或"赶街"，湘赣地区则称为"赶墟"，湘桂粤一带称为"赶闹子"，山东一带也称为"赶集"。可见，不管哪个地区，动词一律都用"赶"。

"赶"，形声字，形旁为"走"，本义为追赶、从后面追上。

后引申为"急赴"，如"赶火车""赶路"；再引申有"从速、加快"义，如"赶紧""赶任务"。"追赶"从另外一个角度理解有"追对方使之不再回来"之义，故又引申指"驱逐"；"驱逐"的对象有可能是动物，古代马、牛都用于驾车，故引申可指"驾驭"，如"赶车"。进而逐渐虚化有了虚词用法，如"等到""趁、把握时间"等。以上各义在今普通话中都还常用。可见，"赶"古今汉语都是常用词，意义相对稳定。在以上诸多"赶"的意义中，"赶集""赶场""赶墟"等用的是"急赴"这一引申义。所谓"赶集"就是"赶着去集市"之义。因为集市是有固定时间的，而且在古代时间较为短暂，交通也不便利，每次人们为了去集市交易就要提前做好准备，住得远的人很早就要出发赶路，不然就会错过集市。所以就叫"赶集"，与今"赶火车"取义相同。

　　"赶集"一词是伴随着"集"的出现而出现的，据文献记载始于近代汉语。事实上这种民间习俗应该很早就有，但是多称"市"，"集"一直到近代汉语中才用作"集市"义。明代谢肇淛《五杂俎·地部一》中较为详细地记载了赶集的盛况："岭南之市谓之虚……山东人谓之集。每集则百货俱陈，四远竞凑，大至骡、马、牛、羊、奴婢、妻子，小至斗粟、尺布，必于其日聚焉，谓之'赶集'。"明清时期文献中常出现这一词语。如明代小说《醒世姻缘传》第十九回："凡是小鸦儿赶集不回来，唐氏就在家里边同晁住娘子三个厮混。"句中"赶集"即今方言之"赶集"。清代刘鹗《老残游记》第十九回："车夫说：'这东北上四十五里有大村镇，叫齐东村，热闹着呢，每月三八大集，几十里的人都去赶集。'"从此句可知古代的"赶集"也是有固定时间的，今之民俗确系沿袭古代而来。

77. 赶会

除去"赶集"之外，在上党地区方言中还普遍使用"赶会"一词。其使用范围比赶集广，上党地区各地方言均有使用，意义与"赶集"相同，但规模更大，间隔时间也长，一般一年才有一次活动。有的地方持续时间也长，三天左右，比如长治；但也有的地方持续时间与"集"一样，也是一天，比如阳城。其中的"会"是名词，相当于普通话的"庙会"，"赶会"即"赶赴庙会"之义。

与"集"相同，"会"在古代文献中用例也很多，古今汉语也都是常用词，意义也复杂。其本义为会合。《说文·亼部》："会，合也。"《广雅·释诂三》："会，聚也。"均解释"会"为会合。"会合、聚合"的意义特点是"人多"，故引申可指"多数人的集合或组成的团体"，如"开会"；也可指"省会"；因集市上进行贸易活动也是"多数人的集合"，故引申可指"定期的市集"，只是规模比一般的"集"大，间隔时间长，显得更为重要。"会合"又意味着双方见面，故引申指"彼此见面"，如"会面""会见"；之后词义进一步抽象化，指"理解、领悟"；"领悟"后也就意味着掌握了一项技能，故引申又可指"善于、学会"；"领悟"了思想或知识就有可能抓住机会，因此也引申指"机会"。之后，"会"逐渐虚化，有"一定、应当、恰好、正好"等义。在今普通话中，除去"定期的市集"义不常用外，其他都还在使用，显然该词也是古今汉语的常用词。而"定期的市集"义在方言中常用，如"庙会""赶会"等，真实地记录了这项民间活动。

"赶会"一词也始见于近代汉语。如明代小说《醒世姻缘传》第六十八回："四月十八顶上奶奶的圣诞，比这白衣奶奶的圣诞更自齐整，这是哄动二十合属的人烟，天下的货物都来赶会，卖的衣服、首饰、玛瑙、珍珠，甚么是没有的？"清代小说《彭公案》第三十八回："我主人当年卖京货，在河南各处赶会。"《彭公案》第七十五回："彭公紧紧催马，绕过山弯，见前面有人，男女不少，手中拿着香，仿佛是烧香上庙赶会的样子。"以上三例中，例 1 中"赶会"的主语是物，例 2、例 3 都是人。例 2 是卖东西的商人，例 3 是逛庙会准备买东西的人。由此可见，近代汉语中"赶会"的语义搭配较为宽泛，只要是去到庙会上的人或者是货物都可以作主语。但是在本地方言中，语义搭配范围缩小，主语只能是去逛庙会或买东西的人。

78. 吃烟

武乡、长治片各地方言普遍称"吸烟"为"吃烟"。除山西方言外，陕西、安徽等地也有不少方言区说"吃烟"。如："我想吃烟了，把烟袋给我递过来。"

"吃烟"中，"吃"的意思是"吸"，该义是"吃"的引申义。现代汉语中"吃"是"喫"的简化字。但二字古代是两个不同的字。"吃"，《说文·口部》释为"言蹇难也"。本义是"口吃"。"喫"，《说文》未收，到宋代徐铉修订《说文》时在《说文·口部》新附字中收有，解释为："喫，食也。"因此，"喫"最早应该是在中古汉语中出现的一个词。文献用例始见于唐代，如唐代诗人杜甫《病后遇王倚饮赠歌》："但使残年饱喫饭。"近代汉语中"吃"亦可表"喫"义，到现代汉语普通话中用"吃"代替了"喫"。"喫"本义为"吞咽食物"，后范围扩大也指食用液体食物，即喝、饮。表示吞咽食物、饮料的"喫"有多种比喻用法，应用范围较广，兹不赘述。这些意义在今普通话中都还在使用。此外，又由"食用食物、饮料"引申，范围进一步扩大，可指吸入气体，这样"吃"也就有了"吸"这一义，并进而可以表示"吸收"。如："这种纸不吃墨。""吃"的"吸、吸收"义今普通话已经不再使用，但保留在方言中。

"吃烟"一词出现很迟，只见于清代文献。如《儿女英雄传》第十二回："梁材家的才要装烟，太太说：'我顾不得吃烟了！'"《老残游记》第十二回："老残道：'我吃烟的朋友很多，为求他上瘾吃的，一个也没有，都是消遣消遣，就消遣进去了。'"该词意思单一，在普通话中被"吸烟"取代，但还保留在方言中。

79. 趆

在晋城片各地以及长治、长子方言中，"趆"的意思是"来回走动"。如："吃完饭去外面圪趆圪趆，不要一直窝在家里，看你胖成什么样了。"

该词最早出现在唐代，其本义为"转，折转"。如唐代志怪传奇小说集《广异记》第六卷："府君令我取婢，今不得已，趆将婢去，明日当遣之还。"该义在近代汉语中较为常用。如《水浒传》第二十四回："只见那西门庆一转，趆入王婆茶坊里来。"除本义外，近代汉语还出现了两个引申义。首先由"折转"引申指"盘旋"，如《西厢记》第四本第四折："四野风来，左右乱趆。"然后又由天空的盘旋引申可以表示地面上的盘旋，即"来回走动"。如《元代话本选集》中说："拿向卧房中藏过，忙踅出来。"《水浒传》第二十三回："且说这王婆却才开得门，……张见西门庆从早晨在门前踅了几遭，一迳奔入茶坊里来，水帘底下，望着武大门前帘子里坐了看。"《金瓶梅词话》第十五回："他的本分少，虚头大，一些儿不巧人腾挪，绕院里都踅过。"以上三例中"踅"都是"来回走动"的意思。近代汉语中，"踅"的"转，折转"义和"来回走动"义较为常用，"盘旋"义很少使用。现代汉语普通话中该词已消失，但在长治等地方言中留存了下来，只是仅保留了"来回走动"义，别的意义不再使用。

80. 歇

在上党地区多地方言中，"歇"除去常用的"休息""停止"义外，还保留有"睡觉"义。主要用于"歇晌午"这一短语中，意思是午睡。如："你怎么在这里坐着？不歇晌午吗？"另外，"歇晌午"还引申有名词用法，意思是"中午"。如："大歇晌午的，不睡觉，在外面玩儿，小心中暑。"

"歇"在古代是一个常用词语，含义丰富，具有名词、动词、量词等用法，早在先秦时即已常用。从字形看，是一个形声字，形旁为"欠"，可见其义与出气、呼吸有关，本义为"休息"。《说文·欠部》："歇，息也。"后引申有"停止""睡眠""留宿"等义。古代汉语中，"歇"常用其本义"休息"以及引申义"停止"。"睡眠"义近代汉语才出现，用例并不多见。如《水浒传》第三十九回："黄文炳下楼，自去船中歇了一夜。"《红楼梦》第十四回："贾珍也无心茶饭，因天晚不及进城，就在净室胡乱歇了一夜。"今普通话中该义已消失，但在本地方言中保留了下来，可与近代汉语文献用例互证。

另外，在上党地区方言中还可将"歇"重叠使用，构成叠音词"歇歇"，语音上第二个"歇"读为轻声，意思是"休息"，如"咱们歇歇吧"。与"休息"不同的是，后面一般不出现其他成分。比如可以说"休息一会儿"，但不能说"歇歇一会儿"，即不能像"休息"一样后面出现补语。

"歇歇"一词中古时期即已使用，南宋时的一些反映当时口语的文献，如佛语录《五灯会元》以及话本小说中都有出现。到近代汉语中更是频繁使用。文献中意义单一，只表示"休息"义。如元代《老乞大新释》："日头这般高了，往前又没有甚么店，咱们且投个人家籴些米，自做饭吃。卸下行李，歇息牲口，歇歇去罢。"《西游记》第九十九回："因是我们走快了些儿，教我们在此歇歇哩。"

81. 挺

在上党地区长治、阳城方言中，"挺"除去普通话常用的动词"伸直或凸出（身体或身体的一部分）、勉强支撑"义，形容词"硬而直"义，副词"很、非常"义外，还可以表示普通话没有的动词"睡、躺"义。如："你家那口子呢？""在床上挺着呢。""挺"指"睡、躺"时是个不及物动词，后面不带宾语。另外，"挺"还可用于重叠形式"挺挺"，表示较为短暂的动作，也带有轻松、随意的语气。如："累得不行了，叫我到床上挺挺吧。"

挺，《说文·手部》释为"拔也"。其本义为"拔出"。如《战国策·魏策四·唐雎不辱使命》："唐雎曰：'此庸夫之怒也，非士之怒也。……若士必怒，伏尸二人，流血五步，天下缟素，今日是也。'挺剑而起。"《史记·陈涉世家》："尉剑挺，广起，夺而杀尉。"后引申有"生长、长出""举起""伸直、撑直"等义。因人在躺下睡觉时身体伸直，故引申有"睡、躺"义。"挺"的这一意义出现较迟，在近代汉语文献中才有用例。如元代李文蔚《燕青博鱼》第三折："我铺的这艾叶纹藤席净，掇过这桃花瓣石枕冷，醉魂儿偏喜月波凉，就这搭儿里挺挺。"《水浒传》第二十一回："推开房门看时，只见血泊里挺着尸首。"《金瓶梅词话》第二十六回："咮（音 chuáng，'噇'的异体）了那黄汤，挺他两觉。"第六十一回："我只说先往铺子里睡去，你原来在这里挺的好觉儿。"《醒世姻缘传》第五十七回："那老婆来到跟前，见他挺在地上流沫，搀扶不起，雇了一个花子，拉狗的一般，背在家内。"《红楼梦》第六十回："依我，拿了去照脸摔给他去，趁着这回子撞尸的撞尸去了，挺床的便挺床，吵一出子，大家别心净，也算是报仇。"从以上用例可见，"挺"在近代汉语中是一个及物动词，后面可带宾语，也可不带宾语。但是重叠式用例极少见。可见，今上党地区方言在沿用"挺"的"躺、睡"义的基础上又有发展，一是由原本的及物动词发展为不及物动词，二是重叠形式发展为较普遍的用法。

该词在普通话中少用，《现代汉语词典》也未收录，可见其基本已退出现代汉语常用词系统，但很多地区的方言都在使用。

第三章　上党地区方言历史词汇的分类考释（下篇）

上党地区方言历史词汇下篇主要分析交际，文化教育，动作，位置，性状、情态，代词，副词，量词等各类词语。其中，动作类词语涉及最多，其他类别涉及的词语较少。分述如下。

十六、交际

82. 靦

该词在上党地区襄垣、壶关、武乡、阳城方言中的意思是厚着脸皮，常用于动宾结构"靦着脸"中。如："我可不愿靦着脸去求别人。"

"靦"，《说文·面部》释为"面见也。从面见"，为会意字。段玉裁《说文解字注·面部》认为当为"面见人"，《说文》脱"人"，并依《毛诗正义》将"靦"的解释改为"靦，面见人也"，"面见人，谓但有面相对自觉可憎也"，并举"心部"的"恧"与之比较，"按心部曰：青徐谓惭曰恧。音义皆同。而一从心者，惭在中。一从面者，媿在外"。可见，段氏认为"愧""靦"为异体字，都是惭愧、羞愧之义，只是字形不同，前者字从心，侧重内心的惭愧，后者字从面，侧重外表的惭愧。然结合文献用例分析，"惭愧、羞愧"义实为"靦"的引申义。其本义当如《说文》所释，为"面见"，能看到的人面，即人面之貌，人模人样的外表。该词最早见于上古汉语，先秦文献即有用例。如《诗经·小雅·何人斯》："有靦面目，视人罔极。"句中"视"通"示"，"有"为词头，无义。全句意为："你看上去人模人样，与常人无异，但是行为却没有准则。"《后汉书》卷五十《乐成靖王党传》："苌有靦其面，而放逸其心。"句中"有靦其面"与前举《诗经》中的例子"有靦面目"义同，"靦"都是"人面之貌"义，用其本义。该词在汉以后常用，多作"羞愧、惭愧"义。如《三国志·吴书八·薛综传》："日南郡男女裸体，不以为羞。由此言之，可谓虫豸，有靦面目耳。"此义常用于"靦颜、靦面"中，本指面有惭愧之色，后逐渐用以指不顾脸面、不知羞耻地做事，即厚着脸皮做事。如南朝梁丘迟《与陈伯之书》："将军独靦颜借命，驱驰毡裘之长，宁不哀哉！""靦颜借命"即厚着脸皮求生，相当于今之"苟且偷生"。此义唐宋及近代汉语文献中亦有用例。如《苏轼集》卷七十："靦颜就列，抚己若惊。"明代吴承恩《西游记》第二十七回："那呆子放下钉耙，整整直裰，摆摆摇摇，充作个斯文气象，一直的靦面相迎。"两例中，"靦颜就列"意为厚着脸皮处在这一职位；"靦面相迎"是说厚着脸皮迎了上去。"靦"一词在现代汉语普通话中已经完全消失，但在阳城等地方言中保留了下来，只是单单用于"靦着脸"中，表示厚着脸皮做事，显然这一用法是中古及近代汉语"觍颜""觍面"在今方言中的留存。而"觍"在方言中的意思亦可帮助我们准确地理解和阅读古代文献。

另外，汉语中还有一"觍"字，始见于魏晋时期，为形声字，形旁作"见"，其本义为"羞愧"。《玉篇·见部》："觍，惭貌。"《广韵·铣韵》："觍，面惭。"可证。其文献用例多在近代汉语时期，但不如"觍"常用。如清代蒲松龄《聊斋志异·辛十四娘》："女觍然曰：'还以告知父母。'"《聊斋志异·聂小倩》："小倩，姓聂氏，十八夭殂，葬寺侧，辄被妖物威胁，历役贱务；觍颜向人，实非所乐。"但该词在文献用例中没有用作"厚颜"的明显例证，可视作"觍"的同义词。

83. 败兴

该词在上党地区各地方言中都有使用，常用于形容做了不好的或不理想的事情而丢脸的情况，即"丢人"。如："你考的这点儿分数真是败兴啊！"

"败"，《说文·攴部》释为"毁也"，本义为毁坏、败坏。先秦时期即常用。如《韩非子·难一》："法败则国乱。""法败"即法令衰败，"败"意为毁坏、败坏，用其本义。该义后代沿用。"败兴"中，"败"即"败坏、破坏"义，所以"败兴"本是"破坏兴致"之义。该词始见于中古时期文献中。如宋代刘辰翁《烛影摇红·嘲王槐城独赏无月》："月暗，殊败兴。"意思是说月光太暗，很是破坏了兴致。近代汉语沿用该义。如元代马致远《青衫泪》第一折："白侍郎要住下，着这二位摧逼的慌，好生败兴。"《警世通言》卷三十："方才举得一杯，忽听得驴儿蹄响，车儿轮响，却是女儿的父母上坟回来。三人败兴而返。"以上三例中

"败兴"亦是"破坏兴致"之义，相当于今之"扫兴"。该义在今普通话中还在使用，如："乘兴而来，败兴而返。"

同时，近代汉语又在"破坏兴致"的基础上引申指做了不好的或不理想的事情而丢脸，相当于今之"丢人"。如《西游记》第四十四回："那道士笑道：'你这先生，怎么说这等败兴的话？'行者道：'何为败兴？'道士道：'你要化些斋吃，却不是败兴？'"这段对话的语境是唐僧师徒初到车迟国，不了解这个国家重道轻佛的国情，他自己化身为道士化斋，但事实上在车迟国百姓会主动为道士奉上斋饭，不需化斋，因此遇上的这位道士笑他，故句中三个"败兴"，联系上下文，都是"丢人、丢脸"之义。《醒世姻缘传》第十三回："晁源、珍哥到了这个田地，也觉得十分败兴，仍同差人到了下处。"显然，该句中的"败兴"也是指丢人。这一义在现代汉语普通话中已不使用。

84. 淡话

在上党地区多地方言中，"淡话"意思是"无聊的或者没用的话"。如："你别一天到晚在这里说淡话了，出去外面找个工作挣钱养活孩子才是重要的事。"

该词始见于中古汉语，本义为"平淡的话"。如北宋僧人文莹撰写的笔记体野史《湘山野录》卷中："皇祐中，馆阁以为雅戏，凡或淡话清谈，则曰：宜撒园荽一巡。"宋代陆游《闲中书适》诗之一："客来时淡话，酒后亦高歌。"后近代汉语中引申指"轻巧话"。如《初刻拍案惊奇》卷二十五："兄弟你也是个中人，怎学别人说淡话？情上的事，各人心知，正是性命所关，岂是闲事！"亦指"无聊的话"。如清代曹雪芹《红楼梦》第二十四回：

"（凤姐）随口说了几句淡话，便往贾母屋里去了。"清代吴敬梓《儒林外史》第六回："彼此谈了两句淡话，又吃了一杯茶。"今普通话该词已不用，在上党地区方言中保留了其引申义"无聊的或者没用的话"。

85. 谝

在上党地区阳城、陵川、武乡、长治等地方言中，"谝"是夸耀、夸口的意思。如："这人太能谝了。""听他胡谝。""你就谝吧，看还能谝出朵花来！"

"谝"，在上古汉语中即已出现。《说文·言部》："便，巧言也。……《周书》曰：惟截截善谝言。《论语》曰：友谝佞。""友谝佞"，段玉裁注为"《季氏》篇文，今作便"。今传《论语》本作"便"。《周书》"惟截截善谝言"句，孔安国传"惟察察便巧，善为辨佞之言"可证"谝"即"便"，在上古汉语中意为"巧言"，相当于今之"花言巧语"，即表面上好听而实际上虚伪的话，是名词。近代汉语中"谝"又用作动词，意为"夸耀、夸口"，名词义则由"便"表示。如元代关汉卿《陈母教子》第二折："我劝这世上人，休把这口讹谝过了。"清代蒲松龄《增补幸云曲》第十六回："这奴才不弹琵琶，光谝他的汗巾子，望我夸他。"此义不同于上古的"巧言"，在今民族共同语中亦少用，但在阳城等地方言中保留了下来，可证近古汉语文献中的"谝"是"夸口"义，亦可使人明了"谝"词义的历史变迁。

86. 扯淡

上党地区除襄垣方言外，普遍用"扯淡"指"胡说、胡扯"。如："别听他扯淡。""真是扯淡。"

"扯淡"一词出现于近代汉语，本义是淡化比较浓的东西。如明代沈德符《万历野获编》："今上初年，高新郑被逐家居，患家末疾，忿郁无聊，每书壁及几牌云'精扯淡'三字，日以百数，则华亭、内江、江陵诸郄在胸中，已渐消化矣。"后引申指胡说、胡扯。如《醒世恒言》卷七："他们好似见鬼一般，我好像做梦一般，做梦的醒了，也只扯淡。"《醒世姻缘传》第二回："你没的扯淡，你认得我是谁。"《金瓶梅词话》第十四回："西门庆道：'没的扯淡，这两日好不巡夜的甚紧，怕怎的。'"田汝成《西湖游览志余》："余杭有讳本语而巧为俏语者，如诉人嘲我曰淄牙，胡说曰扯淡。"以上各句中"扯淡"都是胡说、胡扯的意思。该词在今普通话中已消失，现在保存在上党地区方言中。

另外，民间又新造了"扯蛋"一词，意同"扯淡"。现在通常视"扯淡"为普遍写法。

87. 数落

在上党地区屯留、武乡、沁源、陵川方言中，"数落"是"责备"的意思，是该地方言中的一个常用词，普通话中很少使用。如："我妈妈老是数落我不好好学习，真烦！"

"数"，《说文·攴部》释为"计也"，本义是计算。计算时需要把要计算的数目或对象都列举出来，故引申可指"列举"。"落"本义为"花落、叶落"，花、叶落下意味着衰败，故引申指衰败、衰落，衰落后必然影响事物发展，由此也就耽误了进程，故又可表示"耽误、荒废"。对于耽误、荒废时间或影响事情进展的行为，必然会进行指责，故又有"指责"义。因此，"数落"连用，本指列举过失进行指责，也泛指指责。"数落"一词出现于近代汉语。如明代小说《金瓶梅词话》第七十八回："归到屋里，还数落了我一顿，到明日有轿子钱，便教我来，没轿子钱，休叫我上门走。"明末凌濛初《初刻拍案惊奇》卷十五："陈秀才被马氏数落一顿，默默无言。"清代曹雪芹《红楼梦》第六十九回："邢夫人听说，便数落了凤姐儿一阵，又骂贾琏：不知好歹的种子！"以上三例中"数落"都是指责的意思。此外，近代汉语中"数落"还可指不停地述说。如《儿女英雄传》第二十回："（安太太）一面哭着，一面数落道：'我的孩子！你可心疼死大娘子！拿着你这样一个好心人，老天怎么也不可怜可怜你，叫你受这样儿的苦哟！'"但用例相对较少。

今上党地区方言只保留了"指责"义，"不停地述说"义未见使用。

88. 填还

长治、屯留、长子、高平、陵川方言常用"填还"来表示"报答、偿还"。如："养活你们这俩小兔崽子，我受了一辈子，也不知道什么时候能填还完你们俩。"

该词始见于唐五代时期，如《旧唐书》卷十八《武宗纪》："又赴选官人多京债，到任填还，致其贪求，罔不由此。"《敦煌变文集新书》卷六："是时贫道作保，后乃相公身亡，贫道欲拟填还，不幸亦死，轮回数遍，不愚（遇）相逢，已是因缘，保债得债。"两例中均为"报答、偿还"义。至元明时期较为常用。如元代马致远《汉宫秋》第一折："我特来填还你这泪揾湿鲛绡帕，温和你露冷透凌波袜。"《初刻拍案惊奇》卷三十五："你今生今世赖了我这银子，到那生那世上不得要填还我。"明朝《三宝太监

西洋记》第五十九回："是我依律批判，许他取命填还，故此才敢
大胆猖獗。"清代开始该词逐渐被"报答、偿还"等词代替，用
例很少，在今普通话中已消失。但该词还保留在长治等地方言
中，只是词义方面使用范围缩小，只用于某种带有迷信色彩的说
法，表示"既然欠了人家的债，今世没能还，下辈子当牛做马为
债主还债，以抵前世之债"，亦即佛教所言"因果报应"。

89. 厮跟

上党地区除平顺方言外，各地方言都常用"厮跟"一词，意
思是"跟随，结伴同行"。如："放学啦，咱俩厮跟上回吧！""我
不想和他厮跟。"

"厮"，本从广，斯声。广，指挨近山崖建成的房子；其字
中的"厂"，形体即像山石之崖。声旁"斯"也有表义作用。《汉
书》卷六十四上《严助传》"厮舆之卒"，颜师古注："厮，析薪
者。""斯""析"都有"劈开"义。因此，"厮"的本义是古代干
粗活的男性奴隶或仆役，是服杂役的人。后引申泛指无身份或下
贱的人，如小厮、那厮；身份下贱之人是供人役使的，故又转而
有动词"役使"义。后逐渐虚化，宋代出现副词用法，意为"相
互"，用于动词前。如宋代欧阳修《渔家傲·荷叶田田青照水》：
"莲子与人长厮类，无好意，年年苦在中心里。"张相《诗词曲语
辞汇释》："厮，犹相也。欧阳修《渔家傲》词：'莲子与人常厮类，
无好意，年年苦在中心里。'厮类，相类也。……周邦彦《风流子》
词：'天便教人，霎时厮见何妨。'《乐府雅词》厮见作相见。……
按厮字词曲中习见，不备举。"我们从张相的解释中可以了解到：
第一，"厮"与"相"同义，即"厮"的意思是相互；第二，欧

阳修词中的"厮类"是"相类"之义，即相类似；第三，"厮"的"相互"义在宋代以后开始普遍使用。从文献用例看，宋、元及以后的小说、戏曲、杂剧中多见。如金代董解元《西厢记诸宫调》卷二："俺也不是厮虎，孩儿每早早地伏输。"元代宋梅洞《娇红记》第三十二回："我与你两心坚，拼今世，待来生，相厮并。"《三国演义》第十五回："两个弃了枪，揪住厮打，战袍扯得粉碎。"清代文康《儿女英雄传》第三十二回："这等一般热肠人，彼此厮混了许多天，怎生舍得？"以上各句中，"厮虎"是"相互吼吓"的意思；"厮并"是"跟随"的意思；"厮打"是"打架"的意思；"厮混"是"住在一起"的意思。"厮虎""厮并""厮打""厮混"中的"厮"都是副词"相互"义。可以说，副词义的使用在这段时期进入鼎盛阶段。清以后"厮"的副词义逐渐被"相"取代。现代汉语普通话中，"厮"的使用逐渐减少，只在如"长相厮守"等几个早期形成的固定词组和成语中保留着，"厮跟"即是其中之一。

"跟"，形声字，从足，艮声。本义为"足后"。唐宋时引申有动词用法，意思是"追随于后""跟随于后"。宋代及近代汉语中该义常用。

"厮跟"中，"厮"是副词"相互"义，"跟"是动词"跟随"义，因此，所谓"厮跟"意即相互跟随，也就是跟随、结伴同行。该词主要见于近代汉语文献。如《全元曲·救孝子贤母不认尸》第二折："儿呵，咱子母们紧厮跟，索与他打簸箕的寻趁，恨不得播土扬尘。"元末明初施耐庵《水浒传》第十四回："两支船厮跟着在湖泊里。不多时，划到个去处，团团都是水。"清代李绿园《歧路灯》第一百回："表弟中了副车，这新乡绅、旧公子，正好一路儿厮跟。我是个生意人，如何搭配得上。"该词在普通话中已不使用，但至今在上党地区各地方言中仍是一个较常用的方言词语。

在近代汉语中"厮"和"相"同时使用，都有"相互"之义，故"跟随、结伴同行"义也作"相跟"。如《西游记》第十回："孙行者在后面牵了龙马，半云半雾相跟。"该词今普通话也基本不用，但在山西方言中很常见，与"厮跟"相比，"相跟"的使用范围较广，文雅程度较高，因此在山西本地人的普通话中常用。

90. 贻

在上党地区武乡、沁源、阳城方言中，用"贻"表示"赠送、给"等义。如："把那本书贻我。""你不想贻我就算了，我也不稀罕。""我贻你点儿钱赶紧买点儿吃的去。""没将贻你。"读为去声 yì。这一语音是对"贻"古音的保留。《康熙字典》引古代韵书对"贻"的反切注音：《唐韵》：'与之切。'《集韵》《韵会》：'盈之切。'《正韵》：'延知切。'音饴。……又《集韵》《类篇》：'羊吏切。'《正韵》：'以智切。'音异。义同。"可见中古近代汉语"贻"可读为平声与去声两个声调。今方言中保留了去声，普通话沿用了平声。

该词在文献中出现很早，先秦时期即已常用。"贻"为形声字，从贝台声，与财富有关，本义为"赠送、给"。《诗经·邶风·静女》："静女其娈，贻我彤管。彤管有炜，说怿女美。"《诗经·王风·丘中有麻》："丘中有李，彼留之子。彼留之子，贻我佩玖。"《国语·周语·定王论不用全烝之故》："唯是先王之宴礼，欲以贻女。"《庄子·逍遥游》："魏王贻我大瓠之种，我树之成，而实五石。"以上各例中，"贻"都是"赠送、送给"义。先秦时"贻"在本义的基础上反向引申可指"留下"，但相对来说用例不多。如《诗经·周颂·思文》："贻我来牟，帝命率育，无此疆尔界，陈常于时夏。"后中古、近代汉语中"贻"的两个意义均沿用下来。如唐代韩愈《师说》："余嘉其能行古道，作《师说》以贻之。"明代魏学洢《核舟记》："尝贻余核舟一，盖大苏泛赤壁云。"此二例中"贻"均用本义"送给"。《前汉纪·高祖皇帝纪》卷四《王弘传》："彭越壮士徙之蜀，自贻后患，不如遂诛之。"《宋书》卷四十二："愚臣苟忝于下，则为厚诬当时，永贻口实。"此二例中"贻"为引申义"留下"。但自汉至清，从二义的使用频率来看，引申义的使用相对更为频繁。

至现代汉语普通话中，"贻"已不再单用，只是作为语素保留在一些成语、词语中，如"贻人口实""贻笑大方""贻害无穷""贻误"等，不过其中的"贻"都是"留下"义，"贻"的"送给"义已在普通话中消失，但还保留在方言中，可以为文献训诂提供参证。

91. 尖儿

上党地区黎城、壶关、长子、武乡、沁县方言常说"拔尖儿""冒尖儿"等词，意为"最好的、出类拔萃的"。如："这闺女长得真好，是全村拔尖儿的。""他的学习在班上是冒尖儿的。"

近代汉语中常用"尖儿"一词，与上党地区方言的"拔尖儿""冒尖儿"等义相同，方言中的说法当是在近代汉语"尖儿"的基础上化用而来。"尖儿"本是名词，前加动词"拔""冒"构成动宾结构。"拔"有"突出""突起"的意思，如唐代李白《梦游天姥吟留别》：“天姥连天向天横，势拔五岳掩赤城。”再如成语“出类拔萃”。以上两例中“拔”是“突出”义。宋代陆游《过小孤山大孤山》：“然峭拔秀丽皆不可与小孤比。”句中“拔”是“突起”义。所谓“拔尖儿”即“突出或者突起成为最好的”。“冒”有“向外透、往上升”的意思，所谓“冒尖儿”即向外界显示出自己是最好的。故“拔尖儿”“冒尖儿”可以直接表示“最好的，出类拔萃的”。因此，可据以解释古文献。

而“尖儿”中，“尖”是个后起的会意字，汉代文献中开始使用，本义为“物体细小尖锐的末端”，名词。后也用为形容词“末端细小、尖锐”。由物体尖利、尖锐转指声音高而刺耳，如唐代贾岛《客思》：“促织声尖尖似针，更深刺着旅人心。”又引申指听觉、视觉灵敏，如《红楼梦》第六十三回：“偏你这耳朵尖，听得真！”听觉灵敏意味着有超出一般的才能，故“尖”引申又表示“超出一般的”“超出同类的”等义。在近代汉语中使用时常加后缀“儿”，构成名词“尖儿”。如明代小说《金瓶梅词话》第五十八回：“伯爵道：‘哥今日拣的这四个粉头，都是出类拔萃的尖儿了。’”“出类拔萃的尖儿”，意即数一数二的最优秀的人才。清代曹雪芹《红楼梦》第四十六回：“这些女孩子里头，就只你是个尖儿，模样儿，行事做人，温柔可靠，一概是齐全的。”所谓“是个尖儿”，就是说“是最好的”。

十七、文化教育

92. 书房

在上党地区多地方言中，普遍称“学校”为“书房”。如：

"今儿怎么不上书房？""什么时候上书房？"

　　"书房"一词，中古及近代汉语中已使用。有三个意义：其一，朝廷、官府收藏书籍、书画的场所。如唐代元稹《和乐天过秘阁书省旧厅》："闻君西省重徘徊，秘阁书房次第开。"其二，家中读书写字的房间。如宋代洪迈《夷坚志·夷坚乙志·陈如埧》："一妹嫁远乡何屯田之孙，尝往其家……已洒扫书房延待矣。"清代曹雪芹《红楼梦》第四十回："这那里像个小姐的绣房？竟比那上等的书房还好呢！"其三，家塾、学校。清代潘荣陛《帝京岁时纪胜·薰虫》："二日为龙抬头日……小儿辈懒学，是日始进书房，曰占鳌头。"考其词义来源及文献用例，"朝廷、官府收藏书籍、书画的场所"应为"书房"一词的本义，"书"指书籍、书画，"房"指房屋，因此，"书房"即指收藏书籍、书画的地方，从文献用例来看，一般是官府的行为。随着时代的发展，该义在现代汉语无论方言还是普通话中均已消失。后引申可指家中读书写字的房间。此义宋代出现，一直沿用至今，普通话中"书房"即表示这一意义。由家中读书写字之地引申，场所发生转移后，近代汉语中可用以指官方兴办的有计划、有组织、有领导地进行系统教育的机构，即"学校"；也可指私人或家族兴办的，以家庭中的子弟为主要教育对象的教育机构，即"家塾"，也叫"私塾"。家塾通常情况下是由贵族、富商、地主、官僚家庭所办。随着时代发展，今已无私人或家族兴办的私塾，故"书房"的"家塾、私塾"义在现代汉语普通话与方言中均已消失。"官方兴办的教育机构"义在普通话中已被"学校"取代，但在上党地区长治、壶关、沁县、平顺、武乡、晋城、阳城、高平等诸多方言点尚有留存且常用。

93. 洇

上党地区多地方言把液体在纸、布及土壤中向四周散开或渗透的现象叫"洇"。如："这次买的本不好，看洇成什么样了。""这种纸不洇。""地都干成什么了，用水洇洇吧。"

《说文解字·水部》中收有"洇"，解释为"水也。"后代的《玉篇》《广韵》等字书、韵书亦同。此外，在文献中还可表示"淹没、埋没"，用同"湮"。《集韵·谆韵》："湮，《说文》：'没也。'《尔雅》：'落也。'通作洇。"如明代归有光《归先生文集·寄王太守书》："或泥张守节、顾夷之论，止求太湖之三江，用力虽劳，反有支离湮洇之患也。"句中"湮""洇"同义连用。清代毛奇龄《施愚山诗集续》："若千百世后，言远人洇，追而阙其凡也。"其中"洇"即"淹没"义。"洇"的这一意义在现代汉语中已被其他词语取代。由"淹没"义引申可用于"浸润、润泽"。如明代公案小说《包公案》第三十一回："包公再取头看，果然死后砍的，刀痕并无血洇，官吏俱下泪。"《红楼梦》第二回："就是后面一带花园里，树木山石，也都还有葱蔚洇润之气。"清代林则徐所撰杂史《信及录·批新会县林星章禀查保甲二十条由》："康乐和亲安平之书，可以渐洇而化，非独于查禁鸦片一事，大有成效已也。"以上三例中，"洇"均是"浸润"义。但是从文献用例来看，"洇"在古代汉语中出现频率较低，不是一个活跃的词汇。在现代汉语普通话中该词自然而然地消失了，基本不再使用，但在上党地区方言中保留了下来，不过方言中使用语义范围有所缩小，多用于纸、土壤的浸润，很少用于其他。

94. 誊

在上党地区长治、屯留、武乡、阳城等地方言中，用"誊"指"转录、抄写"。如："写得太乱了，你再誊一遍吧。"

"誊"在《说文》中作"謄"。《说文·言部》："謄，迻书也。从言，朕声。"《康熙字典》引诸家之解皆同《说文》："徐曰：谓移写之也。《玉篇》：传也。《正韵》：移书传钞也。"如宋代陆游《嘉定巳巳立秋得膈上疾近寒露乃小愈》："自劚矮牋誊断稿，不嫌墨浅字倾欹。"但是该词在上古、中古文献用例并不多见，到近代汉语用例增多。《元史》卷八十一《选举志》："凡謄录试卷并行移文字，皆用朱书。"同时，或许是出于简单易写的目的，近代汉语中出现了异体字"誊"，并且很快通行起来。如《初刻拍案惊奇》卷十："出场来，将考卷誊写出来，请教了几个先达，几个朋友，无不叹赏。"《醒世姻缘传》第四十六回："丈人姜副使也来看望，问晁梁要誊出的文章看了。"《红楼梦》第三十八回："又有顿饭工夫，十二题已全，各自誊出来，都交与迎春，另拿了一张雪浪笺过来，一并誊录出来。"该词在普通话中已基本不使用，但在上党地区方言中是一个常用词语。

从"謄"到"誊"，文字的构形方式并未发生变化，都是形声字，只是出于简单易写的目的对原本的声旁"朕"进行了简省，从形体上看，声旁不成字了，导致失去了其表音的功能，但是从书写上看则简单便捷。由此可以看出，汉字发展中人们对书写简化的追求程度似要大于汉字构件的功能，为了书写的便捷，可以在一定程度上丢弃汉字构件的某些功能。

95. 告假

在上党地区长治片以及晋城片的高平、阳城方言中，"请假"用"告假"一词来表示。如："我还没有和领导告假呢。"但是该词结合并不紧密，有时中间可以加上一些别的词语。如："我家玲儿生病了，你替她跟老师告个假吧。"句中"告假"中加量词"个"作"告个假"。"等等我，告了假我跟你去。"句中"告假"中加语气词"了"作"告了假"。

从文献用例来看，"告"和"假"连用始于汉代，但是也仅是形式上的连用，语义上尚未联系。如《汉书》卷七十六《王尊传》："春正月，美阳女子告假子不孝，曰：'儿常以我为妻，妒笞我。'"王先谦补注引沈钦韩对"假子"的解释曰："前妻之子也。"可见"假子"是一个词语，"假"和"告"仅是形式上的连用。

"告""假"语义上连用表示"请假"义始于宋代。如宋代王禹偁《求致仕第一表》："近因岁暮，转觉形羸，虽云告假之中，仍列钧台之上。"近代汉语用例增多。如明代洪楩编印的《清平山堂话本·羊角哀死战荆轲》："臣乞告假彼处，迁葬伯桃已毕，却回来事圣上。"施耐庵《水浒传》第八十九回："今日太平无事，兄弟权时告假数日，欲往五台山参礼本师。"清代曹雪芹《红楼梦》第四十三回："他也不告假，就私自去了。"第九十二回："凤姐听见婆婆们先到了，自己不好落后，只得打发平儿先来告假。"民国时期"告假"继续沿用，只是用例相对较少。如郑观应《盛世危言·贩奴》："（被掠卖者）幸而抵埠，即充极苦之工，倦即加以鞭棰，病亦不许告假。"王西彦《一个小人物的愤怒》："他用哆嗦软弱的手，写了一张告假的签呈。"今普通话中习用"请假"，"告假"已不再使用，但在上党地区方言中尚活跃在日常语言中。

"请假"一词在魏晋六朝时期开始使用，中古时期文献中常见；到近代汉语元明时期用例较少，应当是"告假"的应用分担了其用例；清代则用例增多，与"告假"并驾齐驱，清代以后逐渐取代"告假"。

"告假""请假"中，"告""请"均表示请求，二词本是"请求假期"义，后逐渐凝固成词。"告"的本义为"报告、上报"，该动作是自上而下的行为，因行为具有共同的特征，故引申为"请求"。

十八、动作

96. 抟

晋城、长治片多地方言中有"抟"一词，意思是"把东西捏聚成团"。如："把那些碎布条抟在一起扔了吧。"

"抟"在古文献中用例很多，先秦文献即已多次出现。如《礼记·曲礼上》："毋抟饭，毋放饭，毋流歠。"《庄子·逍遥游》："抟扶摇而上者九万里。"中古、近代汉语沿用。南北朝时期范云的《古意赠王中书诗》："抟飞出南皮。"宋代陆游《过小孤山大孤山》："俊鹘抟水禽。"清代蒲松龄《聊斋志异·狮子》："其形状与世所传绣画者迥异，毛黑黄色，长数寸。或投以鸡，先以爪抟而吹之。"然在现代汉语普通话中已经消失。关于其义，古代的训诂专书中也有明确解释。《说文解字·手部》："抟，圆也。"《广雅·释诂三》："抟，著也。"王念孙《广雅疏证》："抟者，聚之著也。"因古人训诂语言的独特性，我们对《说文》及《广雅》的解释无法系联，直至王念孙《疏证》才大概明了其意。但如果结合晋城、长治等地方言词语，即可知"抟"有"把东西捏聚成团"之义。再结合字形及文献用例分析，可以确定此义即其本义。上举诸例中，《礼记》《聊斋志异》明显用其本义。尔后又引申表示按圆形轨迹运行，《庄子》《文选》则用此意，故李善注云："抟，圆也。周飞而上，若扶摇也。"而陆游的"俊鹘抟水禽"句中的"抟"却颇为费解，以致出现了"攫取""玩弄""率领"等不同的解释。其实结合方言用例按照其本义"捏聚成团"理解此句，问题可迎刃而解。"抟"意为"捏聚成团"，也可指人或动物聚在一起，此句按字面意思当指俊鹘和水禽聚在一起，意译即是俊鹘追逐着水禽。因此，结合方言词语的意义，可以帮助我们了解古文献中在现代已消失的词语的意义，扫除阅读障碍。

97. 捉

在上党地区多地方言中，"捉"除去普通话常用的意义外，还可表示"握、持、拿"义。如："你先捉住筷，我给你盛饭。""捉住他的手，不要让他乱动。"

上古、中古汉语中，"捉"指"持""握"，与上党地区方言同，此即其本义。《说文·手部》："捉，搤也，一曰握也。"如《左传·僖公二十八年》："叔武将沐，闻君至，喜，捉发走出。"句中"捉发"即手握头发之义，即整理好头发。又如《世说新语·容止》："魏王雅量非常，然床头捉刀人，此乃英雄也。""捉刀人"即拿刀的人。《新唐书》卷一百《杨恭仁传》："帝见其诗，为摘讽嗟赏。后赐宴，帝曰：'闻公每酣赏，捉笔赋诗，如宿构者，试为朕为之。'""捉笔"即拿起笔。该义在近代汉语中沿用下来。如明末冯梦龙《警世通言》卷三十七："大官人见庄门闭着，不去敲那门，就地上捉一块砖儿，撒放屋上。"今普通话中"捉"的"握、持"义已基本消失，一般不使用，只保存在"捉襟见肘"等源自古代的词语中，多被人忽视，因而在阅读古代文献时难免疑惑。但在上党地区方言中还保留着，因此结合方言用例可以帮助我们了解该词在古代文献中的准确意义。

"捉"一直到唐代才引申出今天常用的"捉拿、擒拿、追捕"义。如唐代杜甫《石壕吏》："暮投石壕村，有吏夜捉人。"该义后代习用，逐渐成为"捉"的常用义。如宋代朱熹《朱子语类》卷三十五："譬如捉贼相似，须是著起气力精神，千方百计去赶捉他。"明末凌濛初《初刻拍案惊奇》卷四："明日，内苑失物，唯收得驮物的马，追问马主，捉举子到内侍省勘问。"清代蒲松龄《聊斋志异·促织》："宰严限追比，旬馀，杖至百，两股间脓血流离，并虫不能行捉矣。"今普通话中这一意义依然是其常用义。

此外，"捉"还引申可以指"捡、拾""控制""戏弄"以及介词"把、将"等义。这些意义在今普通话中也基本不用，本地方言也未留存。

98. 燋

在上党地区长治、屯留、襄垣、黎城、武乡等地方言中，"燋"经常用作烧水、熬汤的意思。如："我想要洗头，你快去燋点水吧。""到晌午了，吃大米，赶紧燋上点汤吧。"

东汉许慎《说文》无"燋"，《火部》收有"褻"字，解释为："炮肉，以微火温肉也。从火衣声。"《集韵·豪韵》："燋，煨也。或作衮。"可见二字为异体，其本义即用文火久煮。除字书外，文献用例较少，主要见于中古时期。《汉书》卷六十六《杨恽传》："烹羊炰羔。"颜师古注曰："炰，毛炙肉也，即今所谓爊也。"宋朝洪迈的《夷坚志·夷坚丙志·李吉鸡》："有卖爊鸡者，向范再拜。"此外，从文献用例可见，"爊"还有把食物埋在灰火中煨熟的意思。如北魏贾思勰《齐民要术》卷八："其鱼，草里泥封，煻灰中爊之。"隋唐五代时期韩愈的诗《陆浑山火和皇甫湜用其韵》："炰炰煨爊孰飞奔。"该义文献中也少用。因为该词主要在方言口语中使用，历代书面语均不常用，因此今普通话未见该词，但在上党地区长治等地方言中其本义保留了下来，只是词义略有变化，引申为"烧水""熬汤"之义。

99. 滗

上党地区多地方言常用"滗"，意思是挡住渣滓或泡着的东西，把液体倒出。如："去把茶壶里的水滗干了。"

该词在中古时期即已出现，三国时魏国张揖的《广雅》中解释为"盠也。一曰去汁也"。"盠"即过滤，与今上党地区方言义同。《集韵》中也有收录，但未解释意义，只注明反切音。但该词在历代文献中很少使用，应该也是主要用于方言口语中。民国小说《明史演义》中用过该词："甄底置长劲空口大银瓶一枚，俟米溶成液，滗出清汁，流入银瓶，取出温服，味如醍醐，因此媵一美名，叫作灵露饮，进供御食。"其中"滗"也用此义。

100. 趿

上党地区屯留、襄垣、黎城、壶关、武乡、晋城等地方言中有"趿拉"一词，意为"把鞋后帮踩在脚后跟下"，如"你不要跶拉着鞋走路"。从词汇构成角度上看，"跶拉"属并列式的合成词，"跶"与"拉"义近。从其字形分析，形声字，据形旁"足"可知其本义当与脚有关。因此其本义即为拖着鞋子。

"跶"出现于中古汉语，唐代文献即有使用。如杜甫《短歌行赠王郎司直》："西得诸侯棹锦水，欲向何门跶珠履？""跶珠履"即拖着缀有明珠的鞋子，正用其本义。句中用借代手法，代指做官。近代汉语文献中该词较为常用。如元代吴西逸《梧叶儿·京城访友》曲："尘土东华梦，簪缨上苑春，跶履谒侯门。"句中"跶履"即为"拖着鞋子"。明代西周生《醒世姻缘传》第四十五回："一骨碌坐起来，也不见他动弹，走下桌来，披了个小袄，跶了鞋，走到床边。""跶了鞋"即"拖着鞋子"。《儿女英雄传》第三十九回："他听得门外有人说话，穿着件破两截布衫儿，跶拉着双皂靴头儿出来。"此"跶拉"与方言中的"跶拉"义同，都指"把鞋后帮踩在脚后跟下"。因此结合方言中"跶"的词义，可以帮助我们准确了解文献中"跶""跶履""跶拉"等词之义。

从文献用例来看，"跶"词义简单，常用"拖着鞋子"这一义，除去充作连绵词的语音成分外，未见使用其他义。

101. 踞

在上党地区黎城、沁县、阳城方言中，"踞"意为蹲下，口语中常在"踞"前加词头"圪"，构成前加式复合词"圪踞"，方言中读为"jiū"。如："站不动了，我圪踞一会儿。"从语音上看，方言"踞"的读音正是其中古音的遗留。现代汉语中，撮口音[y]（如"鱼"）来自中古合口三等韵。有些方言中，部分中古遇摄合口三等字，韵母作[iu]，为撮口音[y]的前身。方言中[iu]韵母应为 16 世纪前古音的部分残存。①

　　《说文解字》无"踞"，《尸部》收"居"，曰："居，蹲也。""踞"为"居"的俗字。之后，"居"由本义引申出"居住"这一常用义，人们就在"居"字形的基础上加"足"，新造"踞"字表"蹲踞"义。从文献用例来看，早在先秦文献中，"蹲踞"义即由"踞"记录，"居"则用于表示由"蹲"引申而来的引申义或假借义。如《左传·襄公二十四年》："使御广车而行，己皆乘乘车。将及楚师，而后从之乘，皆踞转而鼓琴。""踞转而鼓琴"意思是"蹲在车后边横木上弹琴"。《左传·昭公二十五年》："公徒释甲，执冰而踞。遂逐之。"句中"公徒释甲，执冰而踞"意为"昭公的亲兵正脱去皮甲拿着箭筒蹲着"。两句中"踞"都是"蹲"的意思。该义被中古、近代汉语沿用下来。《晋书》卷一《宣帝纪》："军还，权遣使乞降，上表称臣，陈说天命。魏武帝曰：'此儿欲踞吾著炉炭上邪！'"其中，"踞"意为蹲、坐。"踞吾著炉炭上"是说蹲在炉子的炭火之上。形容处境险恶，不堪忍受。唐代道士所编《赤松子章历》卷一："书章，当须匍匐恭敬，不得蹲踞。"句中"踞"与"蹲"同义连用。《太平御览》卷一百五十六："钟山龙盘，石头虎踞。此帝王之宅。""虎踞"，即像虎那样蹲着。《水浒全传》第一百零四回："又有那撤钱的，蹲踞在地上，共有二十余簇人。"该义在现代汉语普通话中已基本不用，只是作为词素保留在词语或短语中。

　　"踞"由本义"蹲"也可转指伸开腿坐，如《庄子·至乐》：

---

① 杜玄图：《论现代汉语方言中的 [iu] 类韵母的历史语音层次——以四川西充方言为例》，《现代语文》2014 年第 9 期。

"庄子妻死，惠子吊之，庄子则方箕踞鼓盆而歌。""箕踞"意为"像簸箕那样坐着"。古人席地而坐，坐时臀部紧挨脚后跟，如果随意伸开两腿，像个簸箕，就叫箕踞，比喻轻慢傲视对方的姿态。再引申有"倚、依靠"以及"占领"义。在文献用例中，"踞"的"占领"义最为常见。到现代汉语普通话中，"伸开腿坐""倚、依靠"义完全消失，"占领"义的沿用情况则与"蹲"义同，仅保留在一些词语与短语中。上党地区方言中保留了"蹲"义，但是在前面出现了前缀"圪"，"踞"的其他义均未见使用。

102. 提溜

在上党地区屯留、壶关、长子、晋城、高平方言中，"提溜"意义较为复杂，常用的有三种：其一为"提着、拎着"；其二为"拖着、低垂"；其三为"悬着、挂着"。如："手里提溜着一条鱼。""提溜"用第一义。"俩公鸡打架，输了那个连尾巴都提溜下来啦。""提溜"用第二义。"墙上提溜的净是辣椒。""提溜"用第三义。

该词见于近代汉语文献，意为"提着、拎着"，与上党地区方言第一义同。如明代小说《醒世姻缘传》第七十回："承恩去不多时，只见提溜着两个笼子，从那里花哨着来了。"清代魏源《筹漕篇下》："（船）今既改小，则不胶不拨，遇闸提溜，通力合作，勒索无由。"未见使用其他义。今上党地区方言中后两义盖由"提着、拎着"义引申而来，无论是"拖着、低垂"还是"悬着、挂着"都突出了该词的词义特点"下垂"。因该词普通话已很少使用，故引申出来的意思只在方言中使用。

考其来源，"提溜"当是近义词连用，逐渐词汇化而来。"提"，《说文·手部》释为"挈也"，本义即悬持，悬空拎着物品，强调下垂。"溜"，有"液体向下流"之义，后引申为"滑行，往下滑"，故侧重"向下"。人提着物品时，物品呈自然下垂状态，有"向下"的含义，故"提""溜"都有"向下"的意义特点，属近义词连用而逐渐凝固成词。

103. 向火

上党地区阳城方言称"烤火"为"向火"。如："外面太冷，就在家里向火吧，别出去了。"有时动词"向"还可以重叠，表示一种轻缓、委婉的语气。如："冻坏了吧？快过来向向火。"

"向"，动词，面朝、面对、靠近的意思；"火"，名词。"向""火"连用，本指"面对着火""靠近火炉、火堆"。如六朝小说《百喻经之六三·伎儿著戏罗刹服共相惊怖喻》："伎人之中有患寒者，著彼戏衣罗刹之服，向火而座。"后逐渐引申指烤火，并成为"向火"的常用义。

"向火"用为"烤火"义，始见于中古汉语。如唐代元微之《拟醉》："九月闲宵初向火，一尊清酒始行杯。"唐代拾得《拾得诗》之二："炉子边向火，镜子里澡浴。"唐代李群玉《与三山人夜话》："酒思弹琴夜，茶芳向火天。兔裘堆膝暖，鸠枝倚床偏。"该义在近代戏曲小说中广泛应用。如元末明初《水浒传》第十回："周围坐着四五个小庄家向火。"明代小说《醒世恒言》第二十九卷："卢楠娘子正同着丫头们，在房中围炉向火，忽闻得外面人声鼎沸，只道是漏了火，急叫丫鬟们观看。"清代小说《七侠五义》第一百零四回："大哥且在那边向火去。四弟不久也就上来了。"该义在今普通话中已消失，但在方言里仍然保存着，因此可以用方言用例反证古文献中"向火"一词之义。不过在古文献中并未出现动词"向"重叠作"向向火"的用例，可见今上党地区方言中"向火"的结合更加松散。

104. 擝

"擝"在长治、屯留、壶关、沁源、阳城方言中常指用拳头打人。如："你不听话的时候，我特别想擝你。"另外，也可表示"手用力压或揉"。也常说"擝面""擝衣服"。"擝面"即和面；"擝衣服"即手洗衣服时揉搓衣物。

"擝"，《说文》未收，至《唐韵》始收，但只有反切注音，《集韵》解释为："俗谓以拳触人曰擝。"清代《康熙字典》亦收该词，并引《集韵》等韵书进行注音、释义。该义正与长治片方言中的"用拳头打人"义相合。但从文献用例来看，只有字书收录，未见语言用例。结合《集韵》的解释，大概该义一直通行于方言口语中。今长治等地方言又在"用拳头打人"义的基础上引申出"手用力压或揉"义。

从宋元时期开始，"擝"在文献中常用作"藏物于怀"之义。如《警世通言》第三十七卷："只见陶铁僧栾了四五十钱，鹰觑鹘望，看布帘里面，约莫没人见，把那见钱怀中便擝。"该义在今普通话及上党方言中均未保留下来。

105. 掂

在上党地区方言中，"掂"一词的使用极为普遍，意思是掂量、拿东西。如："你掂掂袋子，估摸一下米有多重。""掂掂"是"掂量"的意思，即用手提东西上下晃动以估摸其重量。"睡吧，该去掂尿壶了""你把那个东西给我掂过来"，这两句中"掂"就是"拿东西"之义。

该词最早出现于元代，意为以手称物，用手托着上下颤动来估量东西的重量，近代汉语一直沿用下来，如元代王实甫《西厢记》第一本第二折："尽着你说短论长，一任待掂斤拨两。"明代《西游记》第八十四回："又将金箍棒取在手中，掂一掂，幌一幌。"清朝《施公案》第一百六十五回："谢虎接来一看，掂了一掂，约有六两重。"由本义"以手称物"引申又有"拿着"的意思，如清代小说《儿女英雄传》第十回："方才把她眼皮儿一松，刀尖儿朝下一转，手里掂着那把刀，向安公子、张金凤道：'你二人媒都谢了，还和我闹的是什么假惺惺儿呢？'"该词至民国后逐渐消失，其本义及引申义今普通话中已分别被其他同义词取代，但均保留在上党地区方言里。

106. 搁

上党地区各地方言普遍用"搁"表示"放下"的意思。如："你把那个东西搁那儿吧。""不要乱搁，一会儿就找不着了。""把书搁好啊。"

该词最早出现在宋代，本义即是"放下"。如北宋话本《太平广记》卷二百五十六《嘲诮四》："元茂搁笔曰：'请辛先辈言其族望。'"句中"搁"意为放、放置。该义在后代一直沿用，如明朝《三宝太监西洋记》第二章："那里把个官府搁在心上？"又如冯梦龙《东周列国志》第三十四回："重耳勃然变色，搁杯不饮。"清朝《红楼梦》第七十回："原来这一向因凤姐病了，李纨、探春料理家务，不得闲暇；接着过年过节，许多杂事，竟将诗社搁起。"经历了时代的变迁，"搁"的本义在今普通话中已基本不用，但在上党地区方言中保留了下来。

同时，该词在元代文献中引申可以表示"停顿、耽搁"义，如《元代话本选集》："听得说顾金事不久便回，我如今再耽搁他一日，待明日才放他去。"至明清时期仍沿用"耽搁"义，如明朝《练兵实纪·戚继光》中："致将事务耽搁，行伍废败。"清朝小说《二十年目睹之怪现状》第二回："连云岫也同在一处，足足耽搁了四个月。"今普通话与上党地区方言中"搁"均已不单独表示该义，只在"耽搁"一词中，作为语素存在。

107. 敁

在上党地区多地方言中，"敁"的意思是"夹东西"。如："我不太会用筷子，每次吃饭都敁不住菜。"

"敁"，《说文·支部》释为"持去也。从支奇声。去奇切"，可见，其本义为"持箸取物"，即用筷子夹东西。但该义只收录在字书、韵书之中，文献语言中极少使用。今上党地区长治、晋城片方言保留了"敁"的本义。

因用筷子夹东西时筷子是倾斜的，故"敁"引申可指"倾斜不正"。该义文献语言中较为常用，且先秦时期已有用例，可见"敁"一词在汉语中很早即已使用。如《荀子·宥坐》："孔子观于鲁桓公之庙，有敁器焉。""敁器"指倾斜的器皿。中古、近代汉语沿用。唐代杜甫《最能行》："敁帆侧柁入波涛，撇漩捎濆无险阻。""敁帆"即倾斜的船帆。元代吴西逸《柳营曲·赏春》："花艳冶，柳敁斜，粉墙低画楼人困也。"句中"敁""斜"同义连用。

此外，该词还可引申表示"斜靠"，这时与"倚"同义。该义在近代汉语文献语言中习用。如元代徐再思《阳春曲·皇亭晚泊》："玉人敧枕倚云屏，酒未醒，肠断紫箫声。"清代刘鹗《老残游记》第十二回："老残敧在上首，人瑞敧在下首。翠花倒在人瑞怀里，替他烧烟。"

今普通话中，"敧"已完全退出汉语词汇系统；上党地区方言保留了其本义，引申义"倾斜""斜靠"未见使用。

108. 荷

在长治、壶关方言中，"荷"意为"承担、搬动"，读为上声，也引申指一般的"拿、携带"。如："把那本书给我荷过来。"

该词起源很早，先秦时即已出现。本义为"荷花、莲"，故字从"艹"。后假借为"何"，表示"用肩扛或担；背负"。《说文·人部》："何，儋也。"后来"何"借用来表示疑问代词"什么""哪里"等虚词，本义即用"荷"表示。先秦时"荷"常用作此义。如《列子·汤问》："荷担者三夫。"《论语·微子》："以杖荷蓧。"两句中"荷"均是"用肩担"之义。中古、近代汉语沿用。如宋代徐铉《和门下殷侍郎新茶二十韵》："荷杖青林下，携筐旭景前。"清代蒲松龄《聊斋志异·农人》："农人荷锄潜往，力击之，狐惊窜走。"

后由本义引申指"承担""蒙受""仰仗""依靠"等义。该义上古汉语即已使用。如《左传·昭公三年》："礼，其人之急也乎！伯石之汰也，一为礼于晋，犹荷其禄，况以礼终始乎？"东汉时张衡的《东京赋》："荷天下之重任。"中古、近代汉语一直沿用下来。西晋时期陈寿《三国志·魏书十三·钟繇华歆王朗传》：

"觊早亡，膂虽荷功名，位至卿佐，而卒隤身世祸。"宋代魏了翁《念奴娇·广汉士民送别用韩推官韵为谢》："臣罪既盈应九死，全荷君王矜恻。"明代小说《三国演义》第五十七回："书略曰：'瑜以凡才，荷蒙殊遇，委任腹心，统御兵马，敢不竭股肱之力，以图报效。'"以上各句中，"荷"依次是"蒙受""承担""蒙受""仰仗""蒙受"义。

又引申指"拿、持"，该义先秦时也已使用。如《列子·黄帝》："因假粮荷畚之子华之门。"后代一直沿用下来。北宋话本《太平广记》卷二百八十八《妖妄一》："时有某家婢子，年十六七，独行。荷一大黄袱，袱内有锦被。"明代张居正《乞恩守制疏》："外则操戈执锐，宣力于疆场；内则荷橐持筹，预议于帷幄。"蒲松龄《聊斋志异·马介甫》："夫怒，以屠刀孔其股，穿以毛绳，悬梁上，荷肉竟出。"

在今普通话中，"荷"只表示名词"荷花"义，借用来的动词"用肩扛或担"义及由其引申来的意义均已不再使用。但是在今长治片方言中还保留着"荷"借用来的动词义的两个引申义，我们可以利用"荷"在方言中的意义准确理解古代文献。比如上举《聊斋志异》例中的"荷肉"，有的翻译解释为"挑着肉"，显然是按照其借用来的动词本义理解的，但是从上下文来看，并没有表明是把肉装在筐中，用担杖担，那么从肉的客观情况分析，只能是拿着。而方言用例中"荷"的"拿着、携带"义正可作为这一解释的证据。

109. 撼

在上党地区沁源、阳城方言中，"撼"是"拿"的意思，"撼东西"即"拿东西"。如："把笤帚给我撼过来。""你甚也不用撼，直接去吧。""撼上筷。"

"撼"，《说文·手部》作"搣"，解释为"摇也。从手咸声。胡感切。"徐铉在其下作注释曰："臣铉等曰：今别作撼。"可见，当时已有"撼"字。《广雅·释诂一》："撼，动也。"王念孙《广雅疏证》："《说文》：'搣，摇也。'搣与撼同。"后"撼"行"搣"废。从语音上看，宋代徐铉为"撼"加的反切注音为"胡感切"，可见中古时期该词是一个上声字，与阳城方言读音相同。"撼"的本义即为"摇动""动摇"，中古、近代汉语常用。如司马相如的《长门赋》："挤玉户以撼金铺兮，声噌吰而似钟音。"李善注引《说文》曰："撼，摇也。"《通典》卷二十五《职官七》："上曰：'撼大木不动者，当退。'"唐代韩愈《调张籍》诗："蚍蜉撼大树，可笑不自量。"《宋史》卷三百六十五《岳飞传》："撼山易，撼岳家军难。"明代冯梦龙《醒世恒言》第二十二卷："众人听得，发一声喊，好似一风撼折千竿竹，百万军中半夜潮。"后来由动作转指心理，引申出"怂恿、打动"义。如《宋史》卷三百四十八《徐绩传》："蔡京自钱塘召还，过宋见绩，微言撼之曰：'元功遭遇在伯通右，伯通既相笑。'"但该义文献中使用较少。"撼"的"摇动、动摇"义以及"怂恿、打动"义在上党地区方言中均不见使用。

"撼"除去引申出"怂恿、打动"义外，宋代又引申出表示一般的动作"拿"，因为"拿"的结果也是使物品发生移动，与"摇"的结果相同。如《太平广记》卷二百一十五《算术》："而即自起量树，去地七尺，围之。取围径之数布算。良久曰：'若干叶。'众不能覆。命撼去二十二叶，复使算。曰：'已少向者二十一叶矣。'"该义文献中也少用，但却保留了下来，在上党地区沁源、阳城方言中是一个常用词语，我们可以据此确定上举文献用例中的"撼"意为"拿"。

110. 敤

上党地区长治、壶关、晋城、阳城方言中保留有"敤"一词，按《唐韵》《广韵》及《集韵》，读音为"苦果切"，上党地区方音读［kuō］，正与古音相同，意思是"打、击"。如："不听话小心我敤你！""拿棍子把枣敤下来。"

"敤"，最早出现于《广雅》中。《广雅·释诂》："敤，椎也。"王念孙《广雅疏证》："椎，击也。""敤"为会意字，其字形从果从攴，"果"为果实，"攴"，古文字字形像手拿着棍子，故为"击打，敲打"义，因此，"敤"的本义应为"击打果实"，后引申为"击打"。这两个意义均可用长治等地方言用例得以证明。如前文所举例子"拿棍子把枣敤下来"，"敤"用本义"击打果实"。"不听话小心我敤你"，"敤"用引申义"击打"。

表示"击打"义的"敤"只在字书、韵书中收录，文献中未见使用。文献中"敤"只与"首"连用作"敤首"，是一个专有名词。据文献考证，敤首是中国历史上记载最早的以画入史的画家，是中国画祖，故又称画嫘，是舜帝同父异母的妹妹，又名嫘。

111. 挡

"挡"在上党地区长治、襄垣、黎城、晋城、阳城方言中有两个意义：一是"搀扶、扶"，一是"掀起（重物）、推"。如：

"把你爸爸挡起来。""快挡住他，别摔倒了。""快过来，大家一起使劲儿把这块石头挡起来。""你挡我做甚？"四例中，"挡"分别表示"扶""搀扶""掀起（重物）""推"之义。

"挡"最早见于中古汉语文献，常用作"弹拨（乐器）""束紧"等义。如《新唐书》卷二十一《礼乐志十一》："五弦，如琵琶而小，北国所出，旧以木拨弹，乐工裴神符初以手弹……后人习为挡琵琶。"唐代陆龟蒙《新夏东郊闲泛有怀袭美》："经略劾时冠暂亚，佩笒箸后带频挡。"二例中前者为"弹拨（乐器）"义，后者为"束紧"义。至近代汉语，"挡"在原义的基础上又出现了"搀扶、扶"之义。如《金瓶梅词话》第二十一回："这个李大姐，只相个瞎子，行动一磨趄子就倒了。我挡你去，倒把我一只脚蹀在雪里。"明代朱鼎臣《唐三藏西游释厄传》卷十："三人登途，行将半月，有一高山，山上有朵红云，结聚一团火气。行者一见，忙挡师父下马。"明代兰陵笑笑生《金瓶梅词话》第七十九回："西门庆教玉笒挡扶他起来坐的，留他三人在房内，放桌儿吃酒。"《锦江禅灯》："吾从成褫来，劈开个门户。挡又挡不起，扶又扶不住。"以上四例中"挡"都是"搀扶、扶"义，该义与中古已出现的"弹拨（乐器）"义成为近代汉语中"挡"的常用义。"束紧"义相对较为少见。

今现代汉语普通话中该词已经消失，《现代汉语词典》中收有"挡"，分立两个条目，一是"弹奏（乐器）"，前标〈书〉；二是"从下面向上用力扶起（人）或掀起（重物）"，前标〈方〉。可见，《现代汉语词典》将"挡"当作古语词或方言词处理，也可说明该词在普通话中已不使用。

112. 掇

上党地区晋城片方言及长治片多地方言中常用动词"掇"，意思是"用双手拿、搬取、端"。如："把那盆水掇过来。""我掇个凳子。"

"掇"一词先秦时期即已使用。其字形旁为"扌"，《说文·手部》释为"拾取也"，本义为"拾取"。《周易·讼卦》："不克讼，归逋窜也。自下讼上，患至掇也。"其中，"患至掇也"义即灾祸便会自己找来，显然"掇"意思是"拾取"。《诗经·周南·芣苢》："采采芣苢，薄言掇之。""掇"也是"拾取、摘取"义。该义后代一直沿用，直至清代。如清代蒲松龄《聊斋志异·促织》："成益惊喜，掇置笼中。"清以后逐渐消失。今上党地区方言中有一词语"拾掇"，即由"拾"与"掇"同义连用凝固而成，近代汉语文献亦作"掇拾"，意为整理、收拾。

由本义"拾取"引申为"选取"。如《汉书》卷四十八《贾谊传》："凡所著述五十八篇，掇其切于世事者著于传云。"宋沈括《梦溪笔谈·采草药》："但二月草已芽，八月苗未枯，采掇者易辨识耳。"该义在近代汉语中被沿用，但在今普通话与本地方言中均已消失。

又由"拾取"引申可指"用双手拿、搬取、端"。该义近代汉语常用，保留在今上党地区方言中。如《元代话本选集·陈御史巧勘金钗钿》："公子掇一把交椅，朝上放下：'请岳母大人上坐，待小婿鲁某拜见。'"《水浒传》第三回："且向店里掇条凳子，坐了两个时辰。"清代小说《木兰奇女传》第六回："店家排上茶来，掇出果盒，七八样糕饼茶食。"

此外，"掇"还引申有"得到""考取""掉转""哄骗"等义。总之，在古代文献中"掇"是一个意义较为广泛、较为常用的词语。今普通话中该词已消失，但在方言中较为常用。可以单独成词，如在上党地区方言中用作动词，为"用双手拿、搬取、端"义；也可作为语素和别的语素组合成词，如"揎掇""拾掇"等。

113. 揎掇

上党地区长治、武乡片方言留存"揎掇"一词，也作"揎断、揎顿"。共两个义项：一是帮忙办事或者拿东西，如"他家办喜事忙不开，左邻右舍都来揎掇""大伙儿七手八脚地把箱子揎掇到汽车上"。二是怂恿，如"他不大精明，你们不要瞎揎掇""揎掇了几回，他总是磨蹭着不走"。

该词始见于宋代文献，本义为"怂恿"。如宋代黎靖德《朱子语类》卷三十五："圣人做出这一件物事来，使学者闻之，自然欢喜，情愿上这一条路去，四方八面揎掇他去这路上行。"《朱子语类》卷一百二十五："子房为韩报秦，揎掇高祖入关。"该义近代汉语依然常用。如元代石德玉《秋胡戏妻》第三折："他那里口口声声，揎掇先生，不如归去。"明代吴承恩《西游记》第三十回："他怪我揎掇师父念紧箍儿咒。"清代曹雪芹《红楼梦》第二十二回："刚才我忘了，为什么不当着老爷揎掇着叫你作诗谜儿？"从文献用例来看，其本义也是该词最常用的意义。今普通话已不用，上党地区方言还保留该义，且较多用。

由本义"怂恿"后来引申出"催促"义，如金代董解元《西厢记诸宫调》卷二："遂唤几个小偻儸，传令教揎掇，隔着山门厉声叫：'满寺里僧人听呵……得莺莺后便退干戈，不得后目前生祸。'"明代小说《金瓶梅词话》第十六回："你这边房子七八也待盖了，撺掇匠人，早些装修、油漆停当。"该义近代汉语较少使用，后逐渐消失。今普通话与上党地区方言均未使用。

由本义"怂恿"引申又有"帮忙做事、张罗、安排"等义。如宋代无名氏《张协状元》戏文第四十七出："好姻缘，来辐凑，把你撺掇嫁一个好儿夫，那更效绸缪。"其中"撺掇"相当于今之"安排"。元代高明《琵琶记·牛相奉旨招婿》："你不知近日来宅院中小娘子要嫁得紧了，媒婆与他撺掇出门去，临行做对鞋谢媒婆。"此"撺掇"相当于今之"张罗"。《醒世姻缘传》第十九回："一时庄家忙动，仗赖你娘子又好在厨房撺掇。"《水浒传》第二十六回："王婆和那妇人谢道：'难得何九叔撺掇，回家一发相谢。'"此二句中的"撺掇"即为"帮忙"义。其中"帮忙做事"义保留在今上党地区方言中，其他义项在普通话与本地方言中均已消失。

总之，"撺掇"在现代汉语普通话中已经消失，其所承担的各义项也已被别的词语取代，但还作为方言词存在。

114. 拾掇

在上党地区陵川、壶关、晋城、阳城等地方言中，"拾掇"的意思是"整理、收拾"。如："床上这么乱，赶紧拾掇拾掇，一会儿有人来。"

如前所述，该词由"拾""掇"两个单音词同义连用词汇化而成。二词连用，始于魏晋南北朝时期，最初即表示其共同义项，即"拾取、收取、收罗"。如晋代葛洪《抱朴子·审举》："而有党有力者，纷然鳞萃，人乏官旷，致者又美，亦安得不拾掇而用之乎！"南朝梁刘勰《文心雕龙·事类》："然学问肤浅，所见不博，专拾掇崔杜小文，所作不可悉难，难便不知所出，斯则寡闻之病也。"唐宋时期沿用该义。如唐代陆龟蒙《杞菊赋》序："前后皆树以杞菊……及夏五月，枝叶老硬，气味苦涩，且暮犹责儿童辈拾掇不已。"宋代王令的《原蝗》诗："寒禽冬饥啄地食，拾掇谷种无余遗。"该义近代汉语少用，后逐渐消失。

后引申指"整理、收拾"。此义近代汉语常用。如明代小说《醒世姻缘传》第八回："俺如今到家拾掇座屋，接小女家去。"清代金松岑、曾朴《孽海花》第十九回："夫人，你可领着彩云，把行李赶紧拾掇起来，我们后日准走。"直至民国时期该义也还在使用，后逐渐在普通话中消失，保留在本地方言中。

"拾掇"在经历词汇化的过程中，因原本的两个单音词是同义组合，故结构形式并不固定，也可作"掇拾"。如北魏时期郦道元《水经注·滱水》："至若娈婉㚥童及弱年崽子，或单舟采菱，或叠舸折芰，长歌阳春，爱深绿水，掇拾者不言疲，谣咏者自流响。"句中"掇拾"表示"拾取"义。但在后来的词汇发展过程中，二词并没有出现淘汰现象，而是朝着两个不同的方向引申，成为两个词语，而且在近代汉语中呈现出不同的语义。"掇拾"一词的"拾取"义，一直到清代仍在使用。如清代俞樾《春在堂随笔》卷六："然其旧瘗之处，全家骸骨容或掇拾未尽。"而"拾掇"在近代汉语中则很少表示"拾取"义。唐宋时期"掇拾"又引申表示"搜集"义，如《新唐书》卷一百零二《令狐德棻传》："近代无正史，梁、陈、齐文籍犹可据，至周、隋事多脱捐。今耳目尚相及，史有所冯；一易世，事皆泪暗，无所掇拾。"宋代朱胜非《秀水闲居录》："或本书久失，后人掇拾为之耳。"该义近代汉语沿用。如明代王鏊《震泽长语·经传》："是时诸儒掇拾补葺，专门名家，各守其师之说。"民国时期尚有用例，如民国蔡东藩的小说《南北史演义》第八十八回："隋主取阅全书，内容多系采集歌谣，旁及谶纬，并且掇拾佛书，意为注释。"之后"掇拾"一词逐渐消失。

综上，近代汉语中，"掇拾"常用"拾取""搜集"二义，而"拾掇"表示"整理、收拾"义。今普通话二词均已基本不用，而在上党地区方言中保留有"拾掇"一词的"整理、收拾"义。

115. 打并

该词在上党地区长治、武乡片多地方言中表示"整理、收拾"之义，也写作"打併""打屏"。如："把这些穿不着的衣服打并在一起吧。"

该词早在宋代文献中即有使用，其本义即为"整理、收拾"。如宋代语录《朱子语类》卷十："有一士人，以犯法被黥，在都中，因计会在梁师成手里直书院，与之打并书册甚整齐。"宋代杨万里《晓起探梅》诗："打併人间名利心，万山佳处一溪深。"宋代孔平仲《孔氏谈苑·吕许公知许州》："是日，张公打屏阁子内物色过半矣。"后一直沿用至近代汉语。如元代宫天挺《七里滩》第四折："为君的紧打并吞伏四海，为臣的紧铺劳日转千阶。"《水浒传》第六十五回："那人钻入舱里来，被艄公一手揪住，一刀落时，砍的伶仃，推下水去。艄公打併了船中血迹，自摇船去了。"清代曹寅《蝶恋花·纳凉西轩追和迦陵》词："打併新凉成一味，散花还待诸天戏。"由本义引申指"凑集"。如明代冯梦龙《古今小说·汪信之一死救全家》："汪世雄苦苦相留了几遍，到后来毕竟留不住了，一时手中又值空乏，打并得五十两银子分送与二人。"今上党地区方言保留了其本义。

从文献用例来看，宋代时"打并"的语法结构即为施事＋"打＋并（动词）"＋受事（名词），因此与前文"打发"同，"打并"中的"打"也属于"打"词义发展的第四阶段：施事＋"打＋动词性成分"＋受事。在这一阶段中，"打并"词汇化，"打"的意义虚化，成为词缀。

116. 待见

在上党地区长治、壶关、陵川等地方言中，"待见"意思是"喜欢、喜爱"。如："这孩子招人待见。"

"待""见"先秦时即已连用，本是短语，其意为"待""见"各自本来意思的连用，即等待召见、等待接见、等到看见。如《墨子·备城门》："守堂下为大楼，高临城，堂下周散道；中应客，客待见。"句中"待见"即等待接见之义。"待见"用作短语一直延续到清代。如《聊斋志异·小谢》："待见其人，便相交付耳。"句中"待见其人"意思是等看见那人。该短语在今普通话与本地方言中均已消失。

因"待""见"经常连用，在近代汉语中逐渐完成词汇化过程，凝固成为一个整体。从其本义看，作为短语时的语义带有人际交往方面的含义，而人际交往中双方都应具有起码的尊重意识，进而需要很好地招待对方或是给好脸色看，即要表现出对对方的喜爱，因此"待见"凝固成词后的意思是"喜爱、喜欢"。

如元代关汉卿《鲁斋郎》第一折："小官鲁斋郎，自从许州拐了李四的浑家，起初时性命也似爱他，如今两个眼里不待见他。"清代曹雪芹《红楼梦》第二十一回："难道图你受用一回，叫他知道了，又不待见我。"但整体来看，文献用例并不多。今普通话中该词已基本不用，但在本地方言中保留了下来，且是一个常用词语。

117. 搦

"搦"在阳城、晋城、陵川、高平、长治等地方言中表示"拿或握在手中"。如："搦紧布袋口，我用绳子捆住。""搦好笔。"该词在普通话中已消失，在《现代汉语词典》中收录，但标有〈书〉，可见该词尽管收入《现代汉语词典》，但并不是现代汉语词汇，而是作为文言词语收入的。

该词文献用例始见于汉代。《说文·手部》："搦，按也。"本义为用力按压。西汉《史记·扁鹊仓公列传》："乃割皮解肌，诀脉结筋，搦髓脑，揲荒爪幕，湔浣肠胃，漱涤五藏，练精易形。"全句意为：然后割开皮肤剖开肌肉，疏通经脉，结扎筋腱，按治脑髓，触动膏肓，疏理横隔膜，清洗肠胃，洗涤五脏，修炼精气，改变神情气色。显然"搦"用其本义。该义中古汉语沿用，但用例较少，后逐渐被别的词语取代。

用力按压需要用手接触按压对象，这一特征与拿东西相同，因此引申指"拿或握在手中"。该义魏晋时期出现，后代一直沿用，成为"搦"的常用义。如晋代郭璞《江南赋》："舟子于是搦棹。""搦棹"即操桨。北宋《太平广记》卷五十五《神仙五十五》："即付少霞，凝神搦管，顷刻而毕，因览读之，已记于心矣。"明代冯梦龙《警世通言》第三十七卷："苗忠入这林子内去，方才走得十余步，则见一个大汉浑身血污，手里搦着一条朴刀，在林子里等他，便是那吃他坏了性命底孝义尹宗在这里相遇。"清代文康《儿女英雄传》第三十四回："说着，把那鼻烟儿磕了一手心，用两个指头搦着，抹了两鼻翅儿。"

此外，近代汉语中"搦"还引申有"挑斗、惹"之义。如元代杂剧郑光祖《虎牢关三战吕布》第一折："又下将战书来，搦俺十八路诸侯相持。""搦"即"挑斗"义。近代汉语白话小说中"搦"常与"战"连用，意思是挑战。如清代小说《杨家将》："次日平明，于城下扬威耀武搦战。"

古代汉语中"搦"的三个意义只有引申义"拿或握在手中"保留在上党地区方言中，本义与另一引申义未留存下来。

118. 擩

在上党地区屯留、襄垣、壶关、武乡、高平等地方言中，"擩"表示插、塞、伸的动作，常说"擩进去、擩拳头"等。如："他擩给我一百元钱。""钱包不知擩到哪去了。""把手擩进裤兜。"

上古汉语中"擩"常用作祭名，如"擩祭"。"擩"通"濡"，意为"沾染"。与上党地区方言中的"擩"不同。魏晋南北朝时期"擩"用作"抓取"义，如《隋书》卷八十二《真腊传》："欲食之时，先取杂肉羹与饼相和，手擩而食。"同是手部动作，故引申可有"按压"义。司马相如《子虚赋》："切生肉，擩车轮，盐而食之也。"李善《文选注》曰："擩，揾也。"《集韵·脂韵》也解释"擩"为"揾也"。可见唐宋时期"擩"用作动词"按压"的意思，但文献用例并不多见。

今该词在现代汉语普通话中已完全消失。上党地区方言"攌"的意义当是在"按压"义的基础上引申而来。由本义"抓取"引申"按压"，再引申"插、塞、伸"等义，其脉络一直循着"手部动作"这一特征。

119. 挼

长治、屯留、襄垣、壶关、武乡、高平、陵川方言用"挼"表示"把东西弄得不平整"。如："你把这本书放好，不要挼坏了。"

该词收在《说文解字》中。《说文·手部》："推也。从手委声，一曰两手相切摩也。"可见，其本义为"两手相切摩"，即"搓、揉，把东西弄得不平整"。如唐代李延寿《南史》卷二十二《王志传》："志叹曰：'冠虽弊，可加足乎？'因取庭中树叶挼服之，伪闷不署名。"句中"挼"正是"两手相切摩"的意思，即用手将树叶搓细。古代汉语中"挼"有一异体字作"挱"，从文献用例来看"挼"使用较少，"挱"则多用。从汉代一直到清代均有用例，且都用作"揉搓"义。如唐代韩愈《读东方朔杂事》："瞻相北斗柄，两手自相挱。"《聊斋志异·宦娘》："温以其评褒，夺而挱莎之。"

从上举用例可以看出，古文献中该词词义重点始终是"揉搓"这一动作，但在今上党地区方言中侧重指揉搓后的结果"把东西弄得不平整"，因此从词义变化上看，该词词义的重心出现了偏移。其在现代汉语普通话中则完全消失。

120. 苦

在上党地区屯留、襄垣、壶关、长子、阳城方言中，"苦"是指用席、布等遮盖东西。如："要下雨了，快把麦子苫住些。""用那个油布给苫严了，看给风刮走了。"

该词最早见于春秋战国时期。本是名词，意思是"用茅草编成的覆盖物"。《说文·艹部》："苫，盖也。从艹，占声。""盖"是名词，指覆盖物。《战国策·赵策一·知伯帅赵韩魏而伐范中行氏》："臣闻董子之治晋阳也，公宫之垣，皆以狄蒿苫楚廧之，其高至丈余，君发而用之。"鲍彪注："苫，盖也。"句中"狄蒿苫楚"连用，都是指茅草编成的覆盖物。《左传·昭公二十七年》："或取一编菅焉，或取一秉秆焉，国人投之，遂弗爇也。"晋代杜预注："编菅，苫也。"孔颖达疏："李巡曰：'编菅以覆屋曰苫。'郭璞曰：'白茅，苫也。是编菅为苫也。'""苫"也指茅草编成的草垫子。《礼记·丧大记》："父母之丧，居倚庐、不涂，寝苫枕块，非丧事不言。""寝苫枕块"意思是睡在草垫子上，头枕着土块。"苫"的名词义一直沿用下来。随着时代的发展，建筑材料的改进，现代社会已经不用茅草做屋顶，普通话中作为名词的"苫"基本已不用，但还作为语素保留在词语中，如"草苫子"。《现代汉语词典》也收录了这一义。

宋代"苫"由名词引申出动词用法，表示"用茅草覆盖"。如宋代陆游《幽居岁暮》："刈茅苫鹿屋，插棘护鸡栖。"清代蒲松龄《聊斋志异·狼三则》："顾野有麦场，场主积薪其中，苫蔽成丘。"两句中的"苫"都是动词，都是用茅草之类的东西遮盖的意思。这一义项在上党地区方言中保留了下来，但也发生了一些改变，主要指用席、布等遮盖，重在遮盖的动作，随着时代的发展，遮盖的材料也不再是茅草，而扩大为现代社会可以使用的一切遮盖物。

121. 熥

"熥"，在现代汉语普通话中不用，但在上党地区长治片方言中使用较多，意为把凉了的熟食再蒸热，经常用于指饭凉了或不是很热再把它加热的情况。如："桌子上的饭凉了，你把它熥一熥再吃。"

该词在宋代的一部韵书《集韵》中有收录，《集韵·东韵》记载为"熥，以火暖物也"。但在文献语言用例中未见使用，大概一直属于方言口语。今现代汉语普通话也不用，只在方言中出现，其义与《集韵》的解释正相合。

122. 衍

在上党地区长治、壶关、长子、沁源方言中，"衍"可以指"水或其他液体从锅里或其他容器中溢出"。如："快掀开锅盖，汤要衍出来了。""饭盒不要盛太满，满了容易衍出来。"

《集韵·线韵》："衍，延面切，水溢也。又以浅切。""以浅切"为以母仙韵开口三等上声，该词在长治等地方言中读为 yǎn 音，其声、韵、调分别与以母仙韵开口三等、上声相应；词义方面，"衍"是"水溢"之义，长治等地方言中"衍"也指"水或其他液体溢出"，正与之相合。综合上述音义情况，长治等地方言中读为 yǎn 音之词正与"衍"相应。

"衍"，从水从行，会意字。《说文·水部》："衍，水朝宗于海貌也。"其中，"朝"是"朝见"义，"宗"为"尊"义。所谓"朝宗于海"，即"百川归海"之义。江河流向大海，好像臣子朝见天子一样，故言"朝宗于海"。由此可以引申为"延展""漫

延"。如《尚书大传·虞夏传》："至今衍于四海。"《后汉书》卷七
《孝桓帝纪》："流衍四方。"由"漫延"又引申为"兴盛繁多"。如
杜笃《论都赋》："国富人衍。"也就是说：国家富强，人丁兴旺。
液体多了就会满溢出来，因此引申可以表示"溢出"。由"漫延"
又引申为"平坦"。如张衡《西京赋》："广衍沃野。"其意为：广
阔而平坦的肥沃土地。"衍沃"则是指土地平坦而肥沃。如《左
传·襄公二十五年》："井衍沃。"这是说：把平坦肥沃的土地划为
井田。"衍沃"后世多作"沃衍"。此外，"衍"还有形容词以及
名词用法，兹不赘述。

　　"衍"用来指"溢出"义早在先秦时已出现用例。如《周
易·需卦·象传》："《象》曰：'需于沙，衍在中也。'"三国吴虞
翻注曰："衍，流也。"沙滩本为干旱之地，偶尔有地下水溢出形
成水流，此处的"衍"就是溢出的流水。《诗经·大雅·板》："昊
天曰明，及尔出王。昊天曰旦，及尔游衍。"毛传云："衍，溢
也。"郑玄笺："昊天在上，人仰之皆谓之明，常与女出入往来，
游溢相从，视女所行善恶，可不慎乎？"可见，毛传与郑玄均
释"衍"为"溢"。该义后代沿用。如司马相如《上林赋》："东
注太湖，衍溢陂池。"句中"衍"与"溢"同义连用。扬雄《太
玄·法》："井无干，水直衍。"王涯注："井而无干则水衍溢也。"
宋代苏辙《栾城集》卷三十三："故道已堙，而岁有衍溢之虞；北
流既驶，而方患堤防之缺。"但用例并不多见，应当很早就作为
方言词使用了。现代汉语普通话中"衍"多用于书面语，没有方
言中"水或其他液体溢出"的相关用法。

123. 绾

在上党地区多地方言中，"绾"保留有两个义项：其一，把长条形的东西盘绕起来打成结。如："你怎么把鞋带绾了个死疙瘩，解也解不开。"其二，卷起。如："洗衣服的时候记得把袖子绾起来。"

"绾"一词早在汉代文献中即有用例。其本义为系挂、佩戴。如《汉书·周勃传》："绛侯绾皇帝玺，将兵于北军，不以此时反，今居一小县，顾欲反邪！"颜师古注："绾谓引结其组。"所谓"引结其组"即"系挂"义。《广韵·清韵》也收此义："绾，系也。"该义一直沿用至近代汉语。如《水浒传》第十三回："两个各领了遮箭防牌，绾在臂上。"该义在现代汉语中已消失。

唐时由本义引申用来表示将头发等条状物系结起来或盘打成结。如李贺的《大堤曲》："青云教绾头上髻，明月与作耳边珰。"此义近代汉语沿用，且用例很多。如《儒林外史》第三回："范进一面自绾了头发，一面向郎中借了一盆水洗洗脸。"《喻世明言》第三十卷："喜孜孜枝生连理，美甘甘带绾同心。"《醒世恒言》第二十三卷："常绾青丝，好像乌云中赤龙出现；今藏翠袖，宛然九天降丹诏前来。"该义在长治方言中保留了下来。

"绾"用来表示"卷"也出现于唐朝。如唐代刘知几《史通·忤时》："士有附丽之者，起家而绾朱紫。"其中"朱紫"指古代官员的衣服。"绾"即"卷"义。该义在宋以后很少使用，而在上党地区方言中保留了下来。

124. 㧪

上党地区长治、屯留方言词汇中有"㧪"，如"㧪饭""㧪面"。意即"吃饭""吃面"。

该词出现得很早。上古时期文献中即有用例，意为"吃、咬"。如《周易·履卦》："履虎尾，不咥人，亨。"后代沿用，但意思单一，未出现其他引申义，只表示本义"吃、咬"。如《金史》卷十六《宣宗本纪》："开封县境有虎咥人，诏亲军百人射杀之，赏射获者银二十两，而以内府药赐伤者。"《聊斋志异·赵城虎》："无何，一虎自外来，隶错愕，恐被咥噬，虎入，殊不他顾，蹲立门中。"后逐渐消失，今普通话中不再使用，《现代汉语词典》也未收录。

125. 擤

"擤"在上党地区多地方言中的意思是捏住鼻子，用气排出鼻涕。该词只用于"擤鼻涕"这一结构。如："把鼻涕擤了。"

"擤"是个会意字，从手从鼻，意即用手捏住鼻子擤鼻涕。《康熙字典》："《篇海》：'呼梗切，亨上声。手捻鼻脓曰擤。'焦竑《俗用杂字》：'音省，义同。'""擤"始见于宋代，在近代汉语文献中很常见。如宋代安徽诗人华岳的《满江红·帘拍风颠》："罗带只贪珠泪擤，金钗不整乌云侧。"明代张岱《陶庵梦忆》卷五《姚简叔画》："宫人蹲盆侧，一手掖儿，一手为儿擤鼻涕。"清代小说《儿女英雄传》第十二回："旁边丫鬟忙着倒上茶来，吃了一口，又递过手纸去擤鼻涕。"《官场现形记》第二十一回："刘大侉子擦了一擦眼泪，又擤了一把鼻涕。"可见古文献中"擤"的意义与用法和上党地区方言完全相同，与《篇海》中的解释也相合，可以互相印证。

126. 亚

在长治片方言中，"亚"除去普通话常用义外，还可表示"弯下腰"，相当于"弯、俯"。如："那本书找不到了，可能掉床底下了，你亚下腰找一找。"

"亚"早在商代甲骨文中即已出现，字形作"✛"，象形。本义不明，有人认为像花边形，但未见文献用例。小篆字形作"亞"，《说文·亚部》解释此字为"丑也。象人局背之形。贾侍中说：以为次弟也"。从《说文》所释可知许慎认为"亚"像人驼背形，本义是"丑"，并引用贾逵之说指出可以借用来表示次第。结合文献用例分析，许慎之说为确。段玉裁《说文解字注》亦云："此亚之本义。亚与恶音义皆同……衣驾切。"可见段玉裁赞同许慎对"亚"的本义的分析。马王堆汉墓帛书《十六经》中曾用此义："夫地有山有泽，有黑有白，有美有亚。"但是文献中这一义很少使用，大概是被后起字"恶"所取代导致的。确如贾逵所言，古代文献中"亚"常用来指次第，表示时间或空间的先后顺序，意思是"次、次于"。《尔雅·释言》也释为："亚，次也。"《左传·文公六年》："先君是以爱其子而仕诸秦，为亚卿焉。"晋代杜预注："亚，次也。言其贤，故位尊。"《史记·项羽本纪》："亚父南向坐。"《世说新语·识鉴》："诸葛道明初过江左，自名道明，名亚王、庾之下。"该义至今仍活跃于现代汉语词汇中。

中古时期该词引申出动词"弯、俯"之义。如唐代杜甫《戏题王宰画山水图歌》："舟人渔子入浦溆，山木尽亚洪涛风。"全句意为：在狂风激流中，渔人正奋力驾船向岸边驶去，山上的大树被狂风吹得倾斜了。其中"亚"即"弯、俯"义。唐代元稹《望云骓马歌》："亚身受取白玉羁，开口衔将紫金勒。""亚身"即"俯身"。近代汉语中该义逐渐消失，很少使用。现代汉语普通话中，该义已完全消失，其在《现代汉语词典》中未被收录，但在长治片方言中保留了下来。

此外，"亚"还有动词"垂、低垂""挨着、靠近""压"，以及形容词"低、低于"等义，在古代汉语中它也是一个意义丰富的词语。在现代汉语普通话中它的大部分意思已消失，只有"次第"义还常用。

127. 矞

在上党地区长治、屯留、壶关、陵川方言中，"矞"可以表示"溢出"。如："赶快关上火，面条都矞出来了。""把火关小点儿，要不光矞锅。"

"矞"，《说文》已有收录。《说文·矛部》："以锥所穿也。从矛从冏。一曰满有所出也。"《广雅·释诂一》："矞，满有所出也。"可见，"矞"有"溢出"义。但文献中未见用例，大概只在口语中使用。

该词在古代文献中常用来表示象征祥瑞的彩云。如晋代左思《魏都赋》："矞云翔龙。"另外也可用作通假，通"谲"，意为"诡诈"。《说文》所释本义"以锥穿入"亦未见用例。今普通话中已无该词，长治等地方言则仍然使用，并保留了该词的古音古义。

128. 仄

在上党地区长治片方言中，"仄"有"倾斜"义。它既可单用，也可作为语素组成双音词"仄楞"后使用。如："这个洞口太狭窄了，仄楞身子才能钻过去。"

"仄"是个会意字，小篆字形作"仄"，象人侧身在山崖洞穴里的形状。本义是倾斜。《说文·厂部》："仄，侧倾也。从人在厂下。"清代段玉裁《说文解字注·厂部》："侧倾也。'倾'下曰：仄也。此'仄'下云：倾也。是之谓转注。古与'侧昃'字相假借。从人在厂下。会意。"又，《篇海类编·人物类》："仄，不正。"这些均可证"仄"本为"倾斜"义。该义上古文献即已使用。如《管子·白心》："日极则仄，月满则亏。"后中古近代汉语沿用。如宋代杨万里《雨作抵暮复晴》："行人仄伞避斜丝。"宋代欧阳修《刘公墓志铭》："公既骤屈廷臣之议，议者已多仄目。"《明史》卷二百四十四《魏大中传》："持议峻切，大为邪党所仄目。"这一义清以后逐渐消失，今普通话中不再存在，但长治片方言中仍保留了。

古代文献中"仄"除去表示"倾斜"义外，也常用于指引申义"狭窄"以及由此引申来的"社会地位或政治地位低下""心里不安"等义。今普通话中，"仄"的这些含义大都不再使用或很少使用。《现代汉语词典》中收录了"仄"的"狭窄""心里不安"两义，但这两义在现代汉语中也基本不用。

需要注意的是，现代汉语"仄"常用义是"仄声"，指古汉语四声中与平声相对的上、去、入三声，但是这一义与表"倾斜""狭窄"等义的"仄"不是同一词语，属于异词同字现象。

129. 腆

在上党地区晋城片方言中，"腆"有"胸部或腹部向前挺出"之义，作动词，后面的宾语一般是"胸"或"肚"。如："你看他

腆胸跣肚像什么样！"有时在"腆"前加前缀"不"。如："不要
不腆肚，往回收收！"

"腆"上古汉语即已常用。《说文·肉部》解释为："腆，设
膳腆腆多也。"其本义是"丰厚"。前面常加表示否定的词语，以
示谦虚。如《左传·僖公三十三年》："不腆敝邑，为从者之淹，
居则具一日之积，行则备一夕之卫。""不腆敝邑"，意思是我国
财用不丰厚。《仪礼·燕礼》："寡君有不腆之酒，以请吾子之与
寡君须臾焉，使某也以请。""丰厚"意味着"美好"，故引申指
"善、美好"。如《仪礼·聘礼》："不腆先君之祧，既拚以俟矣。"
句中"腆"意为"善"；"祧"即"庙"。全句意为：我先君的祧
不好，已经打扫干净等待，是自谦之义。中古汉语"腆"的这二
义还在使用。如宋代苏轼《谢求婚启》："恭驰不腆之币，永结无
穷之欢。""不腆之币"意思是不丰厚的礼物。《魏书》卷九十七
《桓玄传》："竖子桓玄，故大司马不腆之息，少怀狡恶，长而不
悛。""不腆之息"意思是不好、不善的儿子，即"不孝子"。但
这二义近代汉语很少使用。

在近代汉语中，"腆"又由本义"丰厚"引申出动词义"胸
部或腹部向前挺出"。该义在近代汉语中较为常用。如《水浒全
传》第一百一十三回："三面厮觑着，腆起胸脯受死。"《西游记》
第七十三回："只见那七个敞开怀，腆着雪白肚子，脐孔中作出
法来：骨都都丝绳乱冒，搭起一个天篷，把行者盖在底下。"其
用法正与今上党地区方言同，只是在方言中适用该地方言词汇特
征，有时在"腆"前加前缀而已。

130. 跣

上党地区陵川、阳城方言用"跣脚"指称"赤足、光脚"，其中"跣"就是"赤足"之义。如："地上太凉了，不要跣脚跑，快去穿上鞋。"

该词在上古汉语中即已出现，其本义即"赤足"。《说文·足部》："跣，足亲地也。"意即脚直接接触地面，即"赤足"。如《国语·晋语·悼公始合诸候》："公跣而出。""跣"是"赤足"，句中用作状语，修饰"出"。《左传·昭公三十一年》："季孙练冠麻衣跣行，伏而对曰：'事君，臣之所不得也，敢逃刑命？'""跣"亦用作状语，修饰"行"。考察上古汉语"跣"的使用情况，都是作不及物动词使用，后面不出现宾语。

到中古汉语中，"跣"开始带宾语。如南朝梁沈约《宋书》卷七十九："常被发跣足，稽首北极，遂图画朕躬，勒以名字，或加之矢刃，或烹之鼎镬。""跣足"中，"跣"后有宾语"足"，"跣足"相当于方言中说"跣脚"。但是在中古汉语文献中，还是以不带宾语较为多见。大约从宋代开始，"跣足"用例增多，出现频繁。不过依然有不少不带宾语的用例。另外，除去以"足"作宾语外，"跣"还可以"袜"作宾语。如《隋书》卷十一《礼仪志六》："清庙崇严，既绝恒礼，凡有履行者，应皆跣袜。""跣袜"即脱掉袜子。但是"跣袜"这一用法在中古乃至近代汉语中均较为少见。

至近代汉语，"跣"的总体使用情况与中古汉语保持一致，既有带宾语的，也有不带宾语的。如《明史》卷一百二十五《常遇春列传》："扩廓方燃烛治军书，仓卒不知所出，跣一足，乘

屝马，以十八骑走大同。""跣"后带宾语"一足"。明代王世贞
《艺苑卮言》卷六："少休，悦除袜，跣而爬足垢。""跣"后不带
宾语。

　　清代以后，"跣"逐渐在汉语普通话中消失。今阳城等
地方言中保留了其带宾语的用法，且后面只能用"脚"作宾
语。总体来看，"跣"从古至今多表示"赤足"义，偶尔有"脱
掉"义，意思较为单一，用法也并不复杂。今阳城等地方言中，
"跣"又有一项新增义"光着"，如"跣肚"，即光着肚子；"跣口
[tuo³¹]"，即光着身子。该义当由"脱掉"义引申而来。

　　131. 奓

　　上党地区屯留、晋城、阳城等地方言常用"奓"，意思是
"张开"。如："你的头发太奓了。""这件衣服下摆太奓了。"

　　"奓"，《说文》认为是"奢"的异体字。《说文·大部》："张
也。从大者声。凡奢之属皆从奢。奓，籀文。"从文献用例看，
二字的区别还是显而易见的，应该是异体字分工而致。"奓"多
用本义"张大、张开、打开"，侧重大、开；"奢"多用由本义引
申而来的"奢侈，不节俭"义。徐灏曰："奢者侈靡放纵之义。故
曰'张'，言其张大也。""奓"是个会意字，从大从多；"奢"是
形声字，从大者声。可见无论哪个字形均可指明该词的含义与大
有关，故本义侧重指大、开。

　　据文献资料，"奓"在上古汉语即已使用，但用例不多，意
为张开、打开。如《庄子·知北游》："神农隐几，阖户昼瞑，妸
荷甘日中奓户而入，曰：'老龙死矣！'""奓户"即打开门、推
开门。《史记·乐毅列传》："若乃逼之以威，劫之以兵，攻取之

事，求欲速之功，使燕齐之士流血于二城之下，爹杀伤之残以示四海之人。""爹"在这里居于动词之前，亦取"大"义，用作副词，修饰后面的动词。中古近代汉语亦不多见。如清代贪梦道人《彭公案》："发根一爹，身上直冒冷汗。"句中"爹"亦是"张开"义。

该词本身词义单一，且古文献少用，故清以后在书面语中已不再使用，在今现代汉语普通话中已完全消失，但在上党地区一些地方的方言中还在使用，《现代汉语词典》也只将该词作为方言词收录。其义与古文献中的"爹"完全相同，"你的头发太爹了"，意思是头发过于张开，即蓬松。"这件衣服下摆太爹了"，意思是下摆太开、太大。显然方言中的"爹"正是古代"爹"一词的留存现象。

132. 聑

在上党地区长治、阳城方言中，竖起耳朵认真听，叫作"聑住耳朵（听）"。"聑"，意思是耳朵竖起来的样子。这在方言中最常用的语境，就是学生上课的时候，老师常会叮嘱学生认真听讲，说："你们可聑住耳朵听哈。"此外，还可指专注地做某事（含贬义），意味着对方对所做的事不够熟悉或不精通。如："那可是聑住架做饭呢。""聑住架"相当于说竭力做相对比较容易做的事情。

从字形来看，"聑"是个会意字，从双耳。该词最早在扬雄的《方言》中收录："扬越之郊凡人相侮以为无知谓之聑。聑，耳目不相信也。或谓之斫。"周祖谟《方言校笺》卷十："斫却。斫顽直之貌，今关西语亦皆然。"该义与阳城方言中的第二义相合，扬雄所言"无知"，周祖谟所言"顽直"，即今之不熟悉或不精通所做之事。只是在今上党地区方言中一般需要构成短语"聉住架"使用。另外清代张玉书、陈廷敬主编的《康熙字典》引《集韵》对该字进行了解释："聉，《集韵》陟革切，音摘。耳竖貌。"该义与上党地区方言中的第一义"耳朵竖起来的样子"正相合。但是无论是哪个意义，它在文献语言中均很少使用，当是一个口语词。

另外，《说文·耳部》中也有一个"聃"，但许慎解释为"安也"，宋代徐铉修订《说文》时加注反切注音为"丁贴切"，可见其音义与上党地区方言中的"聃"均不同，且无联系，当属异词同字现象。

133. 支应

在上党地区长治片、晋城片部分方言中，常用"支应"一词。该词可表示两义：一为"应酬、接待"，如"你们要来家里吃饭就提前告诉我，我好做饭在家里支应你们"；一为"应付"，如"家里钱快花完了，不够支应下个月的开销"。

"支""应"二词连用在汉语史上是较晚的现象，据文献材料，当始于元代，但当时尚未凝固成一个整体，只是词与词的连用现象，属于近义词连用，意思是"供给与应付"。如《金史》卷三十五《张大节传》："世宗东巡，徙太府监，谕之曰：'侍郎与太府监品同，以从行支应籍卿办耳。'""以从行支应籍卿办耳"，意思是说只是因为随行人员的供给与应付要靠你办理罢了。明代"支应"逐渐完成词汇化过程，凝固为一个整体，可以表示"供应"义。如明代海瑞《驿传议》："夫天下无不弊之法，支应之用既简，奸猾之骗必微。譬如吾用十两，彼冒破其一；用至百两，彼冒破者十矣。"《二刻拍案惊奇》卷十一："过了一会，焦家小厮来收家伙，传大郎之命，吩咐店小二道：'满大官人供给，只管照常支应。用酒时，到家里来取。'店小二领命。"句中"支应"即为"供应、供付"义。它也可以表示"应付、处理"义。如明朝小说《五代残唐》第五十四回："他大军远来，粮草难够支应，不消一月，必思回军。"后又引申可以表示"搪塞、敷衍"，如《儿女英雄传》第九回："问了半天，怎奈那十三妹只管一长一短的问，那张金凤只有口里勉强支应的份儿，却紧皱双眉，一句话也说不出来。"《儿女英雄传》第二十八回："当下满屋里的人，只有太太支应着回答，其余亲族女眷，上上下下，大大小小，无一不掩口而笑。"它还可以表示"应酬、接待"。如明代叶宪祖《夭桃纨扇》第一折："这几日城南桃花盛开，游人不绝，费人支应，好不耐烦。"《二十年目睹之怪现状》第七十九回："此时日子更近了，陆续有人送礼来，一切都是伯明代他支应。"清末小说《彭公案》："于是早把船只移开，单等他们住店。再叫几个伶牙俐齿的伙计在外面支应。"由"应酬、接待"引申又有"伺候、守候"义。如《红楼梦》第三十八回："山坡桂树底下铺下两条花毯，命支应的婆子并小丫头等也都坐了，只管随意吃喝。"《儿女英雄传》第二回："家里再留下两个中用些的家人，支应门户。"此外，还可以指名词"供应之物"。

　　总体来看，"支应"一词在明清时期较为常用，词义也较多。但在词汇发展中逐渐被"供应""应付""伺候"等词所取代，在现代汉语普通话中基本消失，只留存在方言中，而且其词义在方言中也有所减少。比如，长治方言保留其"应酬、接待"和"应付、处理"义，而平遥方言则保留了"伺候"和"处理"义。

134. 噪

在长治、黎城方言中，"噪"有大声喧哗、叫嚷的意思，是个动词。如："你一直噪什么，别人都在睡觉。"

现代汉语无"譟"字，"譟"的意义已合并入"噪"。《说文》收"譟"未收"噪"。《说文·言部》解释"譟"为："扰也。从言臬声。"段玉裁《说文解字注》"譟"下注："扰，烦也。从言，臬声。"可见"譟"的本义即为"叫嚷、喧闹"，后引申有"欢呼"义。《说文·木部》收"臬"字，解释为："鸟群鸣也。"段玉裁《说文解字注》"臬"下曰："俗作噪。"可见"噪"是"臬"的俗字，其本义为"群鸟争鸣"，许多鸟叫声会有声音杂乱、喧闹之感，故引申有"声音杂乱""喧闹、喧哗""大声叫嚷"等义。如果一个人因某方面的才能有了名气、名声，自然会被许多人议论，也有声音杂乱的特征，故又引申有"（名声）广为传扬"之义。由此，我们可以看到"譟""噪"在古代词义有交叉，在民国以后，随着词义的发展，"譟"的"欢呼"义消失，"噪"与"譟"合并，只用"噪"不用"譟"。

至于今长治、黎城方言中"zào"的本字应该是"噪"还是"譟"，已很难考证，但方言中该词的意思正是它们相同的义项，因此，均可与该地方言形成互证关系。

无论是"噪"还是"譟"，在上古文献中都已出现。如《墨子·备蛾傅》："因素出兵将施伏，夜半而城上四面鼓噪，敌人必或，破军杀将。以白衣为服，以号相得。"《国语·郑语·史伯为桓公论兴衰》："王使妇人帏而譟之。"中古、近代汉语也一直沿用下来。兹略举"噪"的用例进行说明。如《旧唐书》卷十九《僖宗本纪》："京师百姓迎处存，欢呼叫噪。"《旧五代史》卷三十四《庄宗纪八》："是夜三更，贼果攻北门，彦琼时以部众在北门楼，闻贼呼噪，即时惊溃。"《西游记》第九十八回："行者见他讲口扭捏，不肯传经，他忍不住叫噪道：'师父，我们去告如来，教他自家来把经与老孙也。'"《聊斋志异·锦瑟》："一夜方寝，闻内第喊噪。"以上例句中"噪"都是"叫嚷、喧闹"义。今长治、黎城方言中仍然保留有该义，普通话则不再单用，只作为语素保留在双音词中。

十九、位置

135. 这（那）厢

在上党地区多地方言中，"这厢"的意思是"这里""这边"，指比较近的处所；"那厢"意思是"那里""那边"，指比较远的处所。如："别往前走了，就在这厢呢。""你去那厢拿吧。"

"这厢"是"这壁厢"的缩写，见于近代汉语。"这壁厢"意即"这里""这边"。"壁"本是"墙壁"的意思，后引申表示"边、面"，如元代王实甫《西厢记》第三本第四折："一壁道与红娘，看哥哥行问汤药去者，问太医下甚么药？证候如何？便来回话。""一壁"即"一边、一面"。"厢"本义为"东西廊"，后引申亦有"墙壁"之义，又由墙壁引申"边、面"，因此，"壁""厢"在"边、面"义上是同义词，近代汉语二词常同义连用，依然是"边、面"之义。如元代话本《大宋宣和遗事》：

"直至中夜，马县尉等醒来，不见了那担仗，只见酒桶撇在那一壁厢。""一壁厢"即"一边"。元代马致远《汉宫秋》第二折："那壁厢锁树的怕弯着手，这壁厢攀栏的怕擦破了头。""这壁厢"即"这边"。"这壁厢"中，"这"是指示代词，"壁""厢"同义连用，意为"边、面"，"这壁厢"即"这边、这面、这里"。又由于语言的经济原则，故出现了缩写形式"这厢""这壁"。如元代王实甫《西厢记》第一本第一折："偌远地，他在那壁，你在这壁，系著长裙儿，你便怎知他脚儿小？"元代高文秀的杂剧《须贾大夫谇范叔》第二折："长叹罢刚将眼睁放，我看了这厢，我又觑了那厢。天也，原来我这七尺身躯在那厕坑里躺。"明代小说《二刻拍案惊奇》卷三十四："自不见有这样凑趣帮衬的事！那怕方妈妈住在外边过了年回来。这厢不题。"清代小说《康熙侠义传》第一百回："我也都说了，他们这厢离剪子峪临近，可全是天地会八卦教。"从文献用例来看，"这（那）壁厢""这（那）壁""这（那）厢"均使用较为频繁，是近代汉语中较为常用的位置词。但是与现代汉语"这里、那里"不同，前者是名词，后者是代词。今普通话中这些词语全部消失，上党地区方言中也只保留了"这厢""那厢"，"这（那）壁厢""这（那）壁"未见使用。

136. 当处

在长治、晋城片多地方言中，"当处"的意思是"本处、就在这个地方"。如："往当处走走，让车过去。"

"当"，本为动词，后借用来表示代词，意思是"本、这"。唐代李延寿《北史》卷二十七《房豹传》："（兄子彦询）病卒，豹取急，亲送枢还乡，悲痛伤惜，以为丧当家之宝。""处"是名词，"处所、地方"。因此，"当""处"连用，意思是"本处""原处""这个地方"，后逐渐词汇化，魏晋时期开始当作整体使用，具有名词性。北魏时期贾思勰《齐民要术·造神曲并酒》："其房欲得板户，密泥涂之，勿令风入。至七日开，当处翻之，还令泥户。"唐代般刺密谛译《楞严经》卷二："一切浮尘，诸幻化相，当处出生，随处灭尽。"宋代僧人释惠洪撰《僧宝传》卷六："动则埋身千尺，不动则当处生苗。"该词在近代汉语文献中未见用例，当只在方言口语中使用。今在普通话书面语、口语中均已消失，在长治、晋城片方言中也只有老年人口语中使用，年轻人已不再使用。显然，在现代汉语词汇中该词已濒临消失。

二十、性状、情态

137. 吃劲

上党地区方言常用"吃劲"一词。该词在本地区各方言中常表示"费力气""费劲""用力"之义，既可以是形容词，也可以是动词。如："你不吃劲怎么能搬起砖来？"句中"吃劲"为动词；"那个箱子太重了，搬着很吃劲"，句中"吃劲"为形容词。用作动词时结合并不是很紧密，有时中间可以加其他成分，如"吃不上劲"，即"用不上力气"；"吃点儿劲"，即"用点儿劲"。此外，在武乡方言中"吃劲"还可表示"舒服、得劲"，是个形容词，常用于否定，如"你扶着点儿，他站不稳不吃劲"。

"吃"本为"吃东西"，后引申有"用"之义，如"吃力"；"劲"即"力气"。"吃劲"本即"用力""费力"之义，具有动词性。该义在古汉语文献中未见使用，但民国时期有用例。如民国小说《汉代宫廷艳史》第七十二回："伯姬虽然称雄，究竟是个女流之辈，厮杀了一阵，便吃劲得了不得。见李通分去二将，自己登时轻爽得多了，奋起精神，和二人恶斗不止。"大概早期见于方言口语中。

近代汉语文献中"吃劲"用于"得劲、舒服"义，该义当由其本义"用力""费力"引申而来。当"吃劲"前加否定词"不"时，既可以表示"不费劲"，也可以表示"用不上力气"，而所谓"用不上力气"在人拿东西时就是"不舒服""不得劲"。如清代小说《七侠五义》第九十二回："史云力猛，葛瑶明在马上一晃，手不吃劲，'当啷啷'顺刀落地，说声：'不好！'将马一带，'咪溜'地往庄外就跑。"句中"吃劲"是个形容词，意思是"得劲、舒服"。

上党地区方言中"吃劲"的这两义均保留了下来。其中本义通行地域较为广泛，且本义"费劲""用力"的用法有所拓展，不仅可以用作动词，也可以用作形容词。引申义"得劲、舒服"的通行地域狭小，只限于武乡方言。

138. 倒灶

上党地区长治、壶关方言常用"倒灶"一词表示倒霉、运气不好，也指把事情做砸。如："今儿个真是倒灶，一出门就摔了一跤。"

"倒灶"即"倒了锅灶"，既然锅灶都倒塌了，自然是无法做饭，也就吃不上饭了，这肯定是很倒霉的事，因此民间就用"倒灶"来指倒霉、时运不济。这一寓意最初源自汉代扬雄《太玄经·灶》:"灶灭其火,惟家之祸。"意思是锅灶的火灭了,是家中的灾祸。"倒灶"一直到近代汉语中才真正在文献中作为词出现,如明代凌濛初《二刻拍案惊奇》卷三十七:"我说你福薄,前日不意中得了些非分之财,今日就倒灶了。"明代吴承恩《西游记》第二十五回:"行者笑道:'你遇着我就该倒灶,干我甚事?'"该词在今普通话中已消失,只在方言中留存。

139. 泼

"泼"在襄垣、壶关方言中可用作形容词,意思是"寒冷、冰冷"。如:"缸儿里头的水泼得慌了哇,再换点热的哇。""冬天价的石头冰泼凉得可不敢坐。"

"泼",东汉许慎《说文》未收,南北朝梁顾野王的《玉篇》有收录,解释为:"泼,府伐切,音发。寒也。一曰渓也,通流也。"明代张自烈《正字通·水部》亦解释"泼"为"疏通水流":"泼,渓也,通流也。"可见在中古及近代汉语中"泼"有二义:一为形容词"寒冷""冰冷",一为动词"疏通水流"。

从文献语言用例来看,该词使用较少,且多用作"疏通水流"义。大概"寒冷"义多在口语中使用。

该词在今普通话中已经完全消失,但在上党地区方言中保留了该词的部分意义。语音方面也只是声母发生了变化,中古时期读为轻唇,今方言中读为重唇。

140. 乏

在上党地区长治、平顺、黎城、壶关、长子、陵川方言中,常用"乏"来表示"身心疲乏,形容没有力气"。如:"干了一天的活儿,累得我全身都乏,现在只想躺在床上。"

该词最早出现在春秋时期，常用作"缺少食用的东西""贫乏"之义，有动词和形容词两种用法。如《国语·周语·西周三川皆震伯阳父论周将亡》："水土无所演，民乏财用，不亡何待？"《虢文公谏宣王不籍千亩》："不解于时，财用不乏，民用和同。"此二句中"乏"为动词用法，意为"缺少财物和用具"。《战国策·齐策四·冯谖客孟尝君》："齐人有冯谖者，贫乏不能自存。"此句中"乏"是形容词用法。由"缺少食用的东西"转而引申指缺少了时间，即"荒废、耽误"。如《庄子·天地》："子往矣，无乏吾事。"后又泛指各种精神或物质上的缺少，如"乏味""乏趣"等。

如果是"缺少力气"，那么就是疲乏，因此后来引申又出现了形容词"疲倦、累"的意思。该义最早见于汉代文献。如西汉李陵的《答苏武书》："以五千之众，对十万之军；策疲乏之兵，当新羁之马。"句中"疲""乏"同义连用，"乏"是"疲倦"的意思。但该义用例不多，"乏"还是常用作动词。后中古、近代汉语沿用下来，用例开始增多，尤其近代汉语常用。如西晋时陈寿《三国志·魏书六·袁绍传》："太祖与绍相持日久，百姓疲乏，多叛应绍，军食乏。"句中第一个"乏"与"疲"同义连用，是形容词，"疲倦"的意思；第二个"乏"是动词，"缺少"的意思。宋代欧阳修《新五代史》卷二十五《周德威传》："臣请以骑军扰之，……因其劳乏而乘之，可以胜也。""乏"与"劳"同义连用，也是形容词。再如明代小说《金瓶梅词话》第九十一回："因见衙内打盹，在跟前只顾叫不应，说道：'老花子，你黑夜做夜作使乏了也怎的？'"清代小说《儿女英雄传》第三回："这日站道本大，公子也着实的乏了，打开铺盖要早些睡，怎奈那店里的臭虫咬的再睡不着。"两句中"乏"都是形容词。

此外，"乏"还由"疲倦"引申可以表示"穷困""无能"等义。兹不赘述。

由此可见，"乏"在古代汉语中是一个意思较为复杂的常用词，但随着语言的发展，该词的各义逐渐被双音词取代，在普通话中已不单用，只作为语素保留在双音词中。但其在中古、近代汉语中所用的形容词"疲倦"义保留在上党地区方言中，可与古代文献互相印证。

141. 恓惶

该词在现代汉语普通话中较少使用。但在长治、沁县片多地方言中使用频率较高，意为"悲伤、可怜"，常用于表达自己的同情。如："看那个小孩儿哭得真恓惶。"另外在上党地区晋城片方言中还可以指"穷"。如："日子过得才叫恓惶嘞。"

该词在唐宋时期即已出现且颇为常用，表示两义。一为"悲伤貌"，与上党地区方言同。如唐代韦应物《简卢陟》诗："恓惶戎旅下，蹉跎淮海滨。"后晋刘昫等人编著的《旧唐书》卷八十六《李重福传》："天下之人，闻者为臣流涕；况陛下慈念，岂不愍臣恓惶？"南宋向滈的词《如梦令·谁伴明窗独坐》："谁伴明窗独坐，和我影儿两个。灯烬欲眠时，影也把人抛躲。无那，无那，好个恓惶的我。"近代汉语沿用此义。如元代高文秀《黑旋风》第三折："阁不住两眼恓惶泪，俺哥哥含冤负屈有谁知？"明代小说《喻世明言》第二卷："这里阿秀只道见了真丈夫，低头无语，满腹恓惶，只饶得哭下一场。"明代沈鲸《双珠记·姑妇相逢》："当此际不觉恓惶，骨肉相看惆怅。"该义在清代文献中逐渐消失，但在方言中保留了下来。一为"忙碌不安貌"。如唐代李白《上安州李长史书》："白孤剑谁托，悲歌自怜，迫于恓惶，席不暇暖。"宋代欧阳修《投时相书》："抱关击柝，恓惶奔走，孟子之战国，扬雄之新室，有不幸其时者矣。"该义在近代汉语中即已消失，上党地区方言中亦未见使用。

该词在现代汉语普通话中很少使用，古代文献中使用的两义也被别的词语所取代。在上党地区方言中保留了其"悲伤貌"这一义，"忙碌不安貌"义也已消失。但是上党地区有些地方方言又在"悲伤"义的基础上引申出了一个新的义项，即"穷苦"，该义在古文献中未见使用。

142. 勤紧

在上党地区多地方言中，常用"勤紧"指"勤快"。如"这人真是个勤紧人。"

"勤"，《说文·力部》释为"劳也"。因此其本义为"劳累、劳苦"。如《左传·僖公三十二年》："勤而无所，必有悖心。"不停做事情必然会感到劳累，故引申表示动词"不停地做、尽力多做"。该义古代汉语最为常用。如《尚书·无逸》："厥父母勤劳稼穑。""勤""劳"同义连用，句中都是动词。明代宋濂《送东阳马生序》："勤且艰若此。""勤"亦是动词"尽力多做事"之义。《说文·系部》："紧，缠丝急也。"因此"紧"本义为"缠丝急"，后引申泛指"急迫、急切"，又由此引申有"快速"之义。故"勤紧"相当于"勤快"，"勤"，不停地做事；"快"，快速做事。本为同义连用，后逐渐经历词汇化过程，凝固成词，当作整体使用，意思是"做事勤奋，手脚快"。

"勤紧"一词早在中古汉语中即已出现，如南北朝梁沈约《宋书》卷八十三《黄回传》："会中书舍人戴明宝被系，差回为户伯，性便辟勤紧，奉事明宝，竭尽心力。"近代汉语沿用。如明代凌濛初《初刻拍案惊奇》卷十九："申兰家离埠头不多远，三人一同走到埠头来。问问各船上，多说着谢保勤紧小心、志诚老实许多好处。"又："这是我家雇工，极是老实勤紧可托的。"明代吴承恩《西游记》第六十二回："三藏甚喜道：'八戒这一向勤紧啊！'"但是无论是在中古还是近代汉语文献中，"勤紧"一词都不太常用。明代以后该词逐渐消失，《现代汉语词典》未收，但在上党地区方言中保留了下来，可以在我们阅读古代文献时提供释义参考。

143. 轻省

该词在上党地区多地方言中常用，有两义：一是"轻松，不费力"，如"担上半桶吧，轻省点儿"；一是重量小，如"没事，用不着歇，这个箱子挺轻省"。二者都是形容词。

《说文·车部》："轻，轻车也。"段玉裁《说文解字注·车部》："轻本车名，故字从车。引申为凡轻重之轻。"因此"轻"的本义为"轻车"，是车名。古代文献较为常用，如《周礼·春官·车仆》："轻车之萃。"郑玄注："谓驰敌致师之车也。"《战国策·齐策一·田忌为齐将》："使轻车锐骑冲雍门。"后引申有形容词"分量小""轻快""宽松""不贵重"等义，也有动词"减轻、减少""轻视"等义。"省"，字从目，本义为"察看"，音 xǐng，如《论语·学而》："吾日三省吾身。"后引申有"检查""探望、问候"等义。另外，"省"还可表示"减少"的意思，音shěng，如《礼记·月令》："命有司省囹圄，去桎梏。""省"与"去"相对为文，是同义词，都是"减少、去掉"之义。由"减少"又引申为"节约"义。

由以上分析可知，"轻""省"都有"减少"的意思，文献中常同义连用，中古时期完成词汇化过程，凝固成一个整体，本为动词，意思是"减轻，减少、省免"。如《三国志·魏书二十五·高堂隆传》："权禅并修德政，复履清俭，轻省租赋，不治玩好，动咨耆贤，事遵礼度。"宋代引申出形容词"轻松、不费力"之义。如刘克庄《转调二郎神·抽还手版》："抽还手版，受用处、十分轻省。"近代汉语常用此义。如元代武汉臣《生金阁》第二折："我做不的重难的生活，只管几件轻省的勾当。"明代吴承恩《西游记》第二十三回："哥啊，你只知道你走路轻省，那里管别人累坠？"清代曹雪芹《红楼梦》第四回："原来这门子本是葫芦庙里一个小沙弥，因庙被火烧之后无处安身，想这件生意倒还轻省，耐不得寺院凄凉，遂趁年纪轻，蓄了发，充当门子。"近代汉语中，"轻省"又由"轻松"引申有"轻微"的意思，但用例不多。如元代无名氏《杀狗劝夫》第四折："兀那妇人，这件事你说的是啊，我与你问个妇人有罪，罪坐夫男，拣一个轻省的罪名儿与他。"

综上所述，古文献中"轻省"有动词"减少"，形容词"轻松""轻微"的意思。今上党地区方言保留了其形容词"轻松"义，动词"减少"义、形容词"轻微"义未保留，但在方言中又引申可以指"重量小"，该义古文献未见用例。《现代汉语词典》将"轻省"作为方言词收入，列出两个义项：一为"轻松"，一为"重量小"，可见该词在今现代汉语普通话中已消失，只在方言中使用。《现代汉语词典》中收入的两义在本地方言中都在使用。

144. 打紧

在上党地区长治、武乡、陵川方言中，"打紧"意为"要紧、重要"，常用否定式，作"不打紧"。如："这点伤不打紧。""缺你一个也不打紧。"

该词最早出现于宋代文献中，但用例不多。如明代洪楩编印的话本小说集《清平山堂话本》中所收录的宋代话本《快嘴李翠莲记》："三日前，李员外与妈妈论议道：'女儿诸般好了，只是口快，我和你放心不下，打紧他公公难理会，不比等闲的，婆婆又兜答，人家又大，伯伯、姆姆手下许多人。'"其中"打紧"用作状语，意思是"重要的是、关键是"。近代汉语常用该词，但多用作谓语或定语，是形容词。如《元典章·工部二·船只》："海道里官粮交运将大都里来的，最打紧的勾当。"句中"打紧"做定语。《水浒传》第二回："王四只管叫苦，寻思道：'银子不打紧。这封回书却怎生好！正不知被甚人拿了去？'"清代小说《官场现形记》第五十三回："卑职此时早已走到饶守的儿子跟前，拿手撩起他的辫子来一看，幸亏剃去的是前刘海，还不打紧。"以上两例中"打紧"都作谓语，用于否定句中。以上所举近代汉语各例中"打紧"均是形容词，意思是"要紧、重要"，有的用在肯定句中，有的用在否定句中。此外，近代汉语中，"打紧"依然沿用宋代文献中用作状语的用例。如《水浒全传》第三十三回："打紧这婆娘极不贤，只是调拨他丈夫行不仁的事，残害良民，贪图贿赂。"《红楼梦》第七十六回："贾母点头叹道：'我也太操心！打紧说我偏心，我反这样。'"比较"打紧"的两种用法，显然词义是一样的，都是"重要、要紧"之义，只是句法位置有差异。该义现今普通话中已不用，保留在方言中，只用在否定句中。

此外，近代汉语中"打紧"又由"要紧、重要"引申表示"紧急时刻"之义，句中常用作状语。如明代无名氏《贫富兴衰》第一折："这雪一发不住了，打紧路又不通，怎生是好？"清代吴敬梓《儒林外史》第二回："每日骑着这个驴，上县下乡，跑得昏头晕脑，打紧又被这瞎眼的亡人在路上打个前失，把我跌了下来。"该义在今普通话与本地方言中均已消失。

考其词义来源，"打紧"一词本由动宾结构逐渐凝固而成，其中动词"打"是一个被广泛应用的多义动词，具有发生义；"紧"是形容词，表示的是一种性质状况，其意思是紧要、要紧、重要的状况。"打紧"，即发生了要紧的状况。其逐渐凝固成词后，因其义本就偏重"紧"，故可以直接理解为"重要、要紧"之义，可作谓语、定语或状语。元明时期，"打紧"从"发生了要紧的状况"义开始虚化，诱因始于"打"的虚化。据目前的研究结果，唐宋时期"打"即已开始虚化，徐时仪在《"打"字的语义分析续补》中提到唐宋时期的一些口语材料中能够找到"打"已经虚化的一些可供参考的证据，如《朱子语类》的不同版本中"打"和"才"并存，说明"打"已逐渐虚化："打一～时"中已经具有表示时间起点的含义。① 上文提到的"打紧"的第二义实为由"（介词）打＋（形容词）紧"组成的介宾结构，即"正在紧要时刻"，逐渐凝固成词后不再用于句中，而是出现于句首位置，在整个句子中充当状语。

145. 齐楚

在上党地区晋城片各地及壶关、长子方言中，"齐楚"有两义：一是"（服装）整齐美观"，如"你今天打扮得真齐楚"；二是"齐备、齐全"，如"今天大家来得这样齐楚，我很高兴"。

该词见于近代汉语，其义与今上党方言同，也表示"（服装）整齐美观"与"齐备、齐全"两义。如明末凌濛初《二刻拍案惊奇》卷二十四："（自实）住了多日，把冠服多整饰齐楚，面庞也养得黑色退了，然后到门求见。"清代吴敬梓《儒林外史》第三回："见那些童生纷纷进来，也有小的，也有老的，仪表端正的，獐头鼠目的，衣冠齐楚的，褴褛破烂的。"《儿女英雄传》第二十四回："褚一官也衣冠齐楚的跟在后面。"二例中"齐楚"均是"（服装）整齐美观"义。但在近代汉语文献中，"齐楚"除去表示"（服装）整齐美观"外，也可以表示其他实物整齐，如《幻中游》第三回："小的来时，早已雇赁停当，修理齐楚。""齐楚"指宅院收拾整齐。再如《儒林外史》第四十九回："到了二厅，看见做戏的场口已经铺设的齐楚，两边放了五把圈椅，上面都是大红盘金椅搭，依次坐下。"此例中"齐楚"是"齐备、齐全"之义。可见在今上党地区方言中，"齐楚"的两个常用义都

---

① 徐时仪：《"打"字的语义分析续补》，《辞书研究》2001 年第 3 期。

保留了下来，只是在表示"整齐美观"义时范围缩小，只能指服饰。

考其来源，"齐楚"本由两个同义的并列短语"齐""楚"连用逐渐词汇化而成。"齐"，《说文·齐部》释为"禾麦吐穗上平也"，其本义即为"齐平、整齐一致"。"楚"，本义指一种矮小丛生的木本植物。后引申有"齐整、清晰"之义，如《诗经·小雅·宾之初筵》："宾之初筵，左右秩秩。笾豆有楚，殽核维旅。""笾豆有楚"中，"笾豆"是食器，"有"是词头，"笾豆有楚"意思是"食器放置很整齐"。因此，"齐""楚"在上古汉语中都可单用作"整齐"义，后逐渐开始连用，在近代汉语中凝固成双音词。

146. 丑

在上党地区多地方言中，"丑"除去普通话常用的"丑陋"义外，还有"难为情、害羞、惭愧"义。如："考了这么点儿分数，丑不丑？""我不会跳，快不要叫我出丑了。"

"丑"字本作"醜"，汉字简化后与原本表示地支第二位的"丑"合并，均写作"丑"。古人以为鬼的面貌最丑，故从鬼。其本义为"貌丑"。后引申泛指行为、语言、品质、质量等恶劣、丑陋、不好。而这些无疑与传统的审美相悖，应当感到羞愧，故引申有"羞愧、害羞、难为情"义。

"丑"的"羞愧，害羞"义早在先秦时即已使用。如《吕氏春秋·恃君览》："厥之谏我也，必于无人之所；铎之谏我也，喜质我于人中，必使我丑。"全句意为：赵厥劝谏我的时候，一定在没有人的地方；尹铎劝谏我的时候，喜欢当着别人的面纠正我，一定让我出丑。其中"丑"即为"难为情、羞愧"义。但在中古汉语中该义极少使用，一直到近代汉语才又有少量用例。如《红楼梦》第七十八回："王夫人忙问：'今日可丢了丑了没有？'"《聊斋志异·马介甫》："呼天吁地，忽尔披发向银床；丑矣夫！"《初刻拍案惊奇》卷二十六："老和尚道：'好个知味的人，可惜今日本事不帮衬，弄得出了丑。'"今普通话中"丑"的"害羞、惭愧、难为情"等义已消失，但其在上党地区方言中保留了下来，可据以对古文献尤其是上古文献中的"丑"进行准确解释。

147. 饥

在上党地区多地方言中，"饥"还在单用，保留着古汉语的词义：腹中空，需要补充食物了。如："肚饥了，得吃点东西。"但在现代汉语普通话中不单用，通常和"饿"连用构成双音词，作"饥饿"。

"饥"，繁体作"飢"，该词早在上古汉语中即已出现并常用。《说文·食部》："饥（飢），饿也。"其本义"饿"，即腹中空，需要补充食物了。如《孟子·梁惠王上》："黎民不饥不寒。"《汉书》卷二十四上《食货志》："人情一日不再食则饥。"之后，在中古汉语以及近代汉语中，它亦是一个常用词。唐代诗人白居易《卖炭翁》："牛困人饥日已高。"唐代柳宗元《捕蛇者说》："饥渴而顿踣。"此句"饥"与"渴"连用，指"肚子饿""口渴"，需要补充食物和水。宋代黎靖德《朱子语类》卷三十二："'人之生也直'，如饥食渴饮，是是非非，本是曰直，自无许多周遮。""饥食渴饮"就是说肚子饿或腹中空了要吃饭，口渴了要喝水。明代小说《初刻拍案惊奇》卷三十七："乳婆道：'一昼夜了，怕官人已饥，还有剩下的牛肉，将来吃了罢。'"清代洪亮吉《治平篇》："何怪乎遭风雨霜露饥寒颠踣而死者之比比乎？"句中"饥""寒"连用，指"肚子饿""身上冷"。清代小说《官场现形记》第二十七回："却不料单大爷自从下午到此，已经坐了大半天，腹中老大有点饥饿。"句中"饥""饿"同义连用。由此可见，"饥（飢）"在古代一直是一个常用词语，并且到清代还是保留着单音词的用法。清代以后"饥"在汉语普通话中逐渐不能单用，必须与"饿"组成双音词出现，其中"饥"作为语素保留了其古义。而在上党地区方言中保留了"饥"的古汉语的用法。

此外，需要指出的是，今简体字"饥"还可指庄稼收成不好或没有收成，该义与前文所言"飢"无关，在古代是用另外一个字来记录的，即"饑"。也就是说，古代"飢"与"饑"是两个完全不同的字，汉字简化时以"飢"代"饑"，"飢"的"食"字旁又简化为"饣"，构成"饥"。故今之"饥"既可指"饿、腹中空"，也可指"庄稼收成不好或没有收成"。

二十一、代词

148. 俺

在上党地区阳城方言中，第一人称代词系统除去常用的"我"之外，还有"俺"，用法与"我"相同，作主语、宾语、定语。如："俺明天要进城，不跟你去了。""你又不跟俺要。""俺娃才不去呢。"以上三例中"俺"依次作主语、宾语、定语。从语义表达上看，用"俺"时全句一般带有炫耀、不屑或哀怨、委屈的意味。此外，与"我"不同的是，"俺"不用作单词句。如：

"这个问题谁回答？"这时只能用"我"，不用"侬"。

该词出现于中古汉语。形声字，从人，农声。本义是"我"，第一人称代词。《北史》卷六十三《苏威传》："于是旧陈率土皆反，执长吏，抽其肠而杀之，曰：'更使侬诵《五教》邪！'""侬"是第一人称代词复数，是反隋的南朝陈国遗民的自称，带有不屑、强硬的意味，全句相当于今言："胆敢再让我们诵读《五教》！"唐代刘禹锡《竹枝词》："花红易衰似郎意，水流无限似侬愁。""侬"是年轻女孩的自称，传达的是哀怨的情绪。明代李清《明珠缘》第八回："君若识得侬心苦，便是人间并蒂莲。"联系文意，亦带有稍许委屈意味。清朝曹雪芹《红楼梦》第二十七回："侬今葬花人笑痴，他年葬侬知是谁？""侬"是多愁善感的黛玉的自称，依然是传达哀怨的情绪。分析"侬"在文献中作为第一人称代词的用法，可知大多都用于带有炫耀、不屑或哀怨、委屈意味的句子中，这一点正与本地方言相合。从语音上看，《康熙字典》引《六书故》："吴人谓人侬，即人声之转。瓯人呼若能。""瓯"即今之温州地区，可见明清时期"侬"温州人读为"能"，而阳城方言中第一人称代词"侬"的语音正与"能"同。"侬""能"语音不尽相同，以及"能"的古音、方言音与今音不同，均是由于主要元音发生了前后或高低的变化，属于语音在不同历史阶段或不同地域发生的音转现象。

古代汉语中"侬"作人称代词使用，除去可以作第一人称外，亦可作第二、第三人称代词。如元代杨维桢的《西湖竹枝歌》："劝郎莫上南高峰，劝侬莫上北高峰……""郎""侬"对举，"侬"显然是第二人称代词。明代末年的张自烈《正字通·人部》："侬，又他也。"可见，"侬"也可用作第三人称代词。"侬"除了指我、你、他，也可以泛指一般人。如"吴侬软语"，"吴侬"即吴地的人，语音似糯米团子一般柔美，所以称为"软语"。该词收于《乐府诗集》卷四十四的魏晋时期诗歌《清商曲辞·子夜四时歌》其十六："赫赫盛阳月，无侬不握扇。""无侬"即"无人"。

该词自清以后在汉语普通话中逐渐消失，主要保留在南方方言中，但是第一人称代词用法在上党地区方言中保留了下来。总体来说，"侬"在南方地区吴语、闽语中常用，北方地区很少用，即便上党地区也只有阳城方言保留了该词，当是由于地域接触与融合而造成的结果。

149. 家

上党地区晋城片方言常用"家"作人称代词后缀，表示复数，相当于"们"。我家、你家、他家、她家、咱家分别相当于我们、你们、他们、她们、咱们。亦可用在上文提到的"侬"后，作"侬家"，意为"我们"。

"家"无论在古代汉语还是现代汉语都是常用词，是一个意义极为广泛且极为通行的词语。它本为名词，后也可用作动词、形容词，并逐渐虚化，出现了量词用法。进而完全虚化成为词缀，加在人称代词或某些名词的后面。如宋代赵长卿《汉宫春·讲柳谈花》词："讲柳谈花，我从来口快，忺说他家。""他家"即"他们"，指代"讲柳谈花"。宋代辛弃疾《南乡子·好个主人家》词："好个主人家，不问因由便去嗏。""主人家"即"主人"，"家"是后缀，不表示任何词汇意义和语法意义。由此可见，词缀"家"用于人称代词之后，表示复数；用于名词之后，是单纯的后缀，不表示任何意义。

"家"用于人称代词后，作表复数的后缀，从文献用例来看见于六朝时期，如《世说新语·排调》："此是陈寿作诸葛评，人以汝家比武侯，复何所言？"其后历代沿用，用例极其丰富。如唐代敦煌变文《维摩诘经讲经文（五）》："莫将诸女献陈，我家当知不受。"元代康进之创作的杂剧《李逵负荆》第三折："更做你家年纪老。"金代董解元《董西厢》卷三："是他家先许了、先许了免难后成亲。"以上各例中的"人称代词＋家"都不是领属关系，而是人称代词。其中的"家"并不表示"家庭"，"汝家""我家""你家""他家"是人称代词我们、你们、他们。另外，《寒山诗》中还有"侬家"，即"侬们"。人称代词词尾"家"的来源，黑维强先生在《绥德方言"家"的用法、来源及语法化》（2015）一文中引用吕叔湘先生的说法，认为是来自名词家庭的"家"，当"我的家""你的家""他的家"的"我家""你家""他家"的"我""你""他"由领格扩展为非领格时，"家"便蜕化为代词的词尾了。① 柳士镇先生在《魏晋南北朝历史语法》一书中也指出："'家'字放在代词、名词等后面，如果仍然具有'家庭'的实义，那么它只应看作以之组成的偏正词组的中心词，同后缀没有什么关系。如果这类'家'字不再表示'家庭'的实义，而表示某一类的人，那么它就有了虚化的趋势，同后缀有了

---

① 黑维强：《绥德方言"家"的用法、来源及语法化》，《陕西师范大学学报》（哲学社会科学版）2015年第2期。

一定的联系。"[1]"家"的这种纯粹后缀性质的用法，在明代以后的文献里和现代普通话里未见使用。但结合黑维强先生的调查与分析可见，"家"的这种用法在绥德方言口语中不仅通行，而且还比较广泛地使用。

从以上所引的论述中我们可以看到，"家"的这种用法与上党地区晋城片方言中的"家"完全相同，都是具有表示复数的语法意义的词缀，严格来说是准词缀。"家"的这种表示复数的词缀性质在古文献中用例较少，今现代汉语普通话中更是没有用例，但在方言口语中则多见，而且在不同的方言区同行，当是历史上不同时期语言接触的结果。

二十二、副词

150. 旋

在上党地区长治、晋城片多地方言中，"旋"常用作时间副词，有两义：一是"立即、随即"，如"饼是旋做的"；一是"同时进行"，如"旋做旋吃"。

该词在文献中出现很早，上古汉语即已常用。"旋"，会意字，甲骨文作"🐾"，从㫃从足，本义为"转足"。《说文·㫃部》："旋，周旋，旌旗之指麾也。"意思是人足随旗帜而周旋。其释义与甲骨文形体正相合。《管子·小匡》："平原广牧，车不结辙，士不旋踵，鼓之而三军之士视死如归。"句中"旋踵"意为"转足"，比喻退缩。后由旋踵引申指旋转，该义直至今天仍在使

---

① 柳士镇：《魏晋南北朝历史语法》，南京大学出版社，1992 年，第 173 页。

用。再由旋踵引申为返回，如《诗经·小雅·黄鸟》："言旋言归，复我邦族。"旋踵不过顷刻之间，因此又引申指副词"不久、随即"，即上党地区方言中的第一义。

"旋"的"不久、随即"义最早出现在中古汉语。如《后汉书》卷七十二《董卓传》："卓既杀琼、珌，旋亦悔之。"宋代沈括《梦溪笔谈·活板》："有奇字素无备者，旋刻之。"近代汉语中沿用。明末凌濛初《初刻拍案惊奇》卷二十八："每到秋苗熟后，稼穑登场，旋煮黄鸡，新酿白酒，与邻叟相邀。"《粉妆楼》第七十一回："那守城门的官儿望城下一看，见是三个人，随即开了城门，旋下吊桥，引三人入城。"清代蒲松龄《聊斋志异·死僧》："夜既静，闻启阖声。旋见一僧来，浑身血污，目中若不见道士，道士亦若不见之。"该义在今普通话中已经很少使用，但在上党地区方言中常用。

之后"旋"的词义在副词"不久、随即"义基础上进一步虚化，大约在唐代开始作连词使用，一般是成对出现，作"旋……旋……"。如唐代章碣《陪浙西王侍郎夜宴》："深锁雷门宴上才，旋看歌舞旋传杯。"后代一直沿用。如宋代苏轼《东坡文集·遗过子尺牍》："元丰八年正月旦日，子由梦李士宁车草为具，梦中赠一绝句云：'先生惠然肯见客，旋买鸡豚旋烹炙。'"明代西周生《醒世姻缘传》第二十八回："从此后真君卖药大行，当了人，旋和泥，旋搓药。"清代张廷玉《明史》卷八十八《河渠六》："然当潮汐之冲，旋疏旋塞。"由上举各例可见，"旋……旋……"相当于今之连词"一边……一边……"。"旋"的这一连词用法在现代汉语普通话中已消失，但在上党地区方言中保留了下来，可以为阅读理解古代文献中的相关语句提供参考。

151. 尽

"尽"在长治片、晋城片方言中有"最"的意思，多用在方位词的前面。如长治县方言中说："那个尽南边是谁家？"

该词先秦文献即已使用。"尽"，音 jìn。《说文·皿部》："尽，器中空也。"可见"尽"的本义为空无一物、完了。如《春秋穀梁传·文公三年》："其甚奈何？茅茨尽矣。"作动词用，指用完、用尽。如《孟子·梁惠王上》："以若所为，求若所欲，尽心力而为之，后必有灾。"作副词，放在动词前面，表示一切，没有剩余。如《左传·昭公二年》："周礼尽在鲁矣。"因为其本义有"完了"之义，完了意味着极限，故放在形容词前面，可以表示达到极限。如《论语·八佾》："子谓《韶》：尽美矣，又尽善也。"又由达到极限引申为力求达到极限（在一定范围内），即"尽量"，音 jǐn。如《礼记·曲礼上》："虚坐尽后，食坐尽前。"句中"虚坐"是闲坐的意思。古代席地而坐，坐时两膝着地，臀部贴于脚跟。为了表示对人尊重，坐法颇有讲究，即"虚坐尽后，食坐尽前"。所谓"尽后"，是尽量让身体坐后一点，以表谦恭；"尽前"，是尽量把身体往前挪，以免饮食污染坐席而对人不敬。以上各义在今普通话中均有留存。

"尽"的"力求达到极限"义如果用于指方位、次序，即表示靠近极端，故可译为"最"。该义近代汉语才开始使用，多见于清代文献。如《红楼梦》第五十回："众人听了，方才依次坐下，只李纨挪到尽下边。"《幻中游》第二回："相士道：'从这条街上东去，见一个小胡同，往北直走，走到尽北头，向东一拐，又是一条东西街，名为贤孝坊。'"二例中"尽下边"就是"最下边"，"尽北头"就是最北头。该义在现代汉语普通话中已经不再使用，在上党地区长治、晋城片方言中保留了下来。

152. 爽利

在上党地区长治、襄垣、黎城、壶关、陵川方言中，"爽利"有一副词义"索性、干脆"，表示趁着什么时机索性把什么事做了。如："天下雨了，又是山路，不好走，爽利不要去了。"该义在今普通话中已消失。

"爽利"一词最早见于中古汉语，由"爽""利"两个单音词同义连用逐渐词汇化而来。"爽"，是个会意字。其甲骨文字形作"𤕦"，于省吾认为像人左右腋下有火，表示明亮。故"爽"的本义为"明亮、亮"。《说文·㸚部》："爽，明也。"与于省吾观点相同。如《左传·昭公三年》："惜也……二惠竞爽犹可，又弱一个焉，姜其危哉。""二惠"指子雅、子尾二兄弟，都是齐惠公之孙。"竞爽"，杜预注为"竞，强也。爽，明也"。后代用"二惠竞爽"来表示对两兄弟的称颂之辞。后引申有"（性格）率直、痛快"义。"利"，也是会意字，甲骨文字形作"𥝲"，从刀从禾，表示以刀断禾的意思，故其本义为"刀剑锋利、刀口快"。如《荀子·劝学》："木受绳则直，金就砺则利。"后引申泛指各种事物或动作、行为、语言、性格等的快、敏捷。"爽""利"都有"快"的意思，在语言中常连用，故逐渐凝固成词，表示"爽快、利落"之义，是个形容词，该义在中古汉语中即已使用。如韩偓《喜凉》："豪强顿息蛙唇吻，爽利重新鹘眼睛。"但用例不多。到近代汉语中该义常用。如《初刻拍案惊奇》卷三十："太守一发疑心了道：'他平日何等一个精细爽利的人，今日为何却失张失智到此地位？'"清代曹雪芹《红楼梦》第一百零八回："凤姐虽勉强说了几句有兴的话，终不似先前爽利、招人发笑。""爽利"一词依然活跃在今普通话中，常用义即此。

近代汉语中"爽利"的形容词"爽快、利落"逐渐虚化，开始出现了副词"干脆、索性"义。该义在长治等地方言中保留了下来，可与古文献互证。如《醒世姻缘传》第五十八回："咱既吃了这半日的烧酒，又吃黄酒，风搅雪不好，爽利吃烧酒到底罢。"第六回："晁大舍曰：'你先回，上复老爷，我爽利赶了二十五日庙上买些物事，方可回去。"该义普通话中已消失。《现代汉语词典》收"爽利"一词，但只收形容词"爽快、利落"义，未收副词"干脆、索性"义。可见今普通话"爽利"一词尚在使用，但只用作形容词。

153. 将将

上党地区多地方言常用"将将"一词，表示勉强达到一定数量或程度，意思是"刚刚、恰好"。如："我这次考试没考好，将将及格。""我来了将将一周。"

该词在上古汉语中即已出现，但读为"qiāngqiāng"，与上党地区方言中的"将将"当是同形词，在古代文献中常用来表示五个含义：一是"高大庄严的样子"。如《诗经·大雅·绵》："乃立应门，应门将将。"毛传："将将，严正也。"二是"肃杀的样子"。如《荀子·王霸》："诗云：'如霜雪之将将，如日月之光明，为之则存，不为则亡。'此之谓也。"三是"集聚的样子"。如《荀子·赋》："道德纯备，谗口将将。"四是象声词，一般用来形容金、玉撞击的声音。如《诗经·郑风·有女同车》："将翱将翔，佩玉将将。"五是"美盛的样子"。如《诗经·鲁颂·閟宫》："牺尊将将，毛炰胾羹，笾豆大房。"清代陈奂《诗毛氏传疏》："王肃'将将'训美盛。"

从文献资料来看，上党地区方言中使用的"将将"一词，清代才出现，在文献中常用。如清代文康创作的小说《儿女英雄传》第六回："那女子眼明手快，连忙丢下杠子，拿出那把刀来，往上一架，棍沉刀软，将将的抵一个住。"清代小说《续济公传》第一百四十八回："可巧此时江标由棺材店里出来，走不多远，将将撞着了他，心中暗暗就有个计较，却又怕被惶恐。"清代刘鹗《老残游记》第十八回："问：'做二十斤，就将将的不多不少吗？'说：'定的是二十斤，做成了八十三个。'"以上三例中"将将"意思都是"恰好、刚好"，正与上党地区方言"将将"相合，可以互证。

154. 可可

上党地区多地方言常用"可可"一词，意思是"恰好、正巧"。如："我正准备找你呢，可可就来了。"

该词是个叠音词，最早见于魏晋六朝时期，在文献中使用较多。一是表示"些微貌、少许貌"。如唐代寒山《寒山诗》之一百五十八："昔时可可贫，今朝最贫冻。""可可贫"即略显贫困。二是表示"模糊、隐约的样子"。如唐代元稹《春六十韵》："九霄浑可可，万姓尚忡忡。"三是表示"漫不经心的样子"。如唐末薛昭蕴《浣溪沙·红蓼渡头秋正雨》词："瞥地见时犹可可，却来闲处暗思量。"宋代柳永《定风波·自春来》词："自春来、惨绿愁红，芳心是事可可。"四是表示答应，如同说"诺诺"。如清人严可均所辑《全梁文》卷七《断酒肉文》："其余众僧，故复可可，至学律者，弥不宜尔。"宋代辛弃疾《千年调·庶庵小阁名曰卮言，作此词以嘲之》词："卮酒向人时，和气先倾倒。最要然然可可，万事称好。"以上各义多是在中古时期使用，近代汉语这些意义较为少用。除去表示答应之外，其他意义都是形容词用法。

随着词汇发展，近代汉语中"可可"的用法进一步扩大，出现了副词"恰好、恰巧"义，该义成为近代汉语中"可可"最常见的意义。如元代武汉臣《生金阁》第一折："今日买卖十分苦，可可撞见大官府。"元代郑光祖《三战吕布》第三折："我领著元帅将令，将著衣袍铠甲，正走中间，可可的撞著个大眼汉当住我。"明朝末年凌濛初《初刻拍案惊奇》卷十八："方在游思妄想，可可的那小娘子叫个丫头春云来道：'俺家娘请主翁到丹房看炉。'"民国时期的小说中亦有使用。如梁斌《播火记》二十："朱老忠最后一个走出小屋，可可一阵风顺着蓖麻地边上的小路吹过来，立时觉得浑身凉爽。"之后在汉语普通话中逐渐消失，《现代汉语词典》亦未收录。

另外，明清时期"可可"有时还可以加后缀"儿"，构成"可可儿"。该词形只是随着后缀"儿"的使用广泛而在口语中加上的儿化音，意思与"可可"无别。如明代小说《三宝太监西洋记》第五十六回："又一遭子，腊月数九天买了一船青阳扇儿，走到那个地头，可可儿弥勒爷治世，腊月回阳，就热了一个多月，一个人要一把扇子。"《金瓶梅词话》第七十四回："月娘向大妗子道：'我头里旋叫他使小沙弥请了《黄氏女卷》来宣，今日可可儿杨姑娘已去了。'"清代小说《儿女英雄传》第二十一回："今日天不亮便往这儿赶，赶到青云堡褚家庄，可可儿的大家都进山来了。"清代小说《儿女英雄传》第二十五回："只讲叔父、婶娘当日给你算命，可可儿的那瞎生就说了这等一句话，你可可儿的在悦来店遇着的是这个属马的，在能仁寺救了的也是这个属马的，你两个只管南北分飞，到底同归故里。"今方言中同样也依口语中的儿化习惯使用该词。

155. 款款

在上党地区晋城、长治片多地方言中，常用"款款"表示"缓慢的样子"，相当于今之"慢慢"，常用于动词前作状语。如："不要着急，款款走。"

该词也是个叠音词，上古汉语即已出现，常用来表示"诚恳貌、忠实貌"。如《楚辞·卜居》："吾宁悃悃欵欵，朴以忠乎？"王逸《楚辞章句》注："志纯一也。欵，一作'款'。"洪兴祖《楚辞补注》："款，苦管切，诚也。俗作'欵'。"可见"欵欵"即"款款"的俗写，在先秦时期即已使用。再如汉代司马迁《报任少卿书》："诚欲效其款款之愚。"两例中"款款"均用来形容"诚恳忠厚的样子"。该义一直到清代还在使用。如王闿运《陈夷务疏》："虽不足裨赞大计，诚亦愚者之款款也。"句中"款款"活用作名词。

汉代开始"款款"用来表示"和乐貌"。如汉代扬雄《太玄经·乐》："独乐款款，淫其内也。"南朝梁刘孝标《广绝交论》："范张款款于下泉，尹班陶陶于永夕。"该义也一直沿用至清代。如清代钱谦益《赵灵均墓志铭》："间托于《虞初》《诸皋》，以耗磨光景，陶陶款款如也。"

隋唐五代时期"款款"又用来表示"缓慢貌"。如唐代杜甫《曲江》诗："穿花蛱蝶深深见，点水蜻蜓款款飞。"后代一直沿用下来。如宋代张元干《浣溪沙·燕掠风樯款款飞》："燕掠风樯款款飞。艳桃秾李闹长堤。骑鲸人去晓莺啼。"金代董解元《西厢记诸宫调》卷五："不须乱猜这诗中意思，略听我款款地开解。"明代冯梦龙《醒世恒言》卷九："柳氏偎了半晌，看见女儿如此模样，又款款的说道：'我儿，做爹娘的都只是为好，替你计较。'"清代曹雪芹《红楼梦》第五回："于是众奶姆伏侍宝玉卧好了，款款散去，只留下袭人、晴雯、麝月、秋纹四个丫环为伴。"民国时期依然有不少用例。

现代汉语中"款款"一词已在普通话中消失，各项意义均不再使用。上党地区方言中只保留了其中的一项意义"缓慢貌"，可以在我们阅读中古近代汉语文献时提供参考。

二十三、量词

156. 干

在上党地区长子、武乡、高平、陵川、阳城方言中，"干"可以用作量词，是用来表示人的群体量词，常说"一干人"。如："本来想着有几个人就行，没想到来了一干人。""村里这一干人可不是好惹的。"意思是"一群人""一帮人"或"一伙人"。《现代汉语词典》未收此义。

"干"的古文字字形作"干""丫"，像使用的武器，在丫杈的两端和中间捆上石头，用以进攻对方。《说文·干部》："干，犯也。"结合古文字字形及《说文》解释，可知"干"的本义为冒犯、进攻别人。如《左传·襄公二十三年》："干国之纪。"意思是冒犯了国家的纲纪。由"冒犯、进攻"引申指"冲"。如唐代诗人杜甫《兵车行》："牵衣顿足拦道哭，哭声直上干云霄。"又引申为求取，追求。如《荀子·议兵》："皆干赏蹈利之兵也。""干赏"是指求取赏赐；"蹈利"是指追逐利益。《论语·为政》："子张学干禄。""干禄"是追求禄位之义。由冒犯又引申可以指强行过问或制止不应该管的事。如《后汉书》卷八十五《东夷列传》："不得妄相干涉。"又引申有牵连、发生关系的意思。宋代李清照《凤凰台上忆吹箫·香冷金猊》："新来瘦，非干病酒，不是悲秋。"该义在今"干涉""干扰""干系""相干"等双音词中尚有保留。此后，"干"又由此义虚化，用在表示人的名词前，作为群体量词使用，含义是彼此有关系的一群人。这种用法宋代才开始使用，主要见于宋代话本中。如北宋话本《太平广记》卷一百六十五："乃命一干吏，寄钱数千绳，并毡车子一乘，亦近直千缗。"近代汉语沿用下来。如元末明初施耐庵《水浒传》第二十六回："众邻舍却待起身，武松把两只手只一拦，道：'正要说话。一干高邻在这里，中间高邻那位会写字？'"清代曹雪芹《红楼梦》第一回："这一干风流冤家尚未投胎入世。"

　　"干"在《现代汉语词典》中收有三个意思，分别是冒犯、牵连、追求，也就是说古代汉语中"干"的常用动词义在词典中都有收录，但"冒犯"与"追求"标明是文言词语，可见普通话中事实上只有"牵连"义尚作为语素义保留着。而"干"的量词义在《现代汉语词典》中并未收录，可见"干"的这一用法在现代汉语普通话中已完全消失。即便在本地方言中，其量词用法的适用范围也有缩减，只能用于名词"人"前，表示群体量词。

以上我们结合历代文献材料，逐条考论了 156 条上党地区方言历史词语的历史脉络。每个词条先列出它们在今方言区的词义及用法，并略举数例进行说明；然后充分利用现有的文献资料，结合现代语言学理论与我国传统的训诂学理论，上溯先秦，下探明清，较为详细地考论了每一词语在中国历史上的沿用情况与词义变迁，展示出上党地区方言历史词汇的大致面貌，亦可见证上党地区人文历史的悠久性。这些方言历史词汇按照义类数量具体分布如下："天文"类 3 个；"地理"类 5 个；"时令、时间"类 17 个；"农事、农具"类 4 个；"植物"类 2 个；"动物"类 5 个；"房屋"类 3 个；"器物用具"类 11 个；"称谓"类 6 个；"疾病"类 3 个；"身体"类 2 个；"衣服穿戴"类 4 个；"饮食"类 5 个；"红白大事"类 4 个；"日常生活"类 7 个；"交际"类 10 个；"文化教育"类 4 个；"动作"类 39 个；"位置"类 2 个；"性状、情态"类 11 个；"代词"类 2 个；"副词"类 6 个；"量词"类 1 个。

这些词语有的在古代文献中常用，有的则用例不算太多，但是均对我们理解和阅读古代文献有极大的参考价值，有些有争议的、悬而未决的词语解释问题可以结合方言用例及语义进行解决，词典里解释不够准确或者漏收的义项亦可结合方言用法得以更正或核实。总之，方言中留存的古代词语对于词汇学、词典学以及训诂学的研究具有珍贵的语料价值。

第四章　上党地区方言历史词汇的多元论析

在前面的内容中，我们分成上下两篇对 23 类、156 条上党地区方言历史词语进行了分类整理与考释，逐条分析了其词义来源，以及在古代文献中的使用与在现代汉语中的留存情况。本章内容将在前文内容的基础上进一步对上党地区方言历史词汇从多个角度进行概括分析。

第一节　上党地区方言历史词汇的历史层次

众所周知，词汇的发展体现了新词的出现、旧词的消亡以及词汇更替的过程，这一过程与社会文化的发展息息相关，特定的社会制度、文化背景会促使反映相应制度、相关文化的新词出现，而旧词如果不适应时代与社会发展的需求，终将退出词汇历史的舞台，变成"死词"。因此，讨论词汇的发展，首先应当提及其所处的历史层次，以此为基础，才能分析其历时变化中呈现出的特点，也才能有所针对地剖析特定时期的文化现象。同时，汉语词汇历史层次的研究能为我们提供一个时代词汇的继承与创新情况，有助于从总体上把握这个时代的词汇面貌，对于我们研究断代词汇以及词汇的发展史有着重要的价值。而方言词汇历史层次的研究对于我们了解该地区方言词汇在各个不同历史阶段的积淀、方言词汇的传承与创新等都具有极其重要的作用，而且也可以为整个汉语词汇的研究提供有价值的语料。

关于词汇的历史层次问题，李如龙先生曾在《汉语方言学》一书中有过论述，详见前文。[①]周振鹤、游汝杰先生也曾谈到过语言存在着历史层次现象。他们在《方言与中国文化》中说："不同的时代都给原有的方言填上不同的层次。"[②]游汝杰在《汉语方言学导论》中说："语言是人类世代积累而成的精神财富。因为是积累而成的，所以它的现代形式必然包含多重历史层次的积压。"[③]根据各家所论，方言词汇的历史层次通常是指叠置在一个方言共时系统中的成体系的不同时间或地点的词汇系统的成分。因此，研究方言词汇的历史层次应当包含两个方面：一是时间层面，主要讨论该地方言词汇在不同历史时期的分布状况；二是地域层面，主要讨论该地方言词汇历史上在民族融合过程中与其他地域发生的语言接触问题。本书主要立足时间层面探讨上党地区方言历史词汇的历史层次。

结合语言学上对汉语史的分期方法以及前文所考上党地区方言历史词汇所出现的历史时段，本书将上党地区方言历史词汇分

---

① 李如龙：《汉语方言学》，高等教育出版社，2001 年，第 120 页。

② 周振鹤、游汝杰：《方言与中国文化》，上海人民出版社，2019 年，第 48 页。

③ 游汝杰：《汉语方言学导论》，上海教育出版社，2000 年，第 131 页。

别归入以下历史层次：先秦两汉时期、魏晋南北朝时期、隋至唐宋时期、元明清时期。其中，隋代在历史中仅存38年，且本书考释的词语未有属于这一时期的，为行文表述方便考虑，隋至唐宋时期以下均简称为唐宋时期。

在具体确定每个词的历史层次归属过程中遵循的原则以及相关问题有以下几点需要说明。

第一，确定某词属于哪一历史层次，我们的原则是该词在历代文献资料中最早出现的时间。但是由于阅读条件、语料资源等因素的限制，可能还存在未被我们查找到的该词的文献资料和用例，因此，依据文献资料确定某词的历史层次，显然不可能做到准确无误，但是至少可以说明在我们依据文献资料所确定的那个时代某词就已经产生了。简单而言，我们所确定的某词的历史层次准确地说应该是该词最迟出现的历史时代。

第二，因为我们的研究对象是上党地区方言中留存的历史词汇，确定历史层次也应是方言词汇中保留的古义的历史层次，因此，我们从词义角度出发，以该词在上党地区方言中所保留的古义最早在文献中使用的时代为标准，而不是以该词在词义序列中呈现出的本义为标准。如"尽"在上党地区方言中意思是"最"，其本义为"器中空"。"器中空"义在先秦时期即已使用，"最"义在元明清时期才使用，所以我们以在上党地区方言中使用的"最"义的最早使用时间即元明清时期作为该词出现的历史层次。

第三，对于上党地区方言词义是古代词义引申变异而来的词语，我们以方言词义所源自的古义最早出现的历史时代作为判断标准。如"珥"在上党地区方言中可以表示专注地做某事（含贬义），该义由扬雄《方言》所释"人相侮以为无知"发展而来，正因为对要做的事无知、不精通，所以才需要非常专注地做事，方言中常用于贬义，也与扬雄所释相通。故以《方言》的时代作为标准，将"聑"的历史层次定为汉代。

第四，对于方言词汇中的多义词，我们结合词义引申理论以及文献使用情况进行分析，确定哪一意义在前，为原始意义；哪一意义在后，为前一意义的引申义。判断其历史层次时则以第一意义在文献中最早出现的时代作为判断标准。如"旋"在上党地区方言中有两个意义：一是"立即、随即"，一是"同时进行"，后一意义由前一意义引申而来。那么确定其历史层次时，则以第一个意义"立即、随即"在文献中出现的最早时代作为依据，归入魏晋南北朝时期。

第五，对于同形词，我们以上党地区方言历史词汇中保留的义项最早出现的时代作为判断标准。如"仄"，古代有"倾斜""狭窄""社会地位或政治地位低下""心里不安"等义，也可用来指汉语中有曲折特征的声调"仄声"。在上党地区长治方言中"仄"指"倾斜"，因此，"仄"的历史时代的确定即以其"倾斜"义最早出现的时间为判断标准。

按照以上原则及说明，我们将前文考释的156个历史词语归入相应的历史层次。为了方便查找，了解该词的详细情况，我们在这一部分中列举每个历史层次的词语时将前文序号一并标出。因此，每词前面有两个序号，第一个序号为该词在所属历史层次中的序号，加小括号以示区别；第二个序号为前文分类考释时的序号。在列举这些词语时，首先解释其在上党地区方言中的意义，然后举古代文献的例子说明其在古文献中曾使用该义。

一、先秦两汉时期

先秦两汉时期是指从秦统一六国以前的夏商周春秋战国时期（这一段一般称为先秦）到秦亡后刘邦称帝建西汉，西汉衰落后迁都又建立东汉，东汉灭亡为止的历史时期。从具体时间上看，大约是从公元前 18 世纪到公元 3 世纪的历史时期。这一阶段涉及的历史文献主要见于西周、东周、战国、西汉、东汉五个时段。

1. 西周

见于西周的上党地区方言词语 5 个，分别为场、献、贻、衍、咥。

（1）5. 场：平坦的空地，多指农家翻晒粮食及脱粒的地方，即"打谷场"。《诗经·豳风·七月》："九月筑场圃，十月纳禾稼。黍稷重穋，禾麻菽麦。""九月肃霜，十月涤场。朋酒斯飨，曰杀羔羊。"

（2）66. 献：把东西进献给已经去世的人或神佛之类。《周礼·大司马》："献禽以祭祖。"

（3）90. 贻：赠送、给。《诗经·邶风·静女》："静女其娈，贻我彤管。彤管有炜，说怿女美。"

（4）122. 衍：水或其他液体从锅里或其他容器中溢出。《周易·需卦·象传》："需于沙，衍在中也。"三国吴虞翻注曰："衍，流也。"沙滩本为干旱之地，偶尔有地下水溢出形成水流，此处的"衍"就是溢出的流水。

（5）124. 咥：吃。《周易·履卦》："履虎尾，不咥人，亨。"

2. 东周

见于东周的上党地区方言词语 10 个，分别为后生、惊、颔、项、聘、捉、踞、荷、跣、饥。

（6）52. 后生：年轻男子。《论语·子罕》："后生可畏，焉知来者之不如今也。"

（7）58. 惊：使受到惊吓。《左传·隐公元年》："庄公寤生，惊姜氏，故名曰寤生，遂恶之。"

（8）60. 颔：下巴。《公羊传·宣公六年》："祁弥明逆而踬之，绝其颔。"

（9）61. 项：人的脖子。《左传·成公十六年》："王召养由基，与之两矢，使射吕锜，中项，伏弢。以一矢覆命。"

（10）73. 聘：女子订婚或出嫁。《左传·成公十一年》："声伯之母不聘。穆姜曰：'吾不以妾为姒。'"

（11）97. 捉：握、持、拿。《左传·僖公二十八年》："叔武将沐，闻君至，喜，捉发走出。"

（12）101. 踞：蹲。《左传·襄公二十四年》："使御广车而行，己皆乘乘车。将及楚师，而后从之乘，皆踞转而鼓琴。"

（13）108. 荷：①承担、搬动；②拿、携带。《左传·昭公三年》："礼，其人之急也乎！伯石之汰也，一为礼于晋，犹荷其禄，况以礼终始乎？"句中用"承担"义。《列子·黄帝》："因假粮荷畚之子华之门。"句中用"拿、携带"义。

（14）130. 跣：赤足。《国语·晋语·悼公始合诸侯》："公跣而出。"

（15）147. 饥：腹中空，需要补充食物了。《国语·越语·越兴师伐吴而弗与战》："若将与之，必因天地之灾，又观其民之饥饱劳逸以参之。"

3. 战国

见于战国的上党地区方言词语 7 个，分别为蟆^①、先生、抟、仄、奓、噪、丑。

（16）34. 蟆：青蛙。《管子·七主七臣》："蛰虫不藏，宜死者生，宜蛰者鸣；茸多腾蟆，山多虫螟蚊；六畜不蕃，民多夭死；国贫法乱，逆气下生。"

（17）56. 先生：①老师；②医生。《庄子·应帝王》："列子曰：'噫，子之先生死矣，弗活矣。'"用第一义。清代李渔《凰求凤·假病》："请先生过来，用心替他诊脉。"用第二义。

（18）96. 抟：把东西捏聚成团。《礼记·曲礼上》："毋抟饭，毋放饭，毋流歠。"

（19）128. 仄：倾斜。《管子·白心》："日极则仄，月满则亏。"

（20）131. 奓：张开。《庄子·知北游》："神农隐几，阖户昼瞑，妸荷甘日中奓户而入，曰：'老龙死矣！'""奓户"即打开门、推开门。

（21）134. 噪：大声喧哗、叫嚷。《墨子·备蛾傅》："因素出

---

① "蟆"即前文"分类考释"中的"43. 圪蟆"。古文献只用"蟆"，不用"圪蟆"，方言中的"圪蟆"是在古词语的基础上加前缀"圪"而来。在上党地区方言中，"圪"使用非常广泛，名词、动词、形容词、量词、拟声词前均可加"圪"。"分类考释"中的词条列的是方言词语，而本章是以古代文献中的词语作为分析对象，因此与前文词条不同。下文的"挎""鳌"与此相同，其后的"的""子"是上党地区方言中的一个后缀，古文献不用。

兵将施伏，夜半而城上四面鼓噪，敌人必或，破军杀将。以白衣为服，以号相得。"

（22）146. 丑：羞愧、害羞。《吕氏春秋·恃君览》："厥之谏我也，必于无人之所；铎之谏我也，喜质我于人中，必使我丑。"

4. 西汉

见于西汉的上党地区方言词语2个，分别为擩、乏。

（23）118. 擩：插、塞、伸。该义文献未见，当是在"按压"义的基础上引申而来。"擩"由本义"抓取"引申"按压"，再引申"插、塞、伸"等义，其脉络一直循着"手部动作"这一特征。司马相如《子虚赋》："切生肉，擩车轮，盐而食之也。"李善《文选注》曰："擩，揾也。"

（24）140. 乏：身心疲乏，形容没有力气。西汉李陵的《答苏武书》："以五千之众，对十万之军；策疲乏之兵，当新羁之马。"

5. 东汉

见于东汉的上党地区方言词语8个，分别为月尽、门限、誊、燂、鼓、捼、乔、聑。

（25）16. 月尽：农历每月的最后一天。东汉《太平经》卷九十六："常以月尽朔旦，见对于天，主正理阴阳。"句中，"朔旦"同义连用，指农历初一，"月尽"指农历每月最后一天。

（26）37. 门限：门槛，即门框下部挨着地面的横木或长石。《东观汉记·臧宫传》："越人伺候者，闻车声不绝而门限断。"

（27）94. 誊：转录、抄写。《说文·言部》："謄，迻书也。从言，朕声。"可见，该词至少东汉时已出现，文献用字作"謄"，后代简写作"誊"。

（28）98. 燣：烧水、熬汤。许慎《说文·火部》："炮肉，以微火温肉也。从火衣声。"上党地区方言词义范围扩大。

（29）107. 敁：夹东西。《说文·支部》："持去也。从支奇声。去奇切。"

（30）119. 挼：把东西弄得不平整。《说文·手部》："推也。从手委声，一曰两手相切摩也。"

（31）127. 矞：溢出。《说文·矞部》："以锥所穿也。从矛从冏。一曰满有所出也。"

（32）132. 聉：①专注地做某事（含贬义），意味着对方对所做的事不够熟悉或不精通；②形容耳朵竖起来的样子。扬雄《方言》："扬越之郊凡人相侮以为无知谓之聉。聉，耳目不相信也。或谓之斫。"上党地区方言的第一义是在扬雄《方言》所释意义的基础上引申而来的。《集韵》："陟革切，音摘。耳竖貌。"用第二义。上党地区方言保留古义并引申出新义。

二、魏晋南北朝时期

魏晋南北朝时期，又称三国两晋南北朝，指从东汉灭亡、三国鼎立，至西晋建国、五胡乱华，再到东晋建立、南北两立，直至南朝陈灭亡为止的历史时期，是中国历史上政权更迭最频繁的时期，可以分为魏晋和南北朝两个时期。从具体时间上看，是指大约从公元 3 世纪到公元 6 世纪的历史时期，这一阶段涉及的历史文献也主要见于魏晋和南北朝两个时段。

1. 魏晋

见于魏晋的上党地区方言词语 5 个，分别为碌碡、铁匙、滗、搦、当处。

（1）27. 碌碡：一种用来碾压成熟谷子的农业生产工具，为圆柱体，多用石头做成，也有铁制的，用牲畜或人力牵引来压平田地、碾脱谷粒等。北魏贾思勰《齐民要术·大小麦》"青稞麦"下记载："治打时稍难，唯伏日用碌碡碾。"

（2）45. 铁匙：锅铲。晋代葛洪《抱朴子·内篇·黄白》："以少许药如大豆者投鼎中，以铁匙搅之，冷即成银。"

（3）99. 滗：挡住渣滓或泡着的东西，把液体倒出。三国魏张揖《广雅》中解释为"盪也。一曰去汁也"。

（4）117. 搦：拿或握在手中。晋郭璞《江南赋》："舟子于是搦棹。""搦棹"即操桨。

（5）136. 当处：本处、就在这个地方。北魏贾思勰《齐民要术·造神曲并酒》："其房欲得板户，密泥涂之，勿令风入。至七日开，当处翻之，还令泥户。"

2. 南北朝

见于南北朝的上党地区方言词语13个，分别为豁、葵花、草驴、鏊、手巾、汉、哕、觑、波、勤紧、侬、家、旋。

（6）8. 豁：①舍弃；②割开、裂开、冲开、裁开；③缺口。南朝宋刘义庆《世说新语·德行》："（殷仲堪）每语子弟云：'勿以我受任方州，云我豁平昔时意，今吾处之不易。贫者，士之常，焉得登枝而捐其本！尔曹其存之。'"徐震堮校笺："豁，忘弃也。"用第一义。元无名氏《刘弘嫁婢》第一折："着他把头发披开，顶门上着碗来大艾焙炙，豁开他两个耳朵，他就好了。"用第二义。"豁开"意为"割开"。另外，上党地区方言在保留古义的基础上又引申出了新义，可以用作名词，意为"缺口、豁口"。

（7）30. 葵花：向日葵。六朝《全梁文》有"葵花赋"。

（8）33. 草驴：母驴。《北史》卷四十一《杨愔传》："卿前在元子思坊，骑秃尾草驴，经见我不下，以方麴鄣面，我何不识卿？"

（9）40. 鏊：一种烙饼的器具，用铁做成，平面圆形，中心稍凸。《玉篇·金部》："鏊，饼鏊也。"

（10）48. 手巾：毛巾。南朝宋刘义庆《世说新语·文学》："谢注神倾意，不觉流汗交面。殷徐语左右：取手巾与谢郎拭面。"

（11）51. 汉：①成年男子的泛称；②丈夫。《北齐书》卷二十三《魏兰根传》："显祖谓（杨）愔云：'何虑无人作官职？苦用此汉何为？放其还家，永不收采。'"句中"汉"即指男子。《西游记》第二十三回："八戒道：娘，你上复令爱，不要这等拣汉。"句中"汉"指"丈夫"。

（12）57. 哕：呕吐。《南齐书》卷四十一《张融传》："喷洒哕噫，流雨而扬云；乔体壮脊，架岳而飞坟。"

（13）82. 靦：厚着脸皮。南朝梁丘迟《与陈伯之书》："将军独靦颜借命，驱驰毡裘之长，宁不哀哉！"

（14）139. 泼：寒冷、冰冷。《玉篇》："泼，府伐切，音发。寒也。一曰溙也，通流也。"

（15）142. 勤紧：勤快。南北朝梁沈约《宋书》卷八十三《黄回传》："会中书舍人戴明宝被系，差回为户伯，性便辟勤紧，奉事明宝，竭尽心力。"

（16）148. 侬：第一人称代词"我"。《北史》卷六十三《苏威传》："于是旧陈率土毕反，执长吏，抽其肠而杀之，曰：'更使侬诵《五教》邪！'"

（17）149. 家：人称代词后缀，表示复数。相当于"们"。《世说新语·排调》："此是陈寿作诸葛评，人以汝家比武侯，复何所言？"

（18）150. 旋：①立即、随即；②表示同时进行的动作，相当于"一边……一边……"。南朝宋范晔《后汉书》卷七十二《董卓传》："卓既杀琼、珌，旋亦悔之。"用第一义。唐章碣《陪浙西王侍郎夜宴》："深锁雷门宴上才，旋看歌舞旋传杯。"用第二义。

三、唐宋时期

唐宋时期是指从唐朝建立至南宋灭亡为止这一段历史时期。从具体时间上看，大约是从公元 6 世纪到公元 13 世纪，这一阶段涉及的历史文献主要见于唐代和宋代两个时段。

1. 唐

见于唐代的上党地区方言词语 23 个，分别为日头、月明、冻泥、孤堆、春期、晚夕、历头、江米、火箸、豆枕、男人、通唤、铺衬、恶水、出门、双生、填还、跋、向火、绾、亚、恓惶、款款。

（1）1. 日头：太阳。唐张鷟《朝野佥载》卷四："暗去也没雨，明来也没云。日头赫赤赤，地上丝氲氲。"

（2）2. 月明：月亮。唐李益《从军北征》诗："碛里征人三十万，一时回向月明看。"

（3）3. 冻泥：冬天下雪后路上结成的冰或天气寒冷后湖面上

结成的冰等，同时也可用来称冰块。唐陈羽《从军行》："海畔风吹冻泥裂，枯桐叶落枝梢折。横笛闻声不见人，红旗直上天山雪。"

（4）6. 孤堆：①平地上隆起的土堆；②泛指一切隆起的堆放物。唐韩愈《饮城南道边古墓上逢中丞过赠礼部卫员外少室张道士》："偶上城南土骨堆，共倾春酒三五杯。"用第一义。文献中"骨堆"还可指坟堆、沙堆等。

（5）9. 春期：春天、春季。唐高蟾《晚思》："虞泉冬恨由来短，杨叶春期分外长。"

（6）20. 晚夕：①傍晚；②晚上。唐刘威《题许子正处士新池》："那堪更到芙蓉拆，晚夕香联桃李蹊。""晚夕"指傍晚。北宋时期李昉的《太平广记》卷三百六十七《妖怪九》："居僧晚夕不安，衣装道具，有时失之复得。有道士者闻之曰：'妖精安敢如是？余能去之。'""晚夕"指晚上。

（7）25. 历头：历书。唐魏征《隋书》卷三十四《志第二十九》中提到《二仪历头堪余》一卷。

（8）31. 江米：糯米。唐李贺《始为奉礼忆昌谷山居》："长枪江米熟，小树枣花春。"

（9）44. 火箸：夹炉中煤炭等燃料或通火用的工具，一般是铁质，形状像筷子，一端有铁链连接。唐冯贽《云仙杂记》卷二："朱符谓火箸如两仪成变化，不可缺一。"

（10）46. 豆枕：枕头。《全唐诗·夏日雨中寄幕中知己》："北风吹夏雨，和竹亚南轩。豆枕敧凉冷，莲峰入梦魂。"

（11）54. 男人：丈夫。唐杜佑《通典》卷一百八十六《边防二·东沃沮》："又言有一国亦在海中，纯女无男人。"

（12）59. 通唤：痛而呻吟。唐颜师古《匡谬正俗》卷六："恫，今太原俗呼痛而呻吟谓之通唤。"

（13）64. 铺衬：做补丁或袼褙用的碎布或旧布。《唐文拾遗》卷五十九："充备仓夫斗袋人夫及诸色吃食、纸笔、铺衬、盘缠支费。"

（14）69. 恶水：脏水，不洁净的液体。唐李延寿《北史》卷二十二《长孙晟传》："因取诸药，毒水上流。达头人畜饮之多死，大惊曰：'天雨恶水，其亡我乎！'因夜遁。"

（15）71. 出门：女子出嫁。唐无名氏《玉泉子》："吾有女弟未出门，子能婚乎？"

（16）72. 双生：一胎生两胞，即双胞胎。唐佚名《南唐伶人献先主词》："惟愿普天多瑞庆，柳条结絮鹅双生。"

（17）88. 填还：报答、偿还。《旧唐书》卷十八《武宗纪》："又赴选官人多京债，到任填还，致其贪求，罔不由此。"

（18）100. 跋：拖着鞋子。杜甫《短歌行赠王郎司直》："西得诸侯棹锦水，欲向何门跋珠履？"

（19）103. 向火：烤火。唐元微之《拟醉》："九月闲宵初向火，一尊清酒始行杯。"

（20）123. 绾：①把长条形的东西盘绕起来打成结；②卷起。李贺《大堤曲》："青云教绾头上髻，明月与作耳边珰。"句中"绾"用第一义。唐代刘知几《史通·忤时》："士有附丽之者，起家而绾朱紫。"句中"绾"用第二义。

（21）126. 亚：弯、俯。唐杜甫《戏题王宰画山水图歌》："舟人渔子入浦溆，山木尽亚洪涛风。"

（22）141.恓惶：悲伤、可怜，常用于表达自己的同情。唐韦应物《简卢陟》："恓惶戎旅下，蹉跎淮海滨。"

（23）155.款款：缓慢的样子。唐杜甫《曲江》："穿花蛱蝶深深见，点水蜻蜓款款飞。"

2.宋

见于宋代的上党地区方言词语27个，分别为打春、破五、添仓、夜来、早起、耙、虼蚪、仰尘、笢子、杌子、小的、兀秃、扁食、生活、告假、摠、搁、撼、敤、撏掇、打并、苦、熥、擤、轻省、打紧、干。

（24）10.打春：立春。《太平广记》卷一百八十一《贡举四》："锴庭遣之，思谦回顾厉声曰：'明年打春取状头。'"

（25）11.破五：正月初五。苏轼《蝶恋花》词："泛泛东风初破五。江柳微黄，万万千千缕。"

（26）12.添仓：农家往仓房囤子里增添粮食，是上党地区民间的一个传统节日，时间一般在正月二十左右，也作"填仓"。宋代《东京梦华录》："正月二十五日，人家市牛、羊、豕肉，恣飨竟日。客至苦留，必尽而去。名曰填仓。"

（27）17.夜来：昨天。《朱子语类》卷十六："次早云：'夜来国秀说自欺有三样底，后来思之，是有这三样意思。然却不是三路，只是一路，有浅深之不同。'"

（28）19.早起：早上。《朱子语类》卷一百一十八："又如学者应举觅官，从早起来，念念在此，终被他做得。"

（29）28.耙：①一种把碎土、堆肥、杂草摊开，使它们附着在农田表面的农具，主要用于犁地之后，平整表层土壤，外形较大；②一种聚拢谷物或平土地用的农具，主要用于表层土壤耕作，外形较小。北宋时期的语录《朱子语类》卷二十五："治田者须是经犁经耙，治得窒礙，方可言熟也。"用第一义。明代著名科学家宋应星《天工开物》中记载："凡一耕之后，勤者再耕、三耕，然后施耙，则土质匀碎，而其中膏脉释化也。"用第二义。

（30）35. 虰蚪：蝌蚪。《张协状元》戏文第十九出："二月春光好，秧针细细抽。有时移步出田头，虰蚪耍无数水中游。"

（31）38. 仰尘：天花板。王巩《闻见近录》："丁晋公尝忌杨文公。文公一日诣晋公，既拜而髯拂地。晋公曰：'内翰拜时须撇地。'文公起，视其仰尘，曰：'相公坐处幕漫天。'"

（32）43. 箆子：齿密的梳头工具。赵溍《养疴漫笔》："（祖母）常戒诸孙曰：'如我出，慎勿开此箱，开则我不回也。'诸孙中有一无赖者，一日醉酒而归，祖母不在，径诣床头，取封锁柳箱开之，其中止有一小铁箆子，余无他物，自此祖母竟不回矣。"

（33）49. 杌子：凳子。陆游《老学庵笔记》卷四："往时士大夫家，妇女坐椅子杌子，则人皆讥其无法度。"

（34）55. 小的：①泛指男孩子；②自己的儿子。南宋《话本选集》卷一："赵正去他房里，抱那小的安在赵正床上，把被来盖了，先走出后门去。"

（35）67. 兀秃：形容水温不冷不热，也作"温吞"。宋黎靖德《朱子语类》卷六十："利与善之间，不是冷水，便是热汤，无那中间温吞暖处也。"

（36）70. 扁食：水饺。《清平山堂话本·快嘴李翠莲记》中，李翠莲在夸耀自己的烹饪手艺时曾说："烧卖扁食有何难，三汤两割我也会。"

（37）75. 生活：活儿、工作。吴曾《能改斋漫录·神仙鬼怪》："夜久人静，或闻以行相呼云：'今吾辈有何生活？'"

（38）95. 告假：请假。宋代王禹偁《求致仕第一表》："近因岁暮，转觉形羸，虽云告假之中，仍列钧台之上。"

（39）104. 搌：①用拳头打人；②手用力压或揉。《集韵》："俗谓以拳触人曰搌。"方言中，后引申可指手用力压或揉。

（40）106. 搁：放下。北宋话本《太平广记》卷二百五十六《嘲诮四》："元茂搁笔曰：'请辛先辈言其族望'。"

（41）109. 撼：拿。《太平广记》卷二百一十五《算术》："而即自起量树，去地七尺，围之。取围径之数布算。良久曰：'若干叶。'众不能覆。命撼去二十二叶，复使算。曰：'已少向者二十一叶矣。'"

（42）110. 毆：打、击。《广雅·释诂》："毆，椎也。"

（43）113. 撺掇：①怂恿；②帮忙办事或者拿东西。黎靖德《朱子语类》卷三十五："圣人做出这一件物事来，使学者闻之，自然欢喜，情愿上这一条路去，四方八面撺掇他去这路上行。"句中"撺掇"是"怂恿"义。《水浒传》第二十六回："王婆和那妇人谢道：'难得何九叔撺掇，回家一发相谢。'"句中"撺掇"是"帮忙办事"义。

（44）115. 打并：整理、收拾。《朱子语类》卷十："有一士人，以犯法被黥，在都中，因计会在梁师成手里直书院，与之打并书册甚整齐。"

（45）120. 苫：用席、布等遮盖东西。陆游《幽居岁暮》诗：

"刈茅苫鹿屋，插棘护鸡栖。"

（46）121. 爚：把凉了的熟食再蒸热。《集韵·东韵》："爚，以火煖物也。"

（47）125. 擤：捏住鼻子，用气排出鼻涕。华岳《满江红·帘拍风颠》："罗带只贪珠泪擤，金钗不整乌云侧。"

（48）143. 轻省：①轻松，不费力；②重量小。刘克庄《转调二郎神·抽还手版》："抽还手版，受用处、十分轻省。"其中"轻省"用第一义。第二义古文献未见使用，是上党地区方言在"不费力"义的基础上引申出的意义。

（49）144. 打紧：要紧、重要。明洪楩《清平山堂话本》中收录的宋代话本《快嘴李翠莲记》："女儿诸般好了，只是口快，我和你放心不下，打紧他公公难理会，不比等闲的，婆婆又兜答，人家又大，伯伯、姆姆手下许多人。"

（50）156. 干：量词，属于用来表示人的群体量词。北宋话本《太平广记》卷一百六十五："乃命一干吏，寄钱数千绳，并毡车子一乘，亦近直千缗。"

四、元明清时期

元明清时期是指自成吉思汗统一蒙古到清朝灭亡这一段历史时期。从具体时间上看，大约是从公元 13 世纪到公元 20 世纪初，这一阶段涉及的历史文献主要见于元代、明代和清代三个历史时段。

1. 元

见于元代的上党地区方言词语 19 个，分别为阁落、年时、前晌、后晌、担杖、草鸡、头口、煎盘、板床、滚水、趱、挺、谝、厮跟、掂、掇、待见、这（那）厢、可可。

（1）7. 阁落：阴暗、避人的角落。马致远《荐福碑》第一折："我左右来无一个去处，天也！则索阁落里韫椟藏诸。"

（2）14. 年时：去年。卢挚《清平乐》词："年时寒食，直到清明日。"

（3）21. 前晌：上午。王恽《玉堂嘉话》卷七："燕城阁前晌午市合更忙。"

（4）23. 后晌：下午。元杂剧《海门张仲村乐堂》第二折："我与你直挺挺忙拨倒身躯，就着这凉渗渗席垫着我这脊梁，美也，就着那风飕飕扇着我那胸膛。愁的是后晌，晌晌。"

（5）26. 担杖：扁担。元《朴通事》："后头，才知那个太师家的、太保家的、丞相家的、公侯家的，各自一火家，睁着眼，舍着性命，各拿棍棒，又是担杖，厮打着争那明珠。"

（6）32. 草鸡：母鸡。关汉卿《鲁斋郎》第三折："（李四云）鲁斋郎，你夺了我的浑家，草鸡也不曾与我一个。"

（7）36. 头口：牲口、牲畜。《元典章·刑部·偷头口》："汉儿人偷头口一个也赔九个。"

（8）41. 煎盘：平底锅、饼铛。一种用来煎食物的器具，圆形，锅边低，底部是平面。关汉卿《杜蕊娘智赏金线池》第一折："这纸汤瓶再不向红炉顿，铁煎盘再不使清油混，铜磨笴再不把顽石运。"

（9）50. 板床：板凳。一种用木头制成的凳子，多为长条形，没有靠背。汤式《沉醉东风·梦后书》："七尺低低板床，三椽窄窄旧房，苇子帘，梅花帐，抵多少画阁兰堂。"

（10）68. 滚水：沸水、开水、热水。马致远《寿阳曲·春将暮》："一锅滚水冷定也，再撺红几时得热。"

（11）79. 踅：来回走动。《元代话本选集》中说："忙踅出来。"

（12）81. 挺：睡、躺。元代李文蔚《燕青博鱼》第三折："我铺的这艾叶纹藤席净，掇过这桃花瓣石枕冷，醉魂儿偏喜月波凉，就这搭儿里挺挺。"

（13）85. 谝：夸耀、夸口。关汉卿《陈母教子》第二折："我劝这世上人，休把这口忒谝过了。"

（14）89. 厮跟：跟随，结伴同行。《全元曲·救孝子贤母不认尸》第二折："儿呵，咱子母们紧厮跟，索与他打簸箕的寻趁，恨不得播土扬尘。"

（15）105. 掂：①掂量；②拿东西。王实甫《西厢记》第一本第二折："尽着你说短论长，一任待掂斤拨两。"用第一义。《儿女英雄传》第十回："手里掂着那把刀。"用第二义。

（16）112. 掇：用双手拿、搬取、端。《元代话本选集·陈御史巧勘金钗钿》："公子掇一把交椅，朝上放下：'请岳母大人上坐，待小婿鲁某拜见。'"

（17）116. 待见：喜欢、喜爱。关汉卿《鲁斋郎》第一折："小官鲁斋郎，自从许州拐了李四的浑家，起初时性命也似爱她，如今两个眼里不待见她。"

（18）135. 这（那）厢：这厢，指代比较近的处所；那厢，指代比较远的处所。元代杂剧《须贾大夫谇范叔》第二折："长叹罢刚将眼睁放，我看了这厢，我又觑了那厢。天也，原来我这七尺身躯在那厕坑里躺。"

（19）154. 可可：恰好、正巧。武汉臣《生金阁》第一折："今日买卖十分苦，可可撞见大官府。"

2. 明

见于明代的上党地区方言词语 28 个，分别为集、过年、年根、晌午、天气、打场、街门、盅、侉、褙、暖鞋、靸鞋、赶集、赶会、歇、败兴、扯淡、数落、尖儿、洇、提溜、挡、拾掇、腆、支应、倒灶、齐楚、爽利。

（20）4. 集：集市，是指定期聚集进行的商品交易活动形式。王圻《续文献通考·市籴考一》："（辽）圣宗统和七年三月，时以南北府市场人少，宜率当部车百乘赴集。"

（21）13. 过年：明年。《醒世姻缘传》第四十四回："于是他母亲拿定主意，择在十一月过聘，过年二月十六日完婚。"

（22）15. 年根：年底。《醒世姻缘传》第七十二回："这大哥哥……这年根子底下也就娶亲哩。"

（23）22. 晌午：中午。《水浒传》第四回："未及晌午，马已到来，员外便请鲁提辖上马，叫庄客担了行李。"

（24）24. 天气：时候，特指某一时刻。《水浒传》第八回："两个公人带了林冲出店，却是五更天气。"

（25）29. 打场：在禾场上将收割的麦子、稻子、高粱等用石磙脱粒。《醒世姻缘传》第七十九回："那日正在打场，将他套上碌轴，他也不似往时踢跳，跟了别的牛沿场行走。"

（26）39. 街门：院子临街的大门。《醒世姻缘传》第十一回："拿了一面洗脸铜盆，把街门倒扣了，敲起盆来。"

（27）42. 盅：杯子的统称。明代杨向春《皇极经世心易发微》卷二："见《艮》为金石之废器，见《震》为刀枪，见《巽》为箭簇或琢削之类，见《坤》为土中沈埋之器具，初爻动变坎为酒盅、酒盏。"

（28）53. 侉：外乡人，即口音跟本地语音不同的人。《醒世姻缘传》第三十五回："他平日假妆了老成，把那眼睛瞅了鼻子，口里说着蛮不蛮、侉不侉的官话，做作那道学的猱腔。"

（29）62. 褙：把布一层一层地粘在一起而形成的用于做布鞋鞋帮或者鞋垫的布料。《二刻拍案惊奇》卷一："揭开里头看时，却是册页一般装的，多年不经裱褙，糨气已无，周围镶纸多泛浮了。"

（30）63. 暖鞋：棉鞋。《水浒全传》第二十四回："武松道：'好。'便脱了油靴，换了一双袜子，穿了暖鞋，掇个杌子，自近火边坐地。"

（31）65. 靸鞋：拖鞋。《醒世姻缘传》第五十七回："那日我们曾见一个孩子，约有七八岁的模样，穿着对衿白布褂子，蓝单裤，白靸鞋，正在那里站着。"

（32）76. 赶集：到集市上去做买卖或玩耍，是一种民间风俗。《醒世姻缘传》第十九回："凡是小鸦儿赶集不回来，唐氏就在家里边同晁住娘子三个厮混。"

（33）77. 赶会：其义与"赶集"相同，但规模更大，间隔时间更长，一般一年才有一次活动。《醒世姻缘传》第六十八回："这是哄动二十合属的人烟，天下的货物都来赶会，卖的衣服、首饰、玛瑙、珍珠，甚么是没有的？"

（34）80.歇：睡觉。《水浒传》第三十九回："黄文炳下楼，自去船中歇了一夜。"

（35）83.败兴：形容做了不好的或不理想的事情而丢脸的情况，即"丢人"。《西游记》第四十四回："那道士笑道：'你这先生，怎么说这等败兴的话？'"

（36）86.扯淡：胡说、胡扯。《醒世恒言》卷七："他们好似见鬼一般，我好像做梦一般，做梦的醒了，也只扯淡。"

（37）87.数落：责备。《金瓶梅词话》第七十八回："归到屋里，还数落了我一顿，到明日有轿子钱，便教我来，没轿子钱，休叫我上门走。"

（38）91.尖儿：最好的，出类拔萃的。《金瓶梅词话》第五十八回："伯爵道：'哥今日拣的这四个粉头，都是出类拔萃的尖儿了。'"

（39）93.洇：液体在纸、布及土壤中向四周散开或渗透。明代公案小说《包公案》第三十一回："包公再取头看，果然死后砍的，刀痕并无血洇，官吏俱下泪。"

（40）102.提溜：①提着、拎着；②拖着、低垂；③悬着、挂着。《醒世姻缘传》第七十回："承恩去不多时，只见提溜着两个笼子，从那里花哨着来了。"后两义是本地方言在"提着、拎着"义基础上引申而来的新义，文献未见使用。

（41）111.挡：①搀扶、扶；②掀起（重物）、推。《金瓶梅词话》第二十一回："这个李大姐，只相个瞎子，行动一磨趄子就倒了。我挡你去，倒把我一只脚踩在雪里。"其中"挡"用方言中的第一义，第二义是本地方言在"搀扶"义基础上引申而来的新义，文献未见使用。

（42）114. 拾掇：整理、收拾。《醒世姻缘传》第八回："俺如今到家拾掇座屋，接小女家去。"

（43）129. 腆：胸部或腹部向前挺出。《水浒全传》第一百一十三回："三面厮觑着，腆起胸脯受死。"

（44）133. 支应：①应酬、接待；②应付。叶宪祖《夭桃纨扇》第一折："这几日城南桃花盛开，游人不绝，费人支应，好不耐烦。"句中"支应"用第一义。明朝小说《五代残唐》第五十四回："他大军远来，粮草难够支应，不消一月，必思回军。"句中"支应"用第二义。

（45）138. 倒灶：倒霉、运气不好，也指把事情做砸。凌濛初《二刻拍案惊奇》卷三十七："我说你福薄，前日不意中得了些非分之财，今日就倒灶了。"

（46）145. 齐楚：①（服装）整齐美观；②齐备、齐全。《二刻拍案惊奇》卷二十四："（自实）住了多日，把冠服多整饰齐楚，面庞也养得黑色退了。"句中"齐楚"用第一义。《儒林外史》第四十九回："到了二厅，看见做戏的场口已经铺设的齐楚，两边放了五把圈椅，上面都是大红盘金椅搭，依次坐下。"句中"齐楚"用第二义。

（47）152. 爽利：索性、干脆。《醒世姻缘传》第五十八回："咱既吃了这半日的烧酒，又吃黄酒，风搅雪不好，爽利吃烧酒到底罢。"

3. 清

见于清代的上党地区方言词语 9 个，分别为黑来、胰、打发、吃烟、淡话、书房、吃劲、尽、将将。

（48）18. 黑来：晚上。《说唐全传》第十二回："那罗通周围杀转，这番到西门，差不多天气已晚，黑来了。"

（49）47. 胰：香皂、肥皂。云江女史《宦海钟》第一回："文卿等也买了些洋粉、洋胰、香水、头绳等类。"

（50）74. 打发：嫁女儿。清代李渔《奈何天·妒遗》："（夫人）叫我遍谕媒婆，快寻两分人家，打发他出门，完了这桩心事。"

（51）78. 吃烟：吸烟。《儿女英雄传》第十二回："梁材家的才要装烟，太太说：'我顾不得吃烟了！'"

（52）84. 淡话：无聊的或者没用的话。曹雪芹《红楼梦》第二十四回："（凤姐）随口说了几句淡话，便往贾母屋里去了。"

（53）92. 书房：学校。潘荣陛《帝京岁时纪胜·薰虫》："二日为龙抬头日……小儿辈懒学，是日始进书房，曰占鳌头。"

（54）137. 吃劲：①费力气、费劲、用力；②舒服、得劲。古文献使用第二义，第一义当只见于方言口语。清代小说《七侠五义》第九十二回："史云力猛，葛瑶明在马上一晃，手不吃劲，'当啷啷'顺刀落地，说声'不好！'将马一带，'唰溜'地往庄外就跑。"

（55）151. 尽：最，多用在方位词的前面。《红楼梦》第五十回："众人听了，方才依次坐下，只李纨挪到尽下边。"

（56）153. 将将：刚刚、恰好，表示勉强达到一定数量或程度。《儿女英雄传》第六回："那女子眼明手快，连忙丢下杠子，拿出那把刀来，往上一架，棍沉刀软，将将的抵一个住。"

上党地区方言历史词汇在这四个历史时期的总体分布情况如下表。

表 4-1　上党地区方言历史词汇总体分布情况表

历史层次	先秦两汉时期					魏晋南北朝时期		唐宋时期		元明清时期		
	西周	东周	战国	西汉	东汉	魏晋	南北朝	唐	宋	元	明	清
数量（个）	5	10	7	2	8	5	13	23	27	19	28	9
总计（个）	32					18		50		56		
占比	20.5%					11.5%		32.1%		35.9%		

　　从以上所举上党地区方言保留的历史词汇所属历史层次来看，我国历史上从先秦到清代各个时期均有分布，体现出历史积淀深厚、层次多样的特点。具体来看，近代汉语即元明清时期的上党地区方言历史词汇最多，其次是唐宋时期，再次是先秦两汉时期，魏晋南北朝时期的最少。

　　上党地区方言历史词汇在历史层次上呈现出的分布特点与该地区地理特征以及方言形成历史有关。上党地区号称天下之脊，是由群山包围起来的一块高地，东部依太行山与华北平原为界，西部依太岳山和中条山与晋南（也称河东）接壤，地势高险，自古为战略要地。这样的地理环境使得上党与中原地区形成了一种相对孤立的状态，与外界的交流少，故而使得古词语能在该地区有所保留。同时，该地区历史悠久，是华夏文明的最早发祥地，因此，上古先秦时期的古词语在方言中也有一定的遗存。

　　上党地区尽管相对孤立，但与周边地区还是会有一定的沟通，而且风俗及语言也互有影响。众所周知，汉语方言的形成有两个根本原因：一是社会文化的发展，一是移民。上党地区方言词汇呈现出的历史层次也正可以体现出在社会文化发展与移民迁徙的双重作用下形成的上党地区方言的特点。上党地区，历史上曾经历过几次大的移民或迁徙。首先，该地区地处中原王朝的边陲，历来都是汉族与北方游牧民族交往频繁的地方，因此正是汉族与北方游牧民族融合的主要区域。古代，塞外边陲的少数民族游牧进入中原地区，古上党是必经之地。少数民族侵入中原，常常要先占领上党，并以此为基地纵马南下。历史上，后赵羯人石勒、西燕鲜卑人慕容氏、五代北汉契丹人、宋代金人完颜兀术、金代蒙古人等都曾占领过上党。同时，中原王朝也不时地、有组织地让一批又一批的北方草原民族定居其境内。由此，上党地区方言与北方少数民族语言发生接触与融合，在方言词汇中必然会留下印迹。如内蒙古方言称"香皂"为"胰"，称"蹲"为"圪蹴"，称"用手提"为"提溜"，均与上党地区方言相同。其次，明洪武、永乐年间洪洞老槐树下的迁民运动产生影响。当时因山西人稠地少（山西人口在当时相当于河南、河北之和），朱明王朝曾下令迁山西之民（包含上党地区百姓）于河南、河北、安徽、京、津等地，此后零星的、小规模的或迁入或迁出的情况时有发生。举例来说，明永乐六年（1408），一些回民跟随沈简王朱模迁入；后来，又有一些回民从甘肃、陕西、四川、河南等省迁入。这些迁徙使得西北、南方等外地方言与本地方言接触，最终融入本地方言。如吴越方言用"滗"表示去掉多余的汁液，用"侬"表示第一人称代词，等等。最后，清代，一些在本地做事的外地清朝官员的家属、后裔也落户于境内，他们的方言也就逐渐融入本地方言。可见，上党地区留下了民族交融的深深烙印，使得该地区的语言也进行了融合，并不断发展，从而在方言词汇中留下了各个不同时期的印记。

第二节　上党地区方言历史词汇的语言特征

方言词汇作为词汇的地域群体，应当具有其作为词汇的性质，但同时也会显示出地域特色。因此本节主要从语音、语法与语义三个层面总结上党地区方言历史词汇的相关语言特征，借以展示其作为汉语词汇所体现出的一般词汇的共性以及其作为地域方言词汇所呈现出的区别于一般词汇的个性。

一、上党地区方言历史词汇的语音形式

所谓语音形式，即构成该词的音节形式，具体来说，主要从构成该词的音节数量方面进行分析，一般分为单音词和复音词两类。根据前文，上党地区方言历史词汇中并没有涉及三个及以上音节，因此我们可以直接将"复音词"称为双音节词。在这里我们主要通过对保留在上党地区方言中的古代词语的语音形式的分析，了解各个历史层次中单音节词与双音节词的数量以及占比情况，进而展示上党地区方言历史词汇的音节形式特点。

（一）单音节

单音节词由一个音节构成，所以都是单纯词。我们可以称之为单音节单纯词。

1.先秦两汉时期的单音节词

共计28个，分别为：场、献、贻、衍、咥、惊、额、项、聘、

捉、踞、荷、跣、饥、螟、抟、仄、奓、噪、丑、擩、乏、眷、爊、攲、揉、裔、珥，占这一时期方言历史词汇总数的 87.5%。

2. 魏晋南北朝时期的单音节词

共计 11 个，分别为：滗、搦、豁、鏊、汉、唠、觍、泼、侬、家、旋，约占这一时期方言历史词汇总数的 61.1%。

3. 唐宋时期的单音节词

共计 12 个，分别为：趿、绾、亚、耙、搋、搁、撼、毂、苫、熥、擤、干，占这一时期方言历史词汇总数的 24%。

4. 元明清时期的单音节词

共计 15 个，分别为：趄、挺、谝、掂、掇、集、盅、侉、褙、歇、洇、挡、腆、胰、尽，约占这一时期方言历史词汇总数的 26.8%。

（二）双音节

双音节词指由两个音节构成的词，其中有的是单纯词，有的是合成词。上党地区方言历史词汇中的复音词都是两个音节的，所以我们直接称为双音节。

1. 先秦两汉时期的双音节词

共计 4 个，分别为：后生、先生、月尽、门限，占这一时期方言历史词汇总数的 12.5%。

2. 魏晋南北朝时期的双音节词

共计 7 个，分别为：碌碡、铁匙、当处、葵花、草驴、手巾、勤紧，约占这一时期方言历史词汇总数的 38.9%。

3. 唐宋时期的双音节词

共计 38 个，分别为：日头、月明、冻泥、孤堆、春期、晚夕、历头、江米、火箸、豆枕、男人、通唤、铺衬、恶水、出门、双生、填还、向火、恓惶、款款、打春、破五、添仓、夜来、早起、虼蚪、仰尘、篦子、杌子、小的、兀秃、扁食、生活、告假、撺掇、打并、轻省、打紧，占这一时期方言历史词汇总数的76%。

4.元明清时期的双音节词

共计41个，分别为：阁落、年时、前晌、后晌、担杖、草鸡、头口、煎盘、板床、滚水、厮跟、待见、这（那）厢、可可、过年、年根、晌午、天气、打场、街门、暖鞋、靸鞋、赶集、赶会、败兴、扯淡、数落、尖儿、提溜、拾掇、支应、倒灶、齐楚、爽利、黑来、打发、吃烟、淡话、书房、吃劲、将将。约占这一时期方言历史词汇总数的73.2%。

合计以上各个时期的单音词与复音词数量，可以看到，在156个上党地区方言历史词语中，单音词总数为66个，约占词汇总数的42.3%；双音词总数为90个，约占词汇总数的57.7%。

以上数据列表统计如下。

表4-2 上党地区方言历史词汇中单音词、复音词统计表

语音形式及数量占比		历史层次				合计及占总数比例
		先秦两汉	魏晋南北朝	唐宋	元明清	
单音词	数量（个）	28	11	12	15	66
	占比	87.5%	61.1%	24%	26.8%	42.3%
双音词	数量（个）	4	7	38	41	90
	占比	12.5%	38.9%	76%	73.2%	57.7%

　　从上表可以看出，留存在上党地区方言中的古代词语单音词少，双音词多。从各历史层次中单音词、双音词呈现的情况来看，先秦两汉时期单音词占绝对多数，双音词数量很少；魏晋南北朝时期单音词占比下降，双音词上升，但还是单音词占优势；单音词处于绝对劣势是从唐宋时期开始的，这一时期与之后的元明清时期双音词所占比例远远高于单音词。可以看出汉语复音词在魏晋南北朝时期有所增加，唐宋时期则取得了突飞猛进的发展，奠定了复音词在汉语词汇中的地位。这一点与古汉语复音词的发展吻合。总体来说，上党地区方言历史词汇中的复音词随着历史的推移而不断增多，这正符合汉语词汇史上复音词随着社会历史的发展而不断增多的事实。

　　根据汉语词汇史的研究，古代汉语复音词在中古时期迅速发展起来。向熹先生在《简明汉语史》一书中说："复音词大量产生是中古汉语词汇发展的重要特点。中古产生的新词绝大多数是双音词。上古词汇以单音词为主，到了中古，就口语而论，复音词变得逐渐占了优势了。"[①] 李如龙先生根据程湘清先生对《论语》《孟子》《论衡》《敦煌变文》中复音词的研究情况得出结论，他说："从上古汉语到中古汉语，复音词是大量地、迅速地增长的。"[②] "到了唐代，各种合成词的构成已经和现代汉语相差不大了。"[③] 俞理明、谭代龙也在研究唐代义净翻译的佛经《根本说一

---

① 向熹：《简明汉语史》，高等教育出版社，1993年，第494页。
② 李如龙：《汉语词汇衍生的方式及其流变》，《河北师范大学学报》（哲学社会科学版）2002年第5期。
③ 同上。

切有部毗奈耶破僧事》后得出结论："在隋唐时期新创的词语中，有 597 个复音词语，只有 4 个单音词。复音词语数量的迅速增长，致使复音词语个体的数量大大超过了单音词语。从这个角度来看，唐代汉语词汇的复音化已经达到极其可观的程度。"[①] 由此可见，魏晋南北朝至隋唐时期，由于社会的变革、经济文化的发展，新事物、新概念的大量涌现，再加上佛教的传入，以重民间口语形式的变文或佛经翻译文献等各种通俗性作品大量出现，同时汉语语音系统逐渐简化、汉族人要求整体和谐的心理以及口语中本然的韵律节奏的影响，使得汉语的语言形式发生了重大的变化。尽管我们这里分析的上党地区方言历史词汇数量并不多，但是它们在魏晋南北朝乃至隋唐时期的单音词与双音词所占比例情况的对比也正好说明了当时出现的这种语言形式的变化。

同时，我们应该注意到，尽管唐宋及元明清时期的单音词数量远低于双音词，但是在方言词汇中还是占有一定比重的。这一点同样是汉语词汇整体构成的反映。主要原因可以从两个方面分析：一是汉语常用词中单音词始终占有一定比重。尽管现代汉语双音词占据优势，但是单音词始终是汉语词汇系统的核心和语法系统的基点，具有稳定性、常用性。李如龙先生根据《现代汉语频率词典》，将 1500 个高频词中的单音词和双音词的数量进行了对比，具体数据见下表。

---

① 俞理明、谭代龙：《共时材料中的历时分析——从〈根本说一切有部毗奈耶破僧事〉看汉语词汇的发展》，《四川大学学报》（哲学社会科学版）2004 年第 5 期。

表 4-3　1500 个高频词中单音词、双音词数量对比表

词频序号		单音词			双音词		
		数量（个）	总计 1（个）	总计 2（个）	数量（个）	总计 1（个）	总计 2（个）
1～500	1～100	85			15		
	101～200	76			24		
	201～300	66	333		33	165	
	301～400	50		759	49		754
	401～500	56			44		
501～1500	501～1000	231	426		266	589	
	1001～1500	195			323		

他还总结出如下规律：越是常用的词，单音词所占比例越大，在
500 个高频词中，单音词的总数比双音词多出一倍，1000 个高频
词之后双音词才大幅度增加，到 1500 号，双音词才和单音词平分
秋色，数量相当。[①] 由此可见，在常用词中，单音词还是占有一定
比例的。这个规律对于中古近代汉语同样适用。我们研究的对象
是方言中的口语词，这些词在方言中是常用的，如果属于方言历
史词汇，有可能在中古或者近代汉语是常用词，那么自然会有一
定比例的单音节形式在近代汉语中留下印记。二是从词汇的继承
与发展规律来看，时代跨度越小，沿用的词汇越多；时代间隔越
大，沿用的词汇越少。唐宋元明清时期单音词本就占有一定数量，
而且距今时代较近，因此方言中自然会保留有一定数量的单音词。

---

① 李如龙:《论汉语的单音词》,《语文研究》2009 年第 2 期。

二、上党地区方言历史词汇的语法形式

所谓语法形式，是对词的语法构成，即内部组合方式进行的分类。一般分为单纯词和合成词两大类。双音节单纯词主要包括连绵词和叠音词。合成词则包括并列式、偏正式、动宾式、动补式、主谓式、附加式等各种形式。这种内部组合方式事实上反映了词语意义的来源，对于我们分析理解词义有较大的帮助。这里我们主要通过对保留在上党地区方言中的古代词语的语法形式的分析，把握其语义组合方式，以了解这些词语的意义来源。

（一）单纯词

单纯词由一个语素构成，所以之前提到的各个历史层次中的单音节词都是单纯词。另有一些双音节词由一个语素构成，也是单纯词。

1. 先秦两汉时期的单纯词

共计28个，分别为：场、献、贻、衍、喹、惊、颔、项、聘、捉、踞、荷、跣、饥、蟆、抟、仄、夅、噪、丑、擩、乏、誊、爝、敼、捼、裔、聃，占这一时期方言历史词汇总数的87.5%。

2. 魏晋南北朝时期的单纯词

共计12个，分别为：滗、搦、豁、鏖、汉、哕、觍、泼、侬、家、旋、碌碡，约占这一时期方言历史词汇总数的66.7%。

3. 唐宋时期的单纯词

共计19个，分别为：跋、绾、亚、耙、搋、搁、撼、骹、苦、煠、擩、干、孤堆、填还、恓惶、款款、虼蚤、兀秃、撏掇，占这一时期方言历史词汇总数的38%。

4.元明清时期的单纯词

共计18个，分别为：趄、挺、谝、掂、掇、集、盅、侉、褙、歇、洇、挡、腆、胰、尽、阁落、可可、将将，约占这一时期方言历史词汇总数的32.1%。

可见，留存在上党地区方言中的单纯词共计77个，约占总数的49.4%。其中单音节单纯词66个，双音节单纯词11个。双音节单纯词中8个连绵词，3个叠音词。总体数量的分布与占比情况与汉语词汇中单纯词基本一致。这些词语不涉及内部的语义组合问题，不是我们分析的重点。

（二）合成词

合成词指由两个或两个以上语素通过一定的组合方式构成的词。因为留存在上党地区方言历史词汇中的都是两个音节，故本地方言历史词汇中的合成词都是由两个语素构成，不存在两个以上语素构成的合成词。

1.先秦两汉时期的合成词

共计4个，分别为：后生、先生、月尽、门限，占这一时期方言历史词汇总数的12.5%。其中，3个偏正式合成词：后生、先生、门限；1个主谓式合成词：月尽。"后生""先生"都是N+V的组合模式。"后""先"是时间名词用作状语，"生"是动词。"后生"本为后来出生的，"先生"为先出生的，"生"是中心词，"后""先"都是修饰"生"的，因此构成状中型偏正式合成词。"门限"是N+N的组合模式。"限"的本义为"交界处的土山、界墙"，"门"是由外向内的出入口，"门限"则指出入口交界处，即外面与家里的交界，所以构成定中型偏正式合成词。"月尽"是

N+V 的组合模式。"尽"是结束、完结的意思，"月尽"指农历每月最后一天，即这月结束了，因此该词为主谓式合成词。

2. 魏晋南北朝时期的合成词

共计 6 个，分别为：铁匙、当处、葵花、草驴、手巾、勤紧，约占这一时期方言历史词汇总数的 33.3%。

"铁匙"，定中型偏正式合成词。"匙"是取食物的器具；"铁"是制作原料，修饰"匙"。

"当处"，定中型偏正式合成词。该词意为本处、本来的地方。"处"是名词；"当"是形容词，修饰"处"。

"葵花"，定中型偏正式合成词。其名称来源简单，直接由植物名＋花而成，属于"专名＋通名"的构成方式。

"草驴"，定中型偏正式合成词。"草"，雌性的，用于动物名称之前，起修饰限制作用；"驴"是中心语。

"手巾"，定中型偏正式合成词。"手"名词动用，洗手。"手巾"即洗手的毛巾。"手"修饰后面的名词"巾"，其语义结构表现为 N 是 V 的工具。

"勤紧"，并列式合成词。"紧"，由"急迫、急切"，引申有"快速"之义，故"勤紧"相当于"勤快"。"勤"，不停地做事；"快"，快速做事。

共计 5 个偏正式合成词，1 个并列式合成词。

3. 唐宋时期的合成词

共计 31 个，分别为：日头、月明、冻泥、春期、晚夕、历头、江米、火箸、豆枕、男人、通唤、铺衬、恶水、出门、双生、向火、打春、破五、添仓、夜来、早起、仰尘、笸子、杌子、小的、扁食、生活、告假、打并、轻省、打紧，占这一时期方言历史词汇总数的 62%。

"日头"，附加式合成词。该词由实词"日"加词缀"头"构成。

"月明"，主谓式合成词。"月明"意思是"月光明亮"，其组合方式与"月亮"同。"明"与"亮"义同，"明""亮"都是陈述说明"月"的。

"冻泥"，定中型偏正式合成词。"冻泥"，指冻了的泥土或泥路；"冻"表示一种状态，修饰后面的名词"泥"。

"春期"，定中型偏正式合成词。"春""期"二字连用，意思是"春天期间"；"春"表示时间，修饰限制"期"，后凝固成词，意为"春天"。

"晚夕"，并列式合成词。"晚""夕"都指傍晚，同义连用。

"历头"，定中型偏正式合成词。"历头"本指历书的开头。"历"有"历书"义，"头"有"开始、开端"之义。

"江米"，定中型偏正式合成词。该词名称来源不明，但从词语本身表示的意义看，"江"无论是源于纪念某位人物还是源于产地，或是源于其他任何因素，总之其语义作用是修饰限制后面的名词"米"。

"火箸"，定中型偏正式合成词。"箸"，本为筷子。因火箸形如筷子，故引申指这种煽火的工具，并在前面加"火"表明用途。

"豆枕"，定中型偏正式合成词。"豆枕"本指以豆壳为芯的枕头，"豆"，制作材料，修饰限制"枕"。

"男人"，定中型偏正式合成词。"男"起修饰限制作用。

"通唤"，补充式合成词。"通"，通假字，该字本作"恫"。"恫"，哀痛、痛苦；"唤"，叫唤、呻吟。"通唤"意为"因为痛苦而发出呻吟声"。

"铺衬"，动宾式合成词。"铺"有"把东西展开或摊平"义；"衬"本指"外衣内的单衫"，后引申指"衬垫"。"铺衬"意为"铺放衬垫"。

"恶水"，定中型偏正式合成词。"恶"，本指人貌丑，后引申指器皿、衣服、食物等不好、粗劣，亦可指水污秽、肮脏；"恶水"即脏水。"恶"起修饰作用。

"出门"，动宾式合成词。本指"走出门外"，"出"为动词，"门"为名词，是"出"涉及的对象，故"出门"为动宾结构。

"双生"，状中型偏正式合成词。"双"意为成双地、一对，"双生"即并生，成双地出生。"双生"为状中结构，"双"作修饰性成分，修饰"生"。

"向火"，动宾式合成词。"向""火"连用，本指"面对着火""靠近火炉、火堆"。"向"，动词；"火"，名词，表示行为所关涉的事物。

"打春"，动宾式合成词。据文献资料，"打春"源于"打春牛"这一习俗，简称"打春"。因此，"打"表示动作行为，"春"指春牛，表示行为的对象。

"破五"，动宾式合成词。"破"是动词，表示动作行为；关于"五"，说法不一，但无论哪种，均是指名词性的事物。故其组合方式为动宾式。

"添仓"，动宾式合成词。"添"亦作"填"，动词，表示动作行为，意为添加、增添；"仓"，粮仓，表示行为涉及的处所。"添仓"本指把粮食等物品添加到粮仓中。

"夜来"，主谓式合成词。"夜"，夜晚，表示被陈述的事物；"来"，来临，动词，用以陈述前面的"夜晚"。

"早起"，状中型偏正式合成词。"早起"本为"早上起来"之义。"早"，时间词，表示时间；"起"，动词。"早""起"组合，构成状中关系。

"仰尘"，动宾式合成词。"仰"为动词，表示动作行为；"尘"为名词，表示行为关涉的对象。

"篦子"，附加式合成词。"篦"是名词，指梳头工具；"子"是名词后缀。

"杌子"，附加式合成词。"杌"是名词，本指一种矮而无枝上平的光木头，可以坐人；"子"是名词后缀。

"小的"，附加式合成词。"小"是形容词，指年纪小；"的"是形容词后缀。

"扁食"，定中型偏正式合成词。"食"，名词；"扁"的来源不明，大概因为将馅料包住时要捏扁，取其形状特征命名，故起修饰、限制作用。

"生活"，并列式合成词。"生""活"本都表示活着，同义连用。

"告假"，动宾式合成词。"告"是动词，意为请求；"假"是名词，意为假期。"告假"连用，本指请求一个假期，故为动宾式合成词。

"打并"，附加式合成词。"打"词义虚化，用于动词"并"

前，不表示意义，是前缀；"并"有"归并、合并"之义。"打并"指"把东西合并到一起"。

"轻省"，并列式合成词。"轻""省"都有"减少"的意思，同义连用。

"打紧"，动宾式合成词。"打"是一个被广泛应用的多义动词，具有发生义；"紧"本是形容词，在该词中表示一种性质状况，意思是紧要、要紧、重要的状况，具有名词性。"打紧"，本指发生了要紧的状况。

以上31个唐宋时期的合成词中，共有11个偏正式，其中2个属于状中型偏正式，9个属于定中型偏正式；9个动宾式；3个并列式；2个主谓式；1个补充式；5个附加式。

4. 元明清时期的合成词

共计38个，分别为：年时、前晌、后晌、担杖、草鸡、头口、煎盘、板床、滚水、撕跟、待见、这（那）厢、过年、年根、晌午、天气、打场、街门、暖鞋、鞁鞋、赶集、赶会、败兴、扯淡、数落、尖儿、提溜、拾掇、支应、倒灶、齐楚、爽利、黑来、打发、吃烟、淡话、书房、吃劲，约占这一时期方言历史词汇总数的67.9%。

"年时"，定中型偏正式合成词。"年""时"结合使用，本表示"当年，往年时节"。"节"是名词；"年"是时间词，起修饰作用。

"前晌"，定中型偏正式合成词。"晌"有"午、中午"义；"前"起限制作用。

"后晌"，定中型偏正式合成词。"后"起限制作用。

"担杖"，并列式合成词。"担""杖"义同，都有"担子"义，同义连用。

"草鸡"，定中型偏正式合成词。"草"，形容词，雌性的，起修饰限制作用；"鸡"是中心语。

"头口"，补充式合成词。"头"，本义是人的头部，引申可以泛指人，转指牲畜，表示事物；"口"表示事物的单位。

"煎盘"，定中型偏正式合成词。"盘"表示事物；"煎"表示制作方式，起修饰限制作用。

"板床"，定中型偏正式合成词。"床"指坐具，表示事物；"板"，木板，表示制作材料，起修饰限制作用。

"滚水"，定中型偏正式合成词。"水"表示事物；"滚"表示状态，起修饰限制作用。

"厮跟"，状中型偏正式合成词。"跟"意为"跟随"，表示动作行为；"厮"是副词，意为"相互"，修饰后面的跟随。二词连用，为状中组合关系。

"待见"，状中型偏正式合成词。"见"表动作行为；"待"意为"等待"，修饰后面的"见"。"待见"本为"等待接见"义，为状中组合关系。

"这（那）厢"，定中型偏正式合成词。"厢"本义为"东西廊"，后引申亦有"墙壁"之义，又由墙壁引申"边、面"，名词，表事物；"这（那）"指示代词，起修饰作用。

"过年"，动宾式合成词。"过年"本指过了新年或过了春节。"过"，表动作行为；"年"，表行为所关涉的对象。

"年根"，定中型偏正式合成词。"根"，物体的底部；"年根"

即"一年的底部""一年的最后"。"年"起修饰作用。

"晌午"，并列式合成词。"晌"有"午、中午"义，与"午"同义连用。

"天气"，定中型偏正式合成词。"天气"本指天空中的气流。"气"，气流，表事物；"天"表示处所、范围，起修饰限制作用。

"打场"，动宾式合成词。"打场"本指在谷场或禾场上将庄稼脱粒。"打"表示动作行为；"场"表示行为所支配关涉的事物。

"街门"，定中型偏正式合成词。"门"表示事物；"街"，临街，表示处所，修饰"门"。

"暖鞋"，定中型偏正式合成词。"鞋"表示事物；"暖"表示功用或性质，起修饰作用。

"靸鞋"，动宾式合成词。"靸"，把鞋后帮踩在脚后跟下，动词；"鞋"，表示动作行为所关涉的事物。

"赶集"，动宾式合成词。"赶"表示动作行为；"集"表示行为所支配关涉的事物。

"赶会"，动宾式合成词。"赶"表示动作行为；"会"表示行为所支配关涉的事物。

"败兴"，动宾式合成词。"败"，意为"毁坏"，表动作行为；"兴"，名词"兴致"，表行为所关涉的事物。

"扯淡"，动宾式合成词。"扯"，谈话，多指漫无边际的闲谈，表动作行为；"淡"，这里用为名词，"淡而无味的东西"，表行为所关涉的对象。

"数落"，状中型偏正式合成词。"落"，责备，表动作行为；"数"一件一件地列举错误行为，表示责备的方式，起修饰作用。

为状中组合关系。

"尖儿"，附加式合成词。"尖"是名词，超出同类的人或物；"儿"是名词后缀。

"提溜"，并列式合成词。"提"，本义即悬持，悬空拎着物品，字义强调下垂；"溜"，有"液体向下流"之义，后引申"滑行，往下滑"，故字义侧重"向下"。故"提""溜"都有"向下"之义，属于近义连用。

"拾掇"，并列式合成词。"拾""掇"都表示"拾取、收取、收罗"义，同义连用。

"支应"，并列式合成词。本为"供给与应付"之义，属于近义连用。

"倒灶"，动宾式合成词。本为"倒了锅灶"。"倒"表示动作行为；"灶"表示行为所支配关涉的事物。

"齐楚"，并列式合成词。"齐""楚"都表示"整齐"义，同义连用。

"爽利"，并列式合成词。"齐""楚"都有"快"义，同义连用。

"黑来"，主谓式合成词。"黑"，夜晚，表示被陈述的事物；"来"，来临，动词，用以陈述前面的"黑"。

"打发"，附加式合成词。"打"词义虚化，用于动词"发"前，不表示意义，是前缀；"发"表示"派遣、使离去"等义。

"吃烟"，动宾式合成词。"吃"表示动作行为；"烟"表示行为所支配关涉的事物。

"淡话"，定中型偏正式合成词。"话"，名词，表事物；"淡"

起修饰限制作用。

"书房"，定中型偏正式合成词。"房"，房间，表事物；"书"，读书，表示功用，起修饰限制作用。

"吃劲"，动宾式合成词，"吃"本为"吃东西"，后引申有"用"之义，表动作行为；"劲"即"力气"，表示行为关涉的对象。

以上38个元明清时期的合成词中，共有17个偏正式，其中3个属于状中型偏正式，14个属于定中型偏正式；10个动宾式；7个并列式；1个主谓式；1个补充式；2个附加式。

可见，留存在上党地区方言中的合成词共计79个，占总数的50.6%。其中偏正式合成词36个，动宾式合成词19个，并列式合成词11个，主谓式合成词4个，补充式合成词2个，附加式合成词7个。

以上从语法形式角度分析上党地区方言历史词汇的数据列表统计如下。

表4-4　上党地区方言历史词汇语法形式分析数据表

历史层次	语法形式与数量比例									
	单纯词		合成词							
			偏正式	动宾式	并列式	主谓式	补充式	附加式	总计	
	数量（个）	占比	数量（个）	数量（个）	数量（个）	数量（个）	数量（个）	数量（个）	数量（个）	占比
先秦两汉	28	87.5%	3	0	0	1	0	0	4	12.5%
魏晋南北朝	12	66.7%	5	0	1	0	0	0	6	33.3%

（续表）

历史层次	语法形式与数量比例								
	单纯词		合成词						
			偏正式	动宾式	并列式	主谓式	补充式	附加式	总计
	数量（个）	占比	数量（个）	数量（个）	数量（个）	数量（个）	数量（个）	数量（个）	数量（个）	占比

历史层次	单纯词 数量（个）	单纯词 占比	偏正式 数量（个）	动宾式 数量（个）	并列式 数量（个）	主谓式 数量（个）	补充式 数量（个）	附加式 数量（个）	总计 数量（个）	总计 占比
唐宋	19	38%	11	9	3	2	1	5	31	62%
元明清	18	32.1%	17	10	7	1	1	2	38	67.9%
合计（个）及占比	77	49.4%	36	19	11	4	2	7	79	50.6%

说明：1. 各历史层次中的单纯词与合成词所占比例是指占所属历史层次中上党地区方言历史词汇总数的比例。

2. 单纯词与合成词总数所占比例是指占上党地区方言历史词汇总数的比例。

3. 所有占比的百分比均为四舍五入取得的约数。

从上表可以看出，留存在上党地区方言中的古代词语单纯词相对较少，合成词相对较多。但二者所占比例相差很小。究其原因，主要是上党地区历史悠久，先秦两汉及魏晋南北朝时期的单音词有不少留存在方言中导致的。从各历史层次中单纯词、合成词呈现的情况来看，先秦两汉时期单纯词占绝对多数，合成词数量很少；魏晋南北朝时期单纯词占比下降，合成词上升，但还是单纯词占优势；从唐宋时期开始，合成词占据了优势地位，这一时期与之后的元明清时期合成词所占比例远远高于单纯词。可以看出因魏晋南北朝时期开始双音节词增多，汉语构词方式出现变化，导致语法形式上合成词有所增加，唐宋时期则完全占据了优势地位。这一点亦与汉语词汇的发展相吻合。

　　从合成词的内部组合形式即其词义来源角度分析，这些合成词绝大多数由两个单音节词以偏正式、并列式、动宾式、主谓式、补充式等各种组合方式结合使用，经历词汇化过程，逐渐凝固成词，少数由原本的单音词加后缀或前缀而成。其中，补充式数量最少，因为这是中古汉语时期刚出现的组合形式，而且这种组合方式有一定的局限性，不够灵活，故在汉语词汇中处于劣势。其次是主谓式。尽管主谓式构词法在上古汉语即有出现，但是因其组合方式的局限，在汉语词汇构成中始终处于不温不火的态势。总体来看，上党地区方言历史词汇内部组合形式的具体呈现情况也与中古汉语合成词整体呈现的形式相同，但是亦体现出其作为方言历史词汇的特性，即在各种组合形式中最发达的形式与中古汉语复音词略有偏差。向熹先生在《简明汉语史》中明确指出："中古合成词仍以联合式复合词和偏正式复合词为主。"① 又说："这（联合式复合词）是中古汉语词汇里最发达的一种复合词。"②"偏正式复合词是中古最发达的复音词之一。"③ 可见联合式（即并列式）、偏正式是中古汉语最发达的组合形式，而且上古汉语亦以这两种形式为主。在论述到近代汉语双音词的发展时，他说："联合式、偏正式复合词数量最多。"④ 因此，无论在汉语史发展的哪个阶段，汉语词汇中合成词最常见的结构类型都是联合式和偏正式。但是在上党方言历史词汇中，偏正式合成词优势地位

---

① 向熹:《简明汉语史》，高等教育出版社，1993 年，第 494 页。

② 同上注，第 502 页。

③ 同上注，第 506 页。

④ 同主注，第 622 页。

明显，并列式合成词数量并不算多，未能体现出其优势地位。这一点应该与方言历史词汇的来源有关。一方面，它们是方言历史词汇，不同于普通话词汇，也不同于单纯的方言词汇，这些词语是经流传而保留下来的在普通话中消失的词语，在历代流传过程中，同义连用的并列组合方式词义较为明晰，民间运用应当更为普遍，相对来说更易广泛通行，也就更容易融入普通话词汇；另一方面，从口语表达角度来说，偏正式构成方式结构上更具有灵活性，利于口头表达。一个单音词可以修饰许多别的单音词，也可以由许多别的单音词修饰。向熹先生说："如果说联合式复合词可以使单音词的意义更加明确，那么偏正式复合词更便于表达新的意义。"[①] 因此，对于方言口语而言，这种更具灵活性、更便于表达新义的偏正式似乎更容易在语言中通行。

三、上党地区方言历史词汇的语义变迁

语义变迁，即词义演变问题。分析词义的历时演变问题，可以使我们从总体上把握留存在上党地区方言中的历史词汇在词义方面呈现出的特征，亦可为汉语词汇史的研究提供参考材料。

上党地区方言历史词汇语义变迁总体来说主要有两种情况：一是完全保留了古义，主要指古义和今义相比，古义的用法与意义均留存在今上党地区方言中，未发生变化。二是部分保留古义，即今义是由古义引申而来，在古义的基础上或是词义、使用范围扩大，或是词义、使用范围缩小，或是词义发生转移。第一

---

① 向熹：《简明汉语史》，高等教育出版社，1993 年，第 506～507 页。

种完全保留了古义的情况又包含两种情况：一是保留了古义但未增加新义；二是保留古义的同时又增加了新义，即方言中不仅保留了古义，又在古义的基础上引申出了新义。为表述方便，我们把保留了古义的词称为"古义完整存留词"，部分保留古义的词称为"古义部分存留词"。古义完整存留词中保留了古义但未增加新义的词称为"只存古义词"，保留了古义又增加了新义的词称为"增加新义词"。下面我们即以此分析上党地区方言历史词汇的语义变迁情况。需要说明的是，分析古义存留情况只涉及方言意义，不包括方言和普通话共有的意义。

（一）先秦两汉时期

上党地区方言中共留存先秦两汉时期历史词语 32 个。其中，29 个词语属古义完整存留词，约占该时期词语总数的 90.6%；只有 3 个属于古义部分存留词，约占该时期词语总数的 9.4%。

1. 古义完整存留词

这一时期的 32 个词语中，有 29 个都属于此类。其中有 27 个词语只保留了古义，属于"只存古义词"，约占该时期词语总数的 84.4%；2 个词语保留了古义又增加了新义，属于"增加新义词"，约占该时期词语总数的 6.3%。分述如下（以下列举方言历史词语前的序号同前文，即词语前面没有括号的数字为"分类考释"中的序号，括号内数字为所属历史层次的序号）。

A. 只存古义词：

（1）5. 场、（2）66. 献、（3）90. 赗、（4）122. 衍、（5）124. 咥、（6）52. 后生、（7）58. 惊、（8）60. 额、（9）61. 项、（10）73. 聘、（11）97. 捉、（12）101. 踞、（13）108. 荷、（15）147. 饥、（16）

34. 蟆、（17）56. 先生、（18）96. 抟、（19）128. 仄、（20）131. 爹、（21）134. 噪、（22）146. 丑、（24）140. 乏、（25）16. 月尽、（26）37. 门限、（27）94. 辔、（29）107. 敊、（31）127. 裔。这 27 个词语均是直接沿用了古义，未有变化，也未增加新义。其中有的属于多义词，除去普通话和方言共用的意义外，方言中保留了其中的一项或两项意义。

B. 增加新义词：

（14）130. 跣：古义与方言都有"赤足"义。但方言中，"跣"又有一项新增意义"光着"，该义当由"赤足"义引申而来。

（32）132. 聑：方言中有两个意义：①形容耳朵竖起来的样子；②专注地做某事（含贬义），意味着对方对所做的事不够熟悉或不精通。而古代只有第一个意义，另外还有一项意义"人相侮以为无知"今方言未保留，但第二个意义来源于此，故上党地区方言保留古义并引申出新义。

2. 古义部分存留词

有 3 个词语属于此类。分述如下。

（23）118. 擩：方言中为"插、塞、伸"义。古代表示"按压"义。方言中的意义当是在古义"按压"的基础上引申而来。由本义"抓取"引申"按压"，再引申"插、塞、伸"等义，其脉络一直循着"手部动作"这一特征。

（28）98. 爘：方言中意为"烧水、熬汤"。古代"爘"是用文火久煮，但只用于煮肉，上党地区方言词义扩大，指用火煮带液体类的东西。

（30）119. 捼：方言中表示"把东西弄得不平整"。古文献中该词表示"揉搓"这一动作，而今上党地区方言中侧重指揉搓后的结果"把东西弄得不平整"。从词义变化上看，该词词义的重心出现了偏移。

（二）魏晋南北朝时期

上党地区方言中共留存魏晋南北朝时期历史词语18个，均属古义完整存留词，没有古义部分存留词。其中有17个词语只保留了古义，属于"只存古义词"，约占该时期词语总数的94.4%；1个词语保留了古义又增加了新义，属于"增加新义词"，约占该时期词语总数的5.6%。分述如下。

A. 只存古义词：（1）27. 碌碡、（2）45. 铁匙、（3）99. 滗、（4）117. 搦、（5）136. 当处、（7）30. 葵花、（8）33. 草驴、（9）40. 鳌（子）、（10）48. 手巾、（11）51. 汉、（12）57. 哕、（13）82. 觑、（14）139. 泼、（15）142. 勤紧、（16）148. 侬、（17）149. 家、（18）150. 旋。

B. 增加新义词：（6）8. 豁：方言中有三个意义：①舍弃；②割开、裂开、冲开、裁开；③缺口。其中第三个意义是在"割开"义的基础上引申出的新义，为新增义。

（三）唐宋时期

上党地区方言中共留存唐宋时期历史词汇50个。其中，属古义完整存留词的有45个，占该时期词语总数的90%；属古义部分存留词的有5个，占该时期词语总数的10%。

1. 古义完整存留词

这一时期的50个词语中，有45个都属于此类。其中有42个词语只保留了古义，属于"只存古义词"，占该时期词语总数的84%；3个词语保留了古义又增加了新义，属于"增加新义词"，占该时期词语总数的 6%。分述如下。

A. 只存古义词：

（1）1. 日头、（2）2. 月明、（3）3. 冻泥、（4）6. 孤堆、（5）9. 春期、（6）20. 晚夕、（7）25. 历头、（8）31. 江米、（9）44. 火箸、（10）46. 豆枕、（11）54. 男人、（12）59. 通唤、（13）64. 铺衬、（14）69. 恶水、（15）71. 出门、（16）72. 双生、（18）100. 趿、（19）103. 向火、（20）123. 绡、（21）126. 亚、（22）141. 恓惶、（23）155. 款款、（24）10. 打春、（25）11. 破五、（26）12. 添仓、（27）17. 夜来、（28）19. 早起、（29）28. 耙、（30）35. 蚰蜒、（31）38. 仰尘、（32）43. 篦子、（33）49. 杌子、（36）70. 扁食、（37）75. 生活、（38）95. 告假、（40）106. 搁、（41）109. 撼、（42）110. 骲、（43）113. 撺掇、（44）115. 打并、（46）121. 熥、（47）125. 撵。

B. 增加新义词：

（34）55. 小的：方言中有两个意义：①泛指男孩子；②自己的儿子。古代没有第二个意义。方言中"自己的儿子"义是在"小孩子或少年"这一意义的基础上发展出的新义。

（39）104. 撼：方言中该词有两个意义：①用拳头打人；②手用力压或揉。古代只有第一个意义。方言中"手用力压或揉"义是在"用拳头打人"义的基础上引申出的新义。

（48）143. 轻省：方言中该词有两个意义：①轻松，不费力；②重量小。古代没有"重量小"这一意义。方言在"轻松"义的基础上又引申出了"重量小"这一新义。

2. 古义部分存留词

有 5 个词语属于此类。

（17）88. 填还：古代是动词，表示"报答、偿还"义。今方言中虽然还可表示此义，但使用范围缩小，只用于带有迷信色彩的说法中，有"因果报应"的意味。

（35）67. 兀秃：方言中用来形容水不冷不热。古代该词使用范围较广，不仅可指水，还可指食物等不冷不热，动作不快不慢。今方言使用范围缩小。

（45）120. 苫：方言指用席、布等遮盖东西。古代指用茅草遮盖。随着时代发展，遮盖物发生了变化。

（49）144. 打紧：方言中该词意为"重要、要紧"，但使用时以否定式常见，作"不打紧"，意思是"不要紧、不重要"。古代该词使用范围广，既可用于否定式也可用于肯定式，语法功能上可以充当状语、谓语、定语。方言使用范围缩小。

（50）156. 干：该词在方言中可用作量词，但只是用来修饰人的群体量词，只能用于"人"前。古代"干"也是修饰人的群体量词，但是可以用于任何表示人的词语之前。可见，上党地区方言中，"干"的量词用法的使用范围有所缩小。

（四）元明清时期

上党地区方言中共留存元明清时期历史词语 56 个。其中，属古义完整存留词的有 54 个，约占该时期词语总数的 96.4%；属古义部分存留词的有 2 个，约占该时期词语总数的 3.6%。

1. 古义完整存留词

这一时期的 56 个词语中，有 54 个都属于此类。其中有 52 个词语只保留了古义，属于"只存古义词"，约占该时期词语总数的 92.9%；只有 2 个词语保留了古义又增加了新义，属于"增加新义词"，约占该时期词语总数的 3.6%。分述如下。

A. 只存古义词：

（1）7. 阁落、（2）14. 年时、（3）21. 前晌、（4）23. 后晌、（5）26. 担杖、（6）32. 草鸡、（7）36. 头口、（8）41. 煎盘、（9）50. 板床、（10）68. 滚水、（11）79. 莛、（12）81. 挺、（13）85. 谝、（14）89. 厮跟、（15）105. 掂、（16）112. 掇、（17）116. 待见、（18）135. 这（那）厢、（19）154. 可可、（20）4. 集、（21）13. 过年、（22）15. 年根、（23）22. 晌午、（24）24. 天气、（25）29. 打场、（26）39. 街门、（27）42. 蛊、（28）53. 侉、（30）63. 暖鞋、（31）65. 靸鞋、（32）76. 赶集、（33）77. 赶会、（35）83. 败兴、（36）86. 扯淡、（37）87. 数落、（38）91. 尖儿、（39）93. 洵、（42）114. 拾掇、（43）129. 腆、（44）133. 支应、（45）138. 倒灶、（46）145. 齐楚、（47）152. 爽利、（48）18. 黑来、（49）47. 胰、（50）74. 打发、（51）78. 吃烟、（52）84. 淡话、（53）92. 书房、（54）137. 吃劲、（55）151. 尽、（56）153. 将将。其中，"吃劲"一词在方言中既可以表示"费力气、费劲、用力"义，也可以表示"舒服"义。与古义相比，本义"费劲""用力"的用法有所拓展，不仅可以用作动词，也可以用作形容词，而古义只能用于动词。因此可以说在这一意义上用法已经发生了变化。只是"舒服"义也完全保留了下来。因这种情况在我们分析的词语中很少，故未另立一类，而是依"舒服"义的语义变迁情况将其归入此类。

B. 增加新义词：

（40）102. 提溜：方言中有三个意义：①提着、拎着；②拖着、低垂；③悬着、挂着。后两义是本地方言在"提着、拎着"

义基础上引申而来的新义，文献未见使用。

（41）111. 拾：方言中有两个意义：①搀扶、扶；②掀起（重物）、推。其中第二个意义是本地方言在"搀扶"义基础上引申而来的新义，文献未见使用。

2. 古义部分存留词

有 2 个词语属于此类。

（29）62. 褙：方言中指把布一层一层地粘在一起而形成的用于做布鞋鞋帮或者鞋垫的布料，名词。古代是动词，意思是把布一层一层地粘在一起。方言中"褙"的名词用法是在古义的基础上引申而来的。

（34）80. 歇：方言中可以指睡觉，但只用于"歇晌午"中。古代"歇"可以泛指"睡觉"，即无论何时无论何地或以何种方式睡觉均可用"歇"。可见，今上党地区方言"歇"使用范围极窄。

合计以上数量，即在 156 个上党地区方言历史词汇中，古义完整存留词共 146 个，约占总数的 93.6%；古义部分存留词 10 个，约占总数的 6.4%。古义完整存留词中，只存古义词 138 个，约占总数的 88.5%；增加新义词 8 个，约占总数的 5.1%。

以上从语义变迁角度分析上党地区方言历史词汇的数据列表统计如下。

表4-5　上党地区方言历史词汇语义变迁分析数据表

历史层次	语义变迁数量及比例						合计（个）	占总数比例
	古义完整存留词				古义部分存留词			
	只存古义词		增加新义词					
	数量（个）	比例	数量（个）	比例	数量（个）	比例		
先秦两汉	27	84.4%	2	6.2%	3	9.4%	32	20.5%
魏晋南北朝	17	94.4%	1	5.6%	0	0	18	11.5%
唐宋	42	84%	3	6%	5	10%	50	32.1%
元明清	52	92.8%	2	3.6%	2	3.6%	56	35.9%
合计（个）及占比	138	88.5%	8	5.1%	10	6.4%	156	100%

说明：1.古义完整存留词和部分存留词各项所占比例是指占所属历史层次中上党地区方言历史词汇总数的比例。

2.各历史合计数量所占比例是指占上党地区方言历史词汇总数的比例。

从以上数据可以看出，上党地区方言历史词汇中古义完整存留词占了绝对多数，而其中只存古义词又是最主要的组成部分。在只存古义词部分中，元明清时期和魏晋南北朝时期这一类型占比较高，唐宋时期和先秦两汉时期基本持平，一为84%，一为84.4%。在增加新义词部分中，先秦两汉时期所占比重最高，其次是唐宋和魏晋南北朝，最后是元明清。而在古义部分存留词中，先秦两汉时期和唐宋时期较高。根据这样的语义存留情况似乎不太容易得出规律性的结论。但是结合分析我们可以了解到，唐宋时期之所以只存古义词占比相对较低、古义部分存留词占比相对较高，是因为我们出于全面考虑某词变化的目的，将语用变化也视作古义部分存留，即我们所说的语义变迁事实上是指广义的语义，包含语法、语义、语用在内，而唐宋时期的古义部分存留词大多是语用变化造成的。因此我们可以从中得出大致的规律，基本上时代越近，只存古义词越多，增加新义和古义部分存留现象越少，也就是说，时代越近，词汇的稳定性也就越强。先秦两汉时期是较早的历史时期，所以只存古义词所占比重相对于其他时代来说较低，而增加新义和古义部分存留词所占比重较高，体现出汉语词汇在漫长的历史发展中，必然会出现一些变化，或增加新义，或出现词义的扩大、缩小、转移等变化。但是表中数据显示，魏晋南北朝时期的情况与我们总结出的规律略有不符，应该是这一时期考释的词汇数量较少导致的。

我们认为，造成上述现象的原因除去时代发展产生的影响词汇发展的因素外，还有汉语词汇史上单音词不断复音化的影响因素。时代越早，单音词越多，复音词越少；时代越晚，单音词越少，复音词越多。体现在上党地区方言中，则是从先秦两汉到元明清，流传下来的历史词汇单音词越来越少，复音词越来越多（详见本章第二节中的"上党地区方言历史词汇的语音形式"部分的分析），而单音词词义容易出现变化，复音词词义一般较为稳定。

在分析语义变迁过程中，我们发现上党地区方言历史词汇在语义方面还具有以下三个特征。

第一，只存古义词中，很多是属于词汇中的基本词汇部分。如（词语前面的数字是"分类考释"中的序号）：

常见自然现象："1.日头""2.月明""3.冻泥"等；

常用地理名称："4.集""5.场"等；

时令、时间:"9. 春期""10. 打春""11. 破五""12. 添仓""13. 过年""14. 年时""15. 年根""16. 月尽""17. 夜来"等;

农事、农具:"26. 担杖""27. 碌碡""28. 耙""29. 打场"等;

动植物:"30. 葵花""31. 江米""32. 草鸡""33. 草驴""36. 头口"等;

房屋用具:"37. 门限""38. 仰尘""39. 街门""40. 鏊""41. 煎盘""42. 盅""44. 火箸""45. 铁匙"等;

称谓:"51. 汉""54. 男人""56. 先生"等;

饮食:"68. 滚水""69. 恶水""70. 扁食"等;

红白大事:"71. 出门""72. 双生"等;

日常生活:"76. 赶集""77. 赶会"等;

文化教育:"92. 书房""95. 告假"等;

日常的动作行为:"97. 捉""103. 向火""105. 掂""106. 搁"等。

一般认为,词汇中的基本词汇部分,历时久,稳定性强。上党地区方言历史词汇也体现了这一点。

第二,古义部分存留词数量少且词义的变化并不大,都是属于范围的扩大、缩小或者意义发生些许转移等词义演变问题。

前文谈到的 10 个古义部分存留词中,今义在古义基础上范围扩大的有:

(28) 98. 燋:古义:用文火久煮肉;上党地区方言义:烧水、熬汤。

(45) 120. 苫:古义:用茅草遮盖东西;上党地区方言义:用席、布等遮盖东西。

今义在古义基础上范围缩小的有:

（17）88.填还：古义：报答、偿还；上党地区方言中使用范围缩小，只用于带有迷信色彩的说法中，有"因果报应"的意味。

（34）80.歇：古义：泛指"睡觉"，可以用于指无论何时何地何种方式的睡觉；上党地区方言中还可以指睡觉，但只用于中午睡觉，如"歇晌午"。

（35）67.兀秃：古义：形容食物、动作等温和适中；上党地区方言中只用来形容水不冷不热。今方言使用范围缩小。

（49）144.打紧：古义：重要、要紧，既可用于否定式也可用于肯定式，语法功能上可以充当状语、谓语、定语；上党地区方言中则以否定式常见，作"不打紧"，意思是"不要紧、不重要"。方言使用范围缩小。

（50）156.干：古义：群体量词，修饰人，可以用于任何表示人的词语之前；上党地区方言中"干"的量词用法的适用范围缩小，只能用于"人"前。

词义发生转移的有：

（23）118.擩：古义：按压；上党地区方言义：插、塞、伸。

（29）62.褙：古义：把布一层一层地粘在一起，动词；上党地区方言义：把布一层一层地粘在一起而形成的用于做布鞋鞋帮或者鞋垫的布料，名词。

（30）119.捼：古义：表示"揉搓"这一动作；上党地区方言义：指揉搓后的结果，即"把东西弄得不平整"。

第三，在上党地区方言历史词汇中，有不少词无论在方言中还是在古代文献中意义都很单一。从前文考释的 156 个方言历史词语来看，多数词语意义单一，古今沿用，尤其是表示事物类的名词，如"日头""月明""葵花""江米""前晌""晌午""后晌""草鸡""草驴""门限""仰尘""煎盘""豆枕""手巾""板床""暖鞋""鞁鞋""扁食"等。这也构成了方言历史词汇的一个特点。上党地区多山，自古交通不便，与外界发生语言接触的机会不多，方言口语中表示事物类的词语也就显得很稳定了。

从词义演变的角度看，我们可以说，上党地区方言历史词汇的主要特点是稳定性非常强，大部分词语古义未变，只有一小部分词语随着社会生活的改变而意义或使用范围发生了变化，或者增加了新的意义。

通过以上对上党地区方言历史词汇的语音形式、语法形式以及语义变迁等语言特征的分析，我们认为，上党地区方言中留存的历史词汇无论是语音形式还是语法形式都与汉语词汇的总体发展大体一致，但是仍然会呈现属于方言历史词汇的特点，如内部组合形式方面并列式所占比重并不高；语义变迁方面则体现出极强的稳定性，但是也出现了少许变化，这种变化是受词汇发展以及地域文化影响而产生的，体现了词汇发展规律性的一面。

第三节　上党地区方言历史词汇的文化意蕴

俗话说："一方水土养一方人。"每个地区的自然环境、人文环境不同，人的性格、生活方式、思想观念、人文历史也就会有差异，这也就是我们通常所说的地域文化及民俗文化。众所周知，语言是文化的载体，各地的民俗文化要靠各地的方言词语去表现，因此，方言与文化密不可分。文字靠文化传承，也靠语言（即方言）传承。可以肯定，没有语言的传承，文化是流传不到现在的。因此，方言词汇必然蕴含着丰富的民俗文化，而方言历史词汇则深深打上了民俗历史的烙印。正如李如龙先生在《汉语方言学》中所言："方言是历史现象，它是历史上形成的，并随着社会的演变走出一条自己演变的道路，只有联系社会历史我们才能深刻地理解方言事实。方言又是文化现象，作为地域文化的表现形式，方言反映地域文化是全方位的，也是常年不懈的。"[1] 时代在变化，语言在变化，方言也在变化。正是由于上党地区具有悠久的历史，加之山川阻隔、地域封闭的独特的自然环境和地理位置，以及由此导致的经济上的自给自足，使得语言的变化相对较慢，因此其方言词汇中留存了许多古代的词语。这些词语不仅可以帮助我们将古汉语词义与方言词语意义进行互证，还具有一定的文化意蕴，蕴含了较为丰富的上党地区文化，可以借以了解该地区的社会历史与民族文化。

一、时令、时节以及日常活动中蕴含的民俗文化

上党地区的民间习俗活动渗透在人们的日常生活以及时令、时节中，人民的生活始终与民间习俗同向而行。上党地区民间习俗形式多样，充分显示了该地区人民与自然环境、社会环境、人文历史的关系，反映了上党地区民众的一些习俗、民风和价值取向。

破五：大年初五。"破五"习俗的来源至今说法不一，但在

---

① 李如龙：《汉语方言学》，高等教育出版社，2001年，第155页。

上党地区"破五"已经成了该地特有的民俗文化。人们认为过年的初一到初五这几天中，请来的各路神灵都在家中，所以有许多禁忌来表示对神灵的虔诚、恭敬、礼貌等。所谓"破五"，就是说过了初五，就可以解除约束。初五这一天早晨，人们会在神灵和祖先的牌位前烧香、叩拜，然后把神灵和祖先送走，并把代表祖先灵位的牌位或相片收起来，来年春节再供奉。从这一习俗正可以反映出当地百姓辟邪除灾、迎祥纳福的美好愿望。

打春：立春，民间二十四节气之一。在长期的社会实践中，农民掌握了农事规律，总结出二十四节气，根据节气来安排农业生产活动。"立春"是春季的开始，是万物复苏的季节，对于百姓来说具有重要意义。正是因为这一天对百姓很重要，所以会举行一些庆祝活动，故在方言中又叫"打春"。古代的"打春"可能有过热烈的庆祝活动，如今当地人似乎已经对这些活动不那么热情了，但是从日常的交谈中可以看出人们还是比较重视"打春"。如在临近"立春"时节，彼此之间会互相询问："什么时候打春？""快打春了，赶紧把犁、耙收拾好。"在民间，这一天预示着天气转暖，河流解冻，人们开始下地干活，为新的一年而忙碌了。尽管没有什么庆祝活动，但从民众对这一天的重视程度我们依然可以看出本地人民辛勤耕作、勤俭持家、重视农业的古朴民风。

赶集、赶会："赶集、赶会"是上党地区的传统民俗，意思是到集市上去做买卖或玩耍。"集"相对于"会"更为频繁些，在上党地区阳城县，多个乡镇政府所在地都有"集"，一般10天一次。这一天，各种小商小贩会在集市上摆摊，交易货物，相对于平日，集市上的货物相对便宜一些。"会"的意义与"集"大体相同，但相比"集"规模更大，更热闹，间隔时间也长，一般一年才有一次活动。有的地方持续时间也长，三天左右，比如长治；但也有的地方持续时间与"集"一样，也是一天，比如阳城。一般在"会"上都会有戏班子唱戏，三天到五天不等。这种民俗活动一方面体现出市场的繁荣，另一方面也有助于推动当地经济的发展，满足人们精神文化生活的需求。另外，也有利于保护和传承民间文化艺术。

添仓：上党地区民间节日之一，各地具体时间不尽相同，但都在农历正月十五以后，如阳城、高平在农历正月十九，壶关在正月二十四，黎城则在正月二十三和二十四两天，二十三叫"小添仓"，二十四叫"大添仓"。在这一天，百姓会把家里诸如柜子、米缸、面缸等盛放东西的地方都放一些粮食，有的地方则是把盛放粮食的器皿添满粮食，水缸添满水。民间有俗语曰："添仓不添仓，添个满水缸。"意思是"添仓"至少要把水缸添满，这句话正描绘了"添仓"节的习俗。百姓通过这些习俗活动，表达来年可以大丰收、家里粮食不会断、任何物品都不缺的美好心愿。"添仓"节由来已久。清人俞正燮《癸巳存稿》记载："《拾遗记》曰，江东俗正月二十四日为天穿。……池阳以正月二十日为天穿日，以红缕系饼投屋上，谓之补天。"又载："《荆楚岁时记》曰，江南俗正月三十日为补天日，以红丝缕系煎饼置屋上，谓之补天穿。苏轼诗曰：'一枚煎饼补天穿。'"关于"添仓"节的来源说法不一，一说是为了纪念曾为百姓失去生命的仓官，一说是为了纪念女娲氏。无论来源是什么，"添仓"在民间已成了一个较为重要的节日。不仅上党，北京、天津等其他地方也过这个节日。不过，在不同时代、不同地区，节日时间有所不同，节俗也不一样。但是同样都表达了百姓的美好心愿。

二、反映民众的神灵崇拜观念

这种神灵崇拜观念是民众自发产生的，是一种情感寄托、心灵崇拜以及伴随着精神信仰而发生的行为。它植根于传统文化，经过历史积淀与净化并延续至今，从崇拜对象来看，多是对有关"神明、鬼魂、祖先、圣贤及天象"的信仰和崇拜。上党地区方言历史词汇中"献""月明""日头"等词中即蕴含着民众的这种对神灵的崇拜心理，甚至在 21 世纪的今天也依然存在。

在上党地区方言中"献"有"把东西进献给已经去世的人或神佛之类"的意思。这一意义在本地方言普遍使用，可用于进献去世的先祖，也可用于进献神灵，称为"献老爷"。"献老爷"是上党地区一种传统的民俗，是一种对神的祭祀活动。其历史悠久，祭祀对象庞杂，影响非常广泛。其中，"老爷"是对天上或地下众位神灵的统称。一年中，不同的时节有不同的"老爷"要献，范围之广，涉及的神仙之多，超乎一般人的想象，如三月三要献河神爷，端午节要献五瘟神及庙内诸神，八月十五要献月神，等等。其他如玉皇大帝、如来佛祖、观音娘娘、土地公公、财神、门神……也都要献祭。

相比于拜佛等宗教活动，"献老爷"更具地方性和灵活性。"献老爷"的活动时间以农历为标准，主要形式是摆上香炉、烛台和供品，烧香祈祷后再烧钱纸，一般是黄纸；供品要新鲜，即不能是人已经食用过的物品。同时在献祭时要向神灵祈祷。

祭拜神明，是中国人乃至全人类都存在的现象，上党地区民众也一样。在上党地区留存着各种各样的大小神庙，神庙里供奉的神明，有自然神明（天地父母、太阳神、月神、风雨雷电诸神、山川河流动植物诸神……）、佛门诸神、道教诸神、帝王、圣贤、英烈、清官等，每逢初一、十五，可见人们奔走于各个庙宇之间，虔诚膜拜。

"月明"，指月亮，在上党地区方言中，又称为"月明爷"；"日头"，指太阳，在上党地区方言中又称为"日头爷"，有时也称"红老爷"。其中"月明爷""日头爷""红老爷"中的"爷"也是指"老爷"。这样的称谓显然是源于对日神、月神的崇拜心理，如同"土地老爷""城隍老爷"的称谓。

上党地区民众的神灵崇拜观念的出现应该说有一定的地理与历史原因。上党地区地处山区，自古以来天灾较多，且交通不便，经济发展缓慢，原始宗教思想在人们的头脑中形成一种思维概念，当人们在遇见自身无力支配的命运时，便容易萌发信神心态。人们之所以信神、祀神，都是由于认为这样做是对自己有用和有好处的，企望"有求必应"，主要有畏惧心理、保险心理、偶像崇拜心理等。这种对神灵的崇拜观念基本上承续了对社会的各种传统信仰，并渐渐成为民俗文化中一个典型的、有特色的组成部分。

三、反映上党地区的婚俗文化

中国的传统婚俗是中国文化的一部分，在几千年的发展过程中，已经形成了一套完整系统的体系。这个体系涉及中国人婚姻的方方面面，同时也反映了中华民族深层的文化心理。

在中国传统婚俗中有一项重要的婚俗制度即是"女从男居"。自母系氏族社会末期，以"抢婚制"肇始，开始了中国长达几千年的"女从男居"的婚姻关系，这种婚姻关系事实上是古代男尊女卑的社会地位的反映。因为在这种婚姻关系下，女子在结婚后就会到男方居住地生活，对于女方家庭来说，必然有种"嫁出去的女儿泼出去的水"的感觉，反之男孩一直在家，无论怎样，始终陪伴在父母身边。这样的状况必然会引发民间的"重男轻女"思想，再加上古代"男尊女卑"，也就更容易使这种思想发展到极致。

上党地区方言历史词语中"出门""打发"等词正突出反映了这种"女从男居"的婚俗文化。

"出门"在方言中指女子出嫁，已出嫁的女子则称为"出门闺女"。"出门"本义为"外出、走出门外"。因为女子出嫁意味着走出娘家，而且此后就要以夫家为自己的家，一般不能回到娘家，对于娘家来说好比女儿出门远行，很长时间见不了面，故用"出门"指"出嫁"。另外，汉字中的"歸"字也可作为旁证说明"出门"引申指"出嫁"反映的民族思维特征。"歸"，本义为"出嫁"，其形旁为"帚""止"，"帚"指妇女，"止"表示"行走"，因此，形旁意指女子行走，与"出门"本指"走出门外"意暗合。由此可见，"出门"由本义"外出、走出门外"引申指"女子出嫁"，正可反映古代"女从男居"的婚俗文化。

"打发"在方言中有"嫁女儿"的意思。其本义为"派遣"，后引申表示"使离开"，如元代无名氏《村名堂》第二折："那个弟子孩儿，不似好人，偷东摸西，打发他去了罢！"从语义上看，"使离开"中离开的对象缺乏主动性，是受制于离开的施事者的。而在中国古代，女子嫁人是"父母之命，媒妁之言"，女性也缺乏主动性，没有自己的选择，必须听命于父母的安排，因此"打发"由"使离开"引申可以特指"嫁女儿"。这一引申过程及结果正反映了古代女子在婚姻中主动性缺失的状况以及男尊女卑的婚姻关系；同时，亦可反映出女子嫁人即意味着离开娘家，以夫家为归宿的"女从男居"的婚姻制度。

除去"女从男居"外，我国传统婚俗中还有一项重要的习俗"下聘礼"。所谓"下聘礼"，即男女缔结婚姻关系时，男方要给女方重礼或者重金。这一习俗当来源于女从男居的婚姻关系。女方嫁给男方，从此远离父母，不能在父母身边尽孝，出于一种补偿心理，男方应当给女方一定的物质或金钱作为女方父母多年辛苦养育女儿的回报，由此有了"下聘礼"的婚姻习俗。在上党地区，至今还保留着这种习俗。尽管现代社会男女平等，女方与男方共同奉养父母，但是这种传统习俗依然存在。这种习俗在上党地区方言历史词语"聘"中也可以体现出来。

"聘"本为"访问、问候"义，访问、拜访别人时出于礼貌会带礼物，因此，"聘"的词义发展即抓住携带礼物这一特征展开，引申指"以礼请人担任某一职务"，再引申指"以礼物订婚、迎娶"。上党地区方言中"聘"侧重指女方的行为，意为"嫁女儿"。从"聘"的词义引申过程我们可以看出该词的词义特征即是"携带礼物"，因此方言中"聘"的文化内涵并不是单纯的嫁女，而是带有收取男方聘礼的含义，即接受了男方的聘礼之后将女儿嫁出去。

传统婚俗流传至今，在各地都已呈现出了较大的变化与发展，但是其中一些习俗还是留下了中华传统文化的印迹，这些印迹也会通过历史词汇体现出来。在现代社会，我们应该重视婚姻礼俗中折射出来的中国文化和传统美德，汲取其中的精髓，并将其发扬光大。

四、反映上党地区尊师重教的文化传统

"桃李不言，下自成蹊""师者，所以传道授业解惑也"……自古以来，尊师重教就是中华民族的传统美德。我们有着"天地君亲师"的祭祀传统，体现的正是敬天法地、孝亲敬长、忠君爱国、尊师重教的价值取向。被尊为圣人的孔子，也曾做过官，但贯穿其一生的职业是教师，所以又被推崇为"大成至圣先师"，被誉为"万世师表"。每一个人，无论成就有多大，都离不开教师的教导和指引。在中华民族 5000 多年文明发展史上，英雄辈出，大师荟萃，都与一代又一代教师的辛勤耕耘分不开。"国将兴，必贵师而重傅。"教育是提高人民综合素质、促进人的全面发展的重要途径，是民族振兴、社会进步的重要基石。因此，尊师重教的传统始终是我们必须弘扬的一项最基本的又最重要的美德。

在上党地区方言历史词汇中，"书房""先生"都可以体现出当地尊师重教的文化传统。

"书房"，即"学校"。上党地区各地方言普遍把"学校"叫

"书房"，把"上学"叫"去书房"。如："娃家都去书房啦。"（孩子们都上学去了。）"我家村书房比他家村书房大。"（我们村学校比他们村学校大。）"书房"的本义是"朝廷、官府收藏书籍、书画的场所"，即"藏书室"。从文献用例来看，一般是官府的行为，后引申泛指读书写字的地方。古时候，起码到清朝时读书写字的地方即已包括两种形式：家塾和学校。这也说明"学校"的前身很可能就是"书房"，"学校"与"书房"之间有一种渊源关系。用"书房"指称"学校"，可以看出人们对学校的尊崇心理。自古以来人们重视读书，重视书籍，常形容读书人家为"书香门第"。古人对读书的重视，慢慢又演变成对读书的崇拜。大概到了明代，民间开始信奉跟读书有关的神——文昌君（或称文昌帝）。"书房"本是"藏书室"，有书的地方即意味着有学问，因此，称"学校"为"书房"自然可以反映出上党地区重视教育、重视读书的文化传统。

"先生"是上党地区武乡方言对"老师"的称谓。从文献用例来看，"先""生"连用，表示"先出生"之义。古人注重礼节，对先出生的、年纪大的人有尊敬之礼，故而该词在产生之初就含有尊重的意味。因战国时学术思想发达，各国统治者为求发展，重视有学问的人，由此该词成为对有道德、有学问或有专业技能的人的尊称。而老师即是有学问、有道德、有专业技能的人，故引申特指"老师"。由此，我们从"先生"表示"老师"义的来源上分析，可以看到对老师的尊重心理以及尊师重教的传统。

我们从"书房"指代"学校"，"先生"指代"老师"这两个古义能一直保留至今不难看出，上党地区尊师重教的风气由来已久，从古至今的教育兴盛也可见一斑。所以"书房"蕴涵着当地尊师重教的文化风尚。而当地的历史文化也能充分证明这一点。如上党地区的阳城县，在置县两千多年的历史中，文风长盛，自隋朝科举以来，先后出过120余名进士。明清两代，先后出过4名尚书、2名宰相。清顺治三年（1646），10人同中举人，10人同中进士；顺治八年（1651），又有10人同中举人，留下了"十凤齐鸣、十凤重鸣"的佳话。清康熙、雍正年间，阳城与陕西韩城、安徽桐城同为文化发达之乡，在泽州府所辖五县中文风最高，赢得了"名列三城，风高五属"之誉。再如据各地县志记载，早在宋元时期，当地官府即兴办义学，吸收贫家子弟免费进行教育。其形式有三种：一种为公立义学，经费来自田租或商税；一种为急公好义之士举办，经费是私人捐资；一种为首倡人与村民捐资共办。即使是县里，最迟也在明清时期出现了"义学"这样的教育机构。另外，还有"书院"等教育机构。正是因为有尊师重教的传统，才有各种形式的教育机构的出现，也才有教育事业兴盛以及人才济济的局面。

五、反映上党地区的移民文化

历朝历代，由于屯垦戍边、开发新区，大规模移民是常有的事。移民一方面造成文化的传播，另一方面又使不同地域的文化发生交流，产生新的文化。人口的迁徙在促进文化发展的同时，也使方言随着迁徙人群大跨度转移。几个相隔千里之外的地域人群，几乎操着相同的方言，这可能就是移民带来的语言现象。周振鹤、游汝杰两先生曾在《方言与中国文化》中指出："不同类型的文化从相互隔离进入渗透和交融状态，其最主要的原因之一就是人口的迁徙，亦即移民。移民一方面造成文化的传播，另一方面又使不同地域的文化发生交流，产生新的文化，推动文化向前发展。所以移民史在文化史上应占有重要的地位。人口的迁徙，在促使文化发展的同时，也使语言发生很大的变化。方言是语言逐渐分化的结果，而语言的分化往往是从移民开始的。"①

　　就上党地区而言，历史上也曾有过几次大规模的移民。从早期春秋时期晋国的移民，到秦汉魏晋时的山西民户南渡，从唐末五代的"从龙"移民到北宋时期的大规模南迁，从明朝的政府主导的大移民到清朝出现的商业性移民，都涉及晋东南地区即上党地区。这些移民，有的是从上党迁到别处，也有的是自外地迁来上党。到 19 世纪末 20 世纪初，又发生了一次大规模的移民。受灾荒、战乱等因素的影响，华北乡村社会发生了巨变，大量灾民从各处拥向了山西。从时间上看，近代山西移民始于清末的"丁戊奇荒"，盛于动荡不安的民国，在抗战时期达到顶峰，1949 年后因政局的稳定与全国性的集体经济而趋于平缓。从空间上看，山西省移民数量呈由南向北递减之势，外来移民主要集中于晋南、晋东南地区。从籍贯上，移民主要来自冀、鲁、豫三省，还有徽、湘、赣、川等跨区域移民。从原因来看，是历史、生态、区位、社会、文化等一系列因素共同作用的结果，人地关系的失衡是人口流动的根本性因素。从数量上看，近代迁往山西移民的

---

① 周振鹤、游汝杰:《方言与中国文化》，上海人民出版社，2019 年，第 14 页。

总量超过 150 万，属于重大的移民迁徙事件。

移民入迁对山西乡村人口结构、社会结构、经济结构、聚落形态等均造成一定影响，也引发了相应的社会问题，同时也带来语言的接触与融合。如上党地区阳城方言中的第一人称代词"侬"在吴语中常见，"出门"一词则在广东客家话、中原官话、东北官话、北京官话、吴语、闽语等方言中使用；再如本书所考释的上党方言历史词汇中有不少词事实上在山西其他地方方言以及周边如河南、河北、陕西等地方言中也有使用。这些都是由于移民而带来的语言接触与融合现象的体现。比如上党地区各地都用"年时"指称"去年"，用"夜来"指称"昨天"，山西还有不少方言也这样用。这是因为虽然山西是多方言区，各方言区自然有属于自己的方言特征词，但是这些地区毕竟毗邻，彼此之间的接触与交流在所难免，甚至会有近距离的移民出现，所以自然会出现语言的融合现象。另外，上党地区方言历史词语也会与周边相邻地区如河北邯郸以及河南、陕西一些地方出现重合现象，如在周边的河南林州方言中也称"相随"为"厮跟"，"去年"为"年时"，"脏水"为"恶水"，"脏水盆"为"恶水盆"，……；河南焦作方言中也称"整齐"为"齐楚"，"喜欢"为"待见"，"饺子"为"扁食"，"青蛙"为"圪蟆"……这些均与上党地区方言相同，原因依然是各地百姓的交流融合。

但是我们需要注意的是上党地区方言历史词汇在本地区内部仍然会体现出一定的地域差异，即某个方言历史词汇只是在某一个或两个地区使用，别的地区不用。如：长治、长子地区"月亮"叫"月明"，而平顺则与普通话同，称"月亮"；晋城、阳城方言用"跶拉"指"把鞋后帮踩在脚后跟下"，但武乡、长治片方言不说该词；长治片方言用"捼"表示"把东西弄得不平整"，晋城片方言则不用；长治方言用"哐"表示"吃"，晋城方言却不用，等等。这是由于上党地区地势险要，多山，自古以来交通不便，因此与外界的交流与融合是有限的，发生语言接触现象也是有限的，因此每个方言点必然存在一定数量的代表自己地域特征的典型方言特征词。

　　以上我们结合几个方言历史词语，分析了其中蕴含的文化意蕴，尽管还很不全面，但是方言词汇与地域文化的关系可见一斑。从中我们可以看到，方言是文化的重要载体和传播者，从方言中的一些词汇可以看到一个地方的历史与文化，上党地区方言历史词汇源远流长，蕴含着极为丰富的地域文化，需要我们进行更深层次的挖掘。

附录　上党地区方言历史词汇在本区各方言点的表现

序号	词条	长治	屯留	襄垣	平顺	黎城	壶关	长子	武乡	沁县	沁源	晋城	高平	陵川	阳城
1	日头	+				+	+	+	+	+					
2	月明	+	+					+				+	+		
3	冻泥										+				+
4	集		+	+			+		+	+	+				+
5	场		+			+			+			+			+

（续表）

序号	词条	长治	屯留	襄垣	平顺	黎城	壶关	长子	武乡	沁县	沁源	晋城	高平	陵川	阳城
6	孤堆	+	+	+		+	+	+	+	+	+	+		+	+
7	闹落	+	+	+		+	+	+	+	+	+	+	+	+	+
8	簙	+	+	+	+	+	+	+	+	+	+	+	+		+
9	春期								+	+					
10	打春	+	+		+	+	+	+	+	+		+	+		+
11	破五		+			+			+		+				+
12	添仓				+	+	+					+	+		+
13	过年		+				+	+		+			+	+	+
14	年时	+	+	+	+	+	+	+	+	+	+		+	+	+
15	年根	+	+	+	+	+	+	+	+	+	+		+	+	+
16	月尽								+	+					
17	夜来	+	+	+		+	+	+	+	+	+		+	+	
18	黑来	+	+	+	+	+	+	+	+	+		+	+	+	+

（续表）

序号	词条	长治	屯留	襄垣	平顺	黎城	壶关	长子	武乡	沁县	沁源	晋城	高平	陵川	阳城
19	早起	+			+	+	+	+			+			+	
20	晚夕	+	+	+		+	+	+		+	+		+		
21	前晌	+	+	+	+		+	+	+			+		+	+
22	晌午	+	+	+	+	+	+	+	+	+		+	+	+	+
23	后晌						+					+		+	+
24	天气	+	+	+		+	+	+	+	+					
25	历头	+													
26	担杖	+	+		+	+	+	+	+			+		+	+
27	碌碡							+			+		+		
28	耙		+	+	+	+	+	+	+	+	+	+	+	+	+
29	打场		+		+	+			+				+		+
30	葵花	+	+	+	+	+	+	+	+	+	+	+	+	+	+
31	江米	+	+	+	+	+	+	+	+		+	+	+	+	+

（续表）

序号	词条	长治	屯留	襄垣	平顺	黎城	壶关	长子	武乡	沁县	沁源	晋城	高平	陵川	阳城
32	草鸡		+		+		+		+	+				+	+
33	草驴	+	+	+	+		+		+	+	+	+		+	
34	圪蟆		+	+		+		+	+			+	+		+
35	圪蚪		+				+	+	+						
36	头口														+
37	门限						+		+			+	+	+	+
38	仰尘				+				+	+					+
39	街门	+	+	+	+	+	+		+			+		+	+
40	鳌（子）	+	+			+	+	+	+			+	+		+
41	煎盘											+		+	+
42	盅			+			+		+				+		+
43	篦子	+	+			+	+	+				+		+	+
44	火箸	+	+	+	+	+	+	+	+	+	+	+	+	+	+

（续表）

序号	词条	长治	屯留	襄垣	平顺	黎城	壶关	长子	武乡	沁县	沁源	晋城	高平	陵川	阳城
45	铁匙	+	+	+		+	+	+				+	+	+	+
46	豆枕	+	+	+	+	+	+	+	+			+	+	+	+
47	膜		+	+	+	+		+			+	+			+
48	手巾	+	+	+	+	+	+	+	+	+	+	+	+	+	+
49	杌子	+					+	+							
50	板床									+				+	+
51	汉	+	+	+	+	+	+	+	+	+	+		+		+
52	后生	+	+	+	+	+	+	+	+	+	+				
53	侉的								+	+					
54	男人	+		+			+		+				+	+	+
55	小的			+	+	+		+	+	+					
56	先生			+					+						
57	啰	+	+	+		+	+	+	+						

（续表）

序号	词条	长治	屯留	襄垣	平顺	黎城	壶关	长子	武乡	沁县	沁源	晋城	高平	陵川	阳城
58	惊	+					+	+							
59	通唤											+	+		+
60	领		+	+			+								+
61	项														+
62	精		+	+		+	+	+	+						+
63	暖鞋		+	+			+	+	+	+	+	+	+	+	+
64	铺衬	+	+	+			+				+	+	+	+	+
65	靸鞋														+
66	献	+		+		+	+	+				+	+		+
67	兀朵	+		+			+	+	+			+		+	+
68	滚水				+	+	+				+				+
69	恶水	+				+	+	+			+	+		+	+
70	扁食	+	+	+	+	+	+	+			+	+	+	+	+

（续表）

序号	词条	长治	屯留	襄垣	平顺	黎城	壶关	长子	武乡	沁县	沁源	晋城	高平	陵川	阳城
71	出门		+												+
72	双生	+	+	+		+	+	+	+						
73	聘														+
74	打发						+						+	+	+
75	生活		+		+	+	+	+				+		+	+
76	赶集	+	+	+		+	+	+	+	+	+	+	+	+	+
77	赶会	+	+	+	+	+	+	+	+	+	+	+		+	+
78	吃烟	+	+	+			+	+	+	+				+	
79	楚	+										+	+	+	+
80	歇	+		+	+	+	+	+	+		+	+	+		+
81	挺	+													+
82	觑			+			+		+						+
83	败兴	+	+	+	+	+	+	+	+	+	+	+	+	+	+

（续表）

序号	词条	长治	屯留	襄垣	平顺	黎城	壶关	长子	武乡	沁县	沁源	晋城	高平	陵川	阳城
84	淡话	+				+	+	+	+	+		+	+	+	+
85	谝	+		+		+	+	+	+					+	+
86	扯淡	+	+		+	+	+	+	+	+	+	+	+	+	+
87	数落		+						+		+			+	
88	填还	+	+				+	+					+	+	+
89	斯跟	+	+	+	+	+	+	+	+	+	+	+	+		+
90	贻					+	+	+	+	+	+				+
91	尖儿	+	+			+	+	+	+			+			
92	书房	+	+	+		+	+	+	+	+	+	+	+		
93	涸	+	+			+	+	+					+		-
94	眷	+	+	+		+		+	+		+		+	+	
95	告假	+	+					+					+		+
96	抟	+		+		+	+	+	+			+	+	+	+

（续表）

序号	词条	长治	屯留	襄垣	平顺	黎城	壶关	长子	武乡	沁县	沁源	晋城	高平	陵川	阳城
97	捉	+	+	+	+	+	+	+	+				+	+	+
98	燠	+	+	+		+	+	+	+				+	+	
99	浧	+	+	+		+			+			+	+	+	+
100	跋		+	+		+	+	+	+			+	+		+
101	踞					+				+					+
102	提溜		+				+	+				+	+		
103	向火														+
104	摅	+	+		+		+				+				+
105	掂	+	+	+	+	+		+	+	+		+	+		+
106	搁	+	+	+	+	+	+	+	+	+	+	+	+	+	+
107	敔	+	+	+		+	+	+	+			+	+	+	+
108	荷	+					+								
109	撼										+				+

（续表）

序号	词条	长治	屯留	襄垣	平顺	黎城	壶关	长子	武乡	沁县	沁源	晋城	高平	陵川	阳城
110	敤	+					+					+			+
111	抇	+		+		+								+	+
112	掇	+	+				+	+				+	+	+	+
113	撏掇	+	+	+		+	+	+	+			+			
114	拾掇	+	+	+		+	+	+	+		+	+	+	+	+
115	打并	+	+	+	+	+	+		+						
116	待见	+	+	+	+	+	+	+	+	+				+	
117	搦	+				+	+	+	+			+	+	+	+
118	搞		+	+			+		+				+	+	+
119	接	+	+	+			+		+				+	+	
120	苫		+	+		+	+	+							+
121	爡		+	+			+	+							
122	衍	+						+			+				

（续表）

序号	词条	长治	屯留	襄垣	平顺	黎城	壶关	长子	武乡	沁县	沁源	晋城	高平	陵川	阳城
123	绾	+	+	+		+	+	+	+			+	+	+	+
124	哩	+	+												
125	搉	+	+	+		+	+	+	+			+	+	+	
126	亚	+	+			+		+							
127	斋	+	+				+							+	
128	仄	+	+	+		+	+	+	+						
129	腆								+			+	+	+	+
130	跣	+												+	+
131	爹	+	+	+		+	+	+				+		+	+
132	耵	+													+
133	支应	+	+	+		+	+	+				+			+
134	臊	+				+									
135	这（那）厢	+	+	+		+	+	+	+		+		+	+	

（续表）

序号	词条	长治	屯留	襄垣	平顺	黎城	壶关	长子	武乡	沁县	沁源	晋城	高平	陵川	阳城
136	当处	+	+	+			+	+				+		+	+
137	吃劲	+	+	+	+	+	+	+	+	+	+		+	+	+
138	倒灶	+					+								
139	没	+		+			+								
140	乏	+			+	+		+			+			+	
141	恓惶	+	+			+		+	+		+				
142	勤紧	+		+	+				+	+			+	+	
143	轻省	+		+	+		+	+	+	+	+	+	+	+	+
144	打紧	+							+						
145	齐楚		+	+	+	+	+	+	+			+	+	+	+
146	丑	+	+	+	+	+	+	+		+			+	+	+
147	饥	+		+			+	+					+	+	+
148	依														+

（续表）

序号	词条	长治	屯留	襄垣	平顺	黎城	壶关	长子	武乡	沁县	沁源	晋城	高平	陵川	阳城
149	家											+		+	+
150	旋	+	+	+		+	+	+						+	+
151	尽	+	+	+				+	+			+		+	+
152	爽利	+		+		+	+							+	
153	将将	+	+	+		+	+	+		+	+		+	+	+
154	可可	+				+		+	+		+		+		
155	款款			+		+	+					+		+	+
156	干							+	+				+	+	+

说明：序号为分类考释中的序号，"+"表示该地方言有此说法。

参考文献

著作类：

〔春秋〕左丘明著，〔三国吴〕韦昭注，胡文波校：《国语》，上海古籍出版社，2015年。

〔战国〕韩非子撰，高华平等译注：《韩非子》，中华书局，2016年。

〔战国〕吕不韦：《吕氏春秋》，团结出版社，2019年。

〔西汉〕刘安撰，〔东汉〕高诱注：《淮南子》，诸子集成本，中华书局，1954年。

〔西汉〕刘向集录：《战国策》，上海古籍出版社，1998年。

〔西汉〕刘向：《列女传》，江苏古籍出版社，2003年。

〔西汉〕司马迁：《史记》，中华书局，1982年。

〔西汉〕史游撰，〔唐〕颜师古注：《急就篇》，中华书局，1985年。

〔东汉〕班固：《汉书》，中华书局，1962年。

〔东汉〕刘熙撰，〔清〕毕沅疏证，〔清〕王先谦补：《释名疏证补》，中华书局，2008年。

〔东汉〕王逸：《楚辞章句》，上海古籍出版社，2017 年。

〔东汉〕许慎：《说文解字》，中华书局，1963 年。

〔晋〕陈寿著，〔南朝宋〕裴松之注：《三国志》，上海古籍出版社，2016 年。

〔晋〕干宝：《搜神记》，中华书局，2012 年。

〔晋〕葛洪：《抱朴子》，上海古籍出版社，1990 年。

〔晋〕刘义庆：《世说新语》，广西民族出版社，1998 年。

〔北魏〕贾思勰：《齐民要术》，团结出版社，1996 年。

〔北魏〕郦道元著，谭属春、陈爱平点校：《水经注》，岳麓书社，1995 年。

〔南朝宋〕范晔撰，〔唐〕李贤等注：《后汉书》，崇文书局，2019 年。

〔北齐〕魏收：《魏书》，中华书局，1975 年。

〔梁〕顾野王：《原本玉篇残卷》，中华书局，1985 年。

〔梁〕沈约：《宋书》，中华书局，2001 年。

〔梁〕萧统编，〔唐〕李善注：《文选》，中华书局，1977 年。

〔唐〕般剌密谛译：《楞严经》，大众文艺出版社，2004 年。

〔唐〕房玄龄等：《晋书》，中华书局，1974 年。

〔唐〕李百药：《北齐书》，中华书局，1972 年。

〔唐〕李延寿等：《北史》，中华书局，1974 年。

〔唐〕李延寿等：《南史》，中华书局，1975 年。

〔唐〕刘知几撰，黄寿成校点：《史通》，辽宁教育出版社，1997 年。

〔唐〕欧阳询等：《艺文类聚》，上海古籍出版社，1989 年。

〔唐〕释寒山：《寒山子诗集》，文物出版社，2020 年。

〔唐〕魏徵等：《隋书》，中华书局，1973 年。

［唐］颜师古著，刘晓东译：《匡谬正俗平议》，齐鲁书社，2016 年。

［唐］姚思廉：《陈书》，中华书局，1972 年。

［唐］姚思廉：《梁书》，中华书局，1973 年。

［唐］张鷟撰，郝润华、莫琼辑校：《朝野佥载》，山东人民出版社，
2018 年。

［后晋］刘昫等：《旧唐书》，中华书局，1975 年。

［南唐］释静、释筠：《祖堂集》，中华书局，2007 年。

［宋］丁度：《集韵》，北京市中国书店，1983 年。

［宋］郭茂倩编，聂世美等校点：《乐府诗集》，上海古籍出版社，
2016 年。

［宋］洪迈著，何卓校：《夷坚志》，中华书局，2006 年。

［宋］洪兴祖：《楚辞补注》，中华书局，1983 年。

［宋］孔平仲：《孔氏谈苑》，齐鲁书社，2014 年。

［宋］李昉等编：《太平广记》，中华书局，2013 年。

［宋］黎靖德编，王星贤点校：《朱子语类》，中华书局，1986 年。

［宋］陆游撰，李剑雄、刘德权译：《老学庵笔记》，中华书局，
1979 年。

［宋］孟元老：《东京梦华录》，中州古籍出版社，2010 年。

［宋］欧阳修等：《新唐书》，中华书局，1975 年。

［宋］沈括：《梦溪笔谈》，上海书店出版社，2003 年。

［宋］释道元辑、朱俊红点校：《景德传灯录》，海南出版社，
2011 年。

［宋］释惠洪：《禅林僧宝传》，中州古籍出版社，2014 年。

［宋］释普济：《五灯会元》，中华书局，1984 年。

［宋］司马光撰，胡三省注：《资治通鉴》，中华书局，2011年。

［宋］苏轼：《东坡词》，广陵书社，2010年。

［宋］吴曾：《能改斋漫录》，上海古籍出版社，1979年。

［宋］乐史：《太平寰宇记》，中华书局，2014年。

［宋］赜藏主：《古尊宿语录》，中华书局，1994年。

［宋］曾巩：《曾巩集》，中华书局，1998年。

［宋］张君房：《云笈七签》，中华书局，2003年。

［元］陶宗仪：《南村辍耕录》，上海古籍出版社，2012年。

［元］王实甫：《西厢记》，吉林出版集团有限责任公司，2011年。

［元］王恽：《玉堂嘉话》，中华书局，2006年。

［元］无名氏：《大宋宣和遗事》，商务印书馆，1925年。

［明］安遇时：《包公案》，崇文书局，2018年。

［明］抱瓮老人：《今古奇观》，人民文学出版社，1982年。

［明］陈耀文：《花草粹编》，河北大学出版社，2010年。

［明］冯梦龙：《东周列国志》，人民文学出版社，1975年。

［明］冯梦龙：《古今小说》，江苏古籍出版社，1991年。

［明］冯梦龙：《醒名花》，吉林摄影出版社，2002年。

［明］冯梦龙：《警世通言》，天津古籍出版社，2009年。

［明］冯梦龙：《醒世恒言》，天津古籍出版社，2009年。

［明］冯梦龙：《喻世明言》，天津古籍出版社，2009年。

［明］冯梦龙编，刘瑞明注：《冯梦龙民歌集三种注解》，中华书局，
2005年。

［明］归有光：《归先生文集》，翁良瑜雨金堂刻本，1576年。

［明］海瑞：《海瑞集》，中华书局，1962年。

〔明〕洪楩:《清平山堂话本》,上海古籍出版社,1987年。

〔明〕兰陵笑笑生:《金瓶梅词话》,人民文学出版社,1992年。

〔明〕凌濛初:《初刻拍案惊奇》,天津古籍出版社,2009年。

〔明〕凌濛初:《二刻拍案惊奇》,天津古籍出版社,2009年。

〔明〕刘若愚著,冯宝琳点校:《酌中志》,北京出版社,2018年。

〔明〕罗贯中:《残唐五代史演义传》,宝文堂书店,1983年。

〔明〕罗贯中:《三国演义》,北京燕山出版社,2010年。

〔明〕罗懋登:《三宝太监西洋记》,华夏出版社,1995年。

〔明〕戚继光:《练兵实纪》,中华书局,2001年。

〔明〕沈榜:《宛署杂记》,北京出版社,1961年。

〔明〕沈德符:《万历野获编》,中华书局,1989年。

〔明〕沈鲸:《双珠记》,台湾开明书店,1978年。

〔明〕施耐庵:《水浒全传》,岳麓书社,1988年。

〔明〕施耐庵:《水浒传》,人民文学出版社,1997年。

〔明〕宋应星:《天工开物》,岳麓书社,2002年。

〔明〕汤显祖撰,徐朔方、杨笑梅校注:《牡丹亭》,人民文学出版社,1982年。

〔明〕王鏊:《震泽长语》,商务印书馆,1937年。

〔明〕王化贞撰,张磊等注:《〈产鉴〉新解》,河南科学技术出版社,2013年。

〔明〕王圻:《续文献通考》,现代出版社,1986年。

〔明〕王世贞著,程洁栋等批注:《艺苑卮言》,凤凰出版社,2009年。

〔明〕吴承恩:《西游记》,人民文学出版社,1980年。

〔明〕西周生:《醒世姻缘传》,上海古籍出版社,1981年。

［明］佚名:《英烈传》，上海古籍出版社，1996 年。

［明］张岱:《陶庵梦忆》，故宫出版社，2011 年。

［明］张自烈:《正字通》，中国工人出版社，1996 年。

［明］朱鼎臣:《唐三藏西游释厄传》，人民文学出版社，1984 年。

［清］半闲居士:《小八义》，内蒙古人民出版社，2009 年。

［清］步月斋主人:《幻中游》，书目文献出版社，1988 年。

［清］曹雪芹:《红楼梦》，齐鲁书社，1992 年。

［清］曹寅:《楝亭集》，上海古籍出版社，1978 年。

［清］陈其元:《庸闲斋笔记》，中华书局，1989 年。

［清］程恩泽撰，［清］狄子奇笺:《国策地名考》，中华书局，1991 年。

［清］褚人获:《隋唐演义》，中华书局，2009 年。

［清］段玉裁:《说文解字注》，中华书局，2013 年。

［清］方濬师:《蕉轩随录》，中华书局，1995 年。

［清］富察敦崇:《燕京岁时记》，北京古籍出版社，1981 年。

［清］葛虚存:《清代名人轶事》，山西古籍出版社，1997 年。

［清］桂馥:《说文解字义证》，中华书局，1987 年。

［清］郭广瑞:《永庆升平前传》，北京十月文艺出版社，2004 年。

［清］纪昀著，韩希明校注:《阅微草堂笔记》，中华书局，2014 年。

［清］邃园:《负曝闲谈》，吉林文史出版社，1987 年。

［清］坑余生:《续济公传》，岳麓书社，1998 年。

［清］孔尚任:《桃花扇》，人民文学出版社，2005 年。

［清］李百川:《绿野仙踪》，中国文联出版社，1998 年。

［清］李宝嘉:《官场现形记》，华东师范大学出版社，2018 年。

［清］李春芳:《海公案》，吉林大学出版社，2011 年。

［清］李斗：《扬州画舫录》，中华书局，2007 年。

［清］李光庭撰，石继昌点校：《乡言解颐》，中华书局，1982 年。

［清］李汝珍：《镜花缘》，中州古籍出版社，2010 年。

［清］李渔：《李渔全集》，浙江古籍出版社，1991 年。

［清］李渔：《闲情偶寄》，中华书局，2014 年。

［清］梁溪坐观老人：《清代野记》，中华书局，2007 年。

［清］林则徐：《中国内乱外祸历史丛书：信及录》，神州国光社，1946 年。

［清］刘鹗著，陈翔鹤校，戴鸿森注：《老残游记》，人民文学出版社，1998 年。

［清］刘献廷：《广阳杂记》，中华书局，2016 年。

［清］潘荣陛：《帝京岁时纪胜》，北京古籍出版社，1981 年。

［清］蒲松龄：《聊斋志异》，上海古籍出版社，2010 年。

［清］蒲松龄：《聊斋俚曲集》，齐鲁书社，2018 年。

［清］钱谦益：《初学集》（《续修四库全书》本），上海古籍出版社，2002 年。

［清］如莲居士：《薛刚反唐》，三秦出版社，2006 年。

［清］石玉昆：《七侠五义》，北京十月文艺出版社，2004 年。

［清］贪梦道人：《彭公案》，齐鲁书社，1995 年。

［清］贪梦道人：《康熙侠义传》，北京燕山出版社，1997 年。

［清］汪寄：《海国春秋》，中国文联出版公司，1999 年。

［清］王闿运：《湘绮楼文集》，岳麓书社，1997 年。

［清］王念孙撰，虞万里点校：《广雅疏证》，上海古籍出版社，2016 年。

［清］王士禛:《池北偶谈》，中华书局，1982 年。

［清］王引之撰，李花蕾点校:《经传释词》，上海古籍出版社，2014 年。

［清］王筠:《说文解字句读》，中华书局，1998 年。

［清］魏源:《魏源集》，中华书局，1976 年。

［清］文康:《侠女奇缘》，北京燕山出版社，1997 年。

［清］文康:《儿女英雄传》，百花文艺出版社，2003 年。

［清］吴趼人:《二十年目睹之怪现状》，人民文学出版社，1959 年。

［清］吴敬梓:《儒林外史》，中国文联出版社，2014 年。

［清］无名氏:《小五义》，江苏凤凰出版社，2006 年。

［清］徐灏:《说文解字注笺》(《续修四库全书》本)，上海古籍出版社，1995 年。

［清］徐松:《宋会要辑稿》，中华书局，1957 年。

［清］姚士粦:《见只编》，商务印书馆，1937 年。

［清］尹湛纳希:《一层楼:尹湛纳希全集》，内蒙古人民出版社，2009 年。

［清］俞樾:《春在堂随笔》，江苏古籍出版社，2000 年。

［清］鸳湖渔叟:《说唐全传》，上海古籍出版社，1995 年。

［清］曾国藩:《曾国藩家书》，中华书局，2016 年。

［清］张杰鑫:《三侠剑》，北京燕山出版社，2007 年。

［清］丈雪通醉编，吴华等点校:《锦江禅灯·中国禅宗典籍丛刊》，中州古籍出版社，2019 年。

［清］震钧著，顾平旦点校:《天咫偶闻》，北京古籍出版社，1982 年。

［清］郑观应:《盛世危言》，华夏出版社，2002 年。

〔清〕朱骏声：《说文通训定声》，武汉市古籍书店影印，1983 年。

〔清〕醉月山人：《狐狸缘全传》，北京师范大学出版社，1992 年。

北京大学古文献研究所：《全宋诗》，北京大学出版社，1998 年。

北京语言学院语言教学研究所编：《现代汉语频率词典》，北京语言学院出版社，1986 年。

仓修良：《史记辞典》，山东教育出版社，1991 年。

仓修良：《汉书辞典》，山东教育出版社，1996 年。

常敬宇：《汉语词汇与文化》，北京大学出版社，1995 年。

陈登科：《赤龙与丹凤》，上海文艺出版社，1979 年。

陈高华等点校：《元典章》，天津古籍出版社，2011 年。

陈中凡选注：《汉魏六朝散文选》，古典文学出版社，1956 年。

程华平等编：《明代杂剧全编》，上海书店出版社，2020 年。

崔德山：《壶关方言词汇集》，壶关县三晋文化研究会，2016 年。

丁声树：《古今字音对照手册》，科学出版社，1958 年。

董诰等编：《全唐文》，中华书局，1983 年。

董绍克：《汉语方言词汇差异比较研究》，民族出版社，2002 年。

范文澜、蔡美彪：《中国通史》，人民出版社，2009 年。

方一新：《东汉魏晋南北朝史书词语笺释》，合肥黄山书社，1997 年。

古本小说集成编委会：《新编五代史平话》，上海古籍出版社，1994 年。

汉语大字典编辑委员会编：《汉语大字典》，湖北辞书出版社、四川辞书出版社，1992 年。

江蓝生、曹广顺：《唐五代语言词典》，上海教育出版社，1997 年。

蒋绍愚：《汉语历史词汇学概要》，商务印书馆，2015 年。

李财旺：《阳城方言——特色词语趣谈》，三晋出版社，2010 年。

李崇兴：《元语言词典》，上海教育出版社，1998 年。

李法白、刘镜芙：《水浒语词词典》，上海辞书出版社，1989 年。

李如龙：《汉语方言学》，高等教育出版社，2001 年。

李如龙：《汉语方言特征词研究》，厦门大学出版社，2002 年。

李学勤主编：《十三经注疏》，北京大学出版社，1999 年。

刘宝楠：《诸子集成》，上海书店，1986 年。

刘国钧：《刘国钧文集》，南京师范大学出版社，2001 年。

柳士镇：《魏晋南北朝历史语法》，南京大学出版社，1992 年。

龙川县地方志编纂委员会：《龙川县志》，广东人民出版社，1994 年。

罗常培：《语言与文化》，语文出版社，1989 年。

罗尔纲注：《太平天国文选》，上海人民出版社，1956 年。

罗竹风主编：《汉语大词典》，上海汉语大词典出版社，1997 年。

潘重规：《敦煌变文集新书》，文津出版社，1994 年。

彭定求等编：《全唐诗》，中华书局，1960 年。

乔全生主编：《山西重点方言研究丛书》，中央文献出版社、山西人民出版社、九州出版社等，1999 年。

史素芬：《武乡方言研究》，山西人民出版社，2002 年。

隋树森编：《全元散曲》，中华书局，2000 年。

孙常叙：《汉语词汇》，上海古籍出版社，2017 年。

孙犁：《风云初记》，人民文学出版社，2005 年。

孙毓修等：《涵芬楼秘笈》，商务印书馆，1917 年。

汤可敬：《说文解字今释》，岳麓书社，1997 年。

唐圭璋主编：《全宋词》，中华书局，1965 年。

唐作藩：《上古音手册》，中华书局，2013年。

汪维辉：《朝鲜时代汉语教科书丛刊》，中华书局，2005年。

王力：《汉语史稿》，中华书局，1980年。

王力：《同源字典》，商务印书馆，1982年。

王力主编：《王力古汉语字典》，中华书局，2000年。

王利：《长治县方言研究》，山西人民出版社，2007年。

王利：《山西东部方言研究（壶关卷）》，九州出版社，2011年。

王利、李金梅、张文霞：《蕴含在水土中的历史回音——浊漳河乡韵探析》，中国社会科学出版社，2019年。

王利器：《颜氏家训集解》，中华书局，1993年。

王云路：《中古汉语词汇史》，商务印书馆，2010年。

王云路、方一新：《中古汉语语词例释》，吉林教育出版社，1992年。

温端政主编：《山西方言志丛书》，《语文研究增刊》，语文出版社、山西高校联合出版社，1982～1999年。

温端政、侯精一：《山西方言调查研究报告》，山西高校联合出版社，1993年。

温美姬：《梅县方言古语词研究》，华南理工大学出版社，2009年。

向熹：《诗经词典》，四川人民出版社，1986年。

向熹：《简明汉语史》，高等教育出版社，1993年。

项楚：《敦煌变文选注》，中华书局，2006年。

徐哲身：《汉代宫廷艳史》，大众文艺出版社，2000年。

徐震堮：《世说新语校笺》，中华书局，2001年。

徐征：《全元曲》，湖北教育出版社，1998年。

杨伯峻：《古汉语虚词》，中华书局，1981年。

杨伯峻、徐提:《左传词典》,中华书局,1985 年。

杨寄林:《太平经今注今译》,河北人民出版社,2002 年。

杨庆明:《沁源乡俗文化》,北岳文艺出版社,2017 年。

游汝杰:《汉语方言学导论》,上海教育出版社,2000 年。

余冠英选注:《三曹诗选》,人民文学出版社,1979 年。

袁宾等:《宋语言词典》,上海教育出版社,1997 年。

袁家骅等:《汉语方言概要》,文字改革出版社,1960 年。

章炳麟:《新方言》,浙江图书馆校刊,1933 年。

张双棣、殷国光主编:《古代汉语词典》(第二版),商务印书馆,
2014 年。

张舜徽:《三国志辞典》,山东教育出版社,1992 年。

张舜徽:《后汉书辞典》,山东教育出版社,1994 年。

张舜徽:《说文解字约注》,华中师范大学出版社,2009 年。

张相:《诗词曲语辞汇释》,中华书局,1977 年。

张永言:《词汇学简论》,华中科技大学出版社,1982 年。

张玉书、陈廷敬主编:《康熙字典》,国际文化出版公司,1996 年。

赵尔巽:《清史稿》,中华书局,1977 年。

赵振铎:《训诂学纲要》,陕西人民出版社,1987 年。

郑夫川:《晋城方言民俗集》,三晋出版社,2014 年。

中国社会科学院语言研究所词典编辑室编:《现代汉语词典》(第七
版),商务印书馆,2016 年。

周绍良:《唐代墓志汇编续集》,上海古籍出版社,2001 年。

周绍良:《百喻经译注》,中华书局,2008 年。

周振鹤、游汝杰:《方言与中国文化》,上海人民出版社,2019 年。

周祖谟：《广韵校本》，中华书局，1960 年。

周祖谟：《方言校笺》，中华书局，1993 年。

周祖谟：《汉语词汇讲话》，外语教学与研究出版社，2006 年。

朱一弦校点：《明成化说唱词话丛刊》，中州古籍出版社，1997 年。

朱正义：《关中方言古词论稿》，上海古籍出版社，2004 年。

论文类：

白云：《论常用动词虚化程度的等级性——以"吃""打""看""听""走"的虚化为例》，《语文研究》2007 年第 3 期。

白云、董娉君：《语言横向传递与晋方言词汇历史层次的形成》，《晋中学院学报》2019 年第 1 期。

曹瑞芳：《阳泉方言中的古语词》，《忻州师范学院学报》2002 年第 6 期。

曹瑞芳：《山西方言所见〈醒世姻缘传〉词语选释》，《长治学院学报》2005 年第 6 期。

曹瑞芳：《山西方言"洋"族词语文化信息解读》，《语文研究》2007 年第 3 期。

曹先擢：《"打"字的语义分析》，《辞书研究》1996 年第 6 期。

陈庆延：《晋方言里几个点的词汇特点》，《教学与管理》1985 年第 2 期。

陈庆延：《晋语核心词汇研究》，《语文研究》2001 年第 3 期。

杜玄图：《论现代汉语方言中的 [iu] 类韵母的历史语音层次——以四川西充方言为例》，《现代语文》2014 年第 9 期。

冯春田：《近古汉语里"紧""打紧""紧着（自）"之类虚词的语法

分析》，《古汉语研究》1996 年第 1 期。

顾劲松：《现代汉语方言词汇研究综述》，《苏州科技学院学报》（社会科学版）2014 年第 3 期。

郭宇：《〈水浒传〉语气副词研究》，湖南师范大学硕士学位论文，2018 年。

黑维强：《绥德方言"家"的用法、来源及语法化》，《陕西师范大学学报》（哲学社会科学版）2015 年第 2 期。

侯燕玲：《山西陵川西河底话词汇与普通话词汇意义差异研究》，辽宁师范大学硕士学位论文，2011 年。

胡婷：《长治方言的"的"字用法》，《淄博师专论丛》2018 年第 4 期。

黄典诚：《方言与辞典》，《辞书研究》1982 年第 6 期。

黄金洪：《闽语仙游话词语的历史层次概说》，《牡丹江大学学报》2008 年第 7 期。

家洁慧：《河东方言词语例释》，陕西师范大学硕士学位论文，2008 年。

蒋绍愚：《古汉语词汇与汉民族文化》，《语言学论丛》第 20 辑，1998 年。

李金梅：《高平方言语汇研究》，南京师范大学硕士学位论文，2006 年。

李如龙：《汉语词汇衍生的方式及其流变》，《河北师范大学学报》（哲学社会科学版）2002 年第 5 期。

李如龙：《论汉语的单音词》，《语文研究》2009 年第 2 期。

李文宁：《聘礼现象的历史考察与文化内涵的演变》，《湖北工程学院学报》2014 年第 4 期。

林伦伦：《潮汕方言的古语词及其训诂学意义》，《语文研究》1997 年第 1 期。

刘建权：《古汉语词"厮"的使用情况探析》，《牡丹》2017 年第 3 期。

闵泽雨：《九江方言特征词的研究》，广西民族大学硕士学位论文，
2018 年。

牛凯波：《长治方言词汇研究》，新疆师范大学硕士学位论文，2012 年。

乔全生、张楠：《晋方言所见近代汉语词汇选释》，《山西大学学报》
2010 年第 1 期。

秋谷裕幸、邢向东：《晋语、中原官话汾河片中与南方方言同源的古
词语》，《语言研究》2010 年第 2 期。

邵百鸣：《南昌话词汇的历史层次新探》，《职大学报》2003 年第 1 期。

沈慧云：《山西方言所见〈金瓶梅〉词语选释》，《语文研究》2002 年
第 2 期。

史素芬：《山西民俗事项中的方言谐音词语》，《长治学院学报》2012
年第 1 期。

史素芬：《山西武乡方言的虚词"的"》，《北京大学学报》（哲学社会
科学版）2001 年第 S1 期。

史秀菊：《从"师傅""书房"和"生活"等方言词看晋南尊师重教
的文化传统》，《太原师范学院学报》（社会科学版）2006 年第 6 期。

孙改霞：《上古词语在晋南方言中的遗存——以〈尔雅〉与〈方言〉
为例》，《山西大同大学学报》（社会科学版）2018 年第 2 期。

王春磊：《关中方言特征词举例》，《河南广播电视大学学报》2012 年
第 1 期。

王临惠：《〈方言〉中所见的一些晋南方言词琐谈》，《山西师大学报》
（社会科学版）2001 年第 1 期。

温美姬:《从客方言古语词看〈汉语大字典〉和〈汉语大词典〉之疏漏》,《嘉应学院学报》(哲学社会科学版)2009 年第 2 期。

吴格明:《论语言研究的三个层面》,《河北师院学报》(社会科学版)1996 年第 1 期。

吴建生:《山西方言词汇异同略说》,《语文研究》1992 年第 4 期。

奚俊:《动词"打"的研究》,北京语言大学硕士学位论文,2006 年。

徐时仪:《"打"字的语义分析续补》,《辞书研究》2001 年第 3 期。

徐时仪:《"打"字的语义分析再补》,《南阳师范学院学报》2008 年第 4 期。

姚勤智:《晋中方言古语词拾零》,《语文研究》2007 年第 2 期。

叶雪萍:《客家方言词语源流考》,西北大学硕士学位论文,2010 年。

俞理明、谭代龙:《共时材料中的历时分析——从〈根本说一切有部毗奈耶破僧事〉看汉语词汇的发展》,《四川大学学报》(哲学社会科学版)2004 年第 5 期。

张芳萍:《阳城方言研究》,南开大学硕士学位论文,2007 年。

张海峰:《忻州方言历史词汇研究》,华中师范大学博士学位论文,2016 年。

张军香:《宁武方言中的古语词》,《忻州师范学院学报》2004 年第 2 期。

张楠:《古文献中所见山西方言历史词汇研究》,山西大学博士学位论文,2010 年。

张文霞:《古汉语词义引申的文化意义探析》,《山西大同大学学报》(社会科学版)2013 年第 5 期。

张文霞:《试论晋东南地区方言古语词的训诂学价值》,《山西大同大学学报》（社会科学版）2015 年第 6 期。

张文霞、李明霞：《长治方言历史词语例释》，《长治学院学报》2020 年第 4 期。

张伊鑫：《邯郸方言词汇对〈说文解字〉的继承与发展》，《安徽文学》2016 年第 4 期。

赵玉：《陵川方言词汇研究》，山西师范大学硕士学位论文，2009 年。

中国社会科学院语言研究所方言研究室资料室编：《汉语方言词语调查条目表》，《方言》2003 年第 1 期。

后　记

　　仲夏时节，雨声淅沥可闻。在键盘上敲下最后一个字的时候，有如释重负之感，或许是因为这一阶段的研究终于可以告一段落的欣慰，抑或是因为于方言研究而言可称新人后学的自己终于可以卸下这副不轻的担子的释然。但惶恐、忐忑、惆怅的心情又随之而来，久久难以平复。惶恐的是如此将理论性、文化性与实践性统一于一体的方言研究本当是深奥的，而这本小书尽管材料较为丰富，但内容显得单薄了，委实忝列其间；忐忑的是语言研究的客观性、系统性原则在自己的研究中遵循的效果如何尚待评说；惆怅的是时光易逝、往事不再，但诸多的人和事历历在目。

　　2012年，在时任中文系主任史素芬老师的支持和鼓励下，我以《晋东南地区方言古语词研究》为题成功申报了山西省高等学校哲学社会科学项目，从此踏入了方言词汇研究的大门。之后在原有研究的基础上，又以《文献所见山西方言词汇历时演变研究》为题成功申报了山西省哲学社会科学项目。可以说近10年来我的科研重心即是方言历史词汇。10年的时间可谓不短，但是因为自己缺乏方言研究的坚实基础，再加上诸多琐事烦扰，研究工作只是间断性进行，其间，史素芬老师、王利老师以及李金梅老师都给我提供了很大的帮助，是她们带我一起去进行方言调查，给我讲解国际音标、方言研究的历史与现状等，让我对方言研究有了初步的了解。去年，在太行文化生态研究院的大力倡导以及系主任王利老师的督促下，我开始勉力将多年来的研究成果集结成书。经过一年的写作、修改、完善，这本小书终于可以付梓了，欣慰之余，更多的是对10年来支持和鼓励我的领导、同事的感激，对将自己引入方言研究殿堂的史老师的缅怀！斯人已逝，作为晚辈，唯有在科研的道路上奋力前行，以回报史老师的引领之恩！

感谢长治学院的各位领导对我们科研工作的大力支持和帮助，是他们的高瞻远瞩给了我们正确的前进方向。感谢太行文化生态研究院的领导们，是他们给了这本小书面世的机会，特别是段建宏主任殚精竭虑，辛苦奔波，全力推动丛书的策划和组织工作，让我们能够潜心创作，也让本书能够顺利付梓。

感谢我亲爱的学生们，在完善本书甄别出的词条在各方言点的表现的过程中，学生们秉承"求真、求实"的校训精神，任劳任怨、不计报酬地配合工作，认真统计各方言点的语词使用状况，反复核实，唯恐疏漏，进一步保证了本书的严谨性、准确性。他们的名字不便一一列举，在此一并感谢。惟愿他年方言研究漫漫征程，会活跃着他们的身影！

荀子说："道阻且长，行则将至，行而不辍，未来可期。"学问的探索永无止境，这本小书只是自己科研道路上的一个阶段性成果，未来的路还很长，我将继续奉行"行远自迩，笃行不怠"的求学态度，突破自我，携着一往无前的勇气，接受未知的挑战。

张文霞

2021 年 7 月 20 日

图书在版编目(CIP)数据

潞语探源:上党地区方言历史词汇研究/张文霞著. —北京:商务印书馆,2022
(太行文化研究文库)
ISBN 978-7-100-20383-8

Ⅰ.①潞… Ⅱ.①张… Ⅲ.①西北方言—古词语—方言研究—山西 Ⅳ.①H172.2

中国版本图书馆 CIP 数据核字(2021)第 188563 号

潞语探源:上党地区方言历史词汇研究
张文霞 著

商 务 印 书 馆 出 版
(北京王府井大街36号 邮政编码 100710)
商 务 印 书 馆 发 行
北京顶佳世纪印刷有限公司印刷
ISBN 978-7-100-20383-8

2022 年 3 月第 1 版　　　开本 880×1230 1/32
2022 年 3 月北京第 1 次印刷　印张 10¼
定价:68.00 元